名著復刊

奇門遁甲

真義・奥義・密義〔上〕〔下〕

全

内藤文穏 編著

東洋書院

透派奇門
遁甲免許

内藤文穏著

坐山
立向

奇門遁甲真義

序文

運命学の中で、もっとも開運に適用するのは、なんといっても、方位学である。漠然と一生の幸福を願う姓名学、きびしい自己改造を要する観相による助言、これらは方位学とくらべると、実現しやすい点では、とても方位学とくらべものにならない。

日本の気学は、こういう実現のしやすさから人々に好まれ、各運命学の王者として、運命学界に君臨しているのである。

しかし、日新月異の今日では、年盤や月盤を主とする気学は、もはや大衆の開運的願いをみたすことが、むずかしくなった。それゆえ、もっと精密で、そしてもっと変化の速い、時盤を主とする奇門遁甲の復活が、人々の要望に応じて実現された。

奇門遁甲は方位最高の学といわれ、六壬・太乙とならんで三式といわれている。熟知すれば人の生死をあやつり、活殺自在となるため、中国では清朝まで、一般の人が学ぶことを禁止されていた。

著者（内藤文穏氏）は日本で一番早く私から奇門遁甲を学んだ人であり、また日本で一番早く立向盤を知った人である。日本に古くから伝わっている遁甲は、坐山盤だけであり、立向盤は全然なかった。日本で立向盤が伝わったのは、昭和三十五年頃、この本の著者が立向盤を学んだことから始まったのである。

昭和四十一年の秋、佐藤六龍先生の招きに応じて、私は日本で奇門遁甲の講義をした。その講座に出た方々は、私から正統化された標準の遁甲を学び、さらに少数の方は私から明澄透派の遁甲を学び、本書の著者はまたさらに私・張耀文の遁甲を学んだ。

それゆえ、本書の著者の知っている遁甲は、天下に伝わる標準説を知り、さらに一門一派の特徴を知り、また、さらに一門一派の掌門たる人の研究成果を知っているのである。その上、著者は日本における気学の優点を加味しており、もう他人の追随をゆるさぬ方位学者といっても、過言ではあるまい。

一生涯いつわりをいったことのない人が、かりに私に、日本でこの本書の著者より方位学に秀れた人がいる、といっても、私はぜったいに信じないだろう。それほど著者は師たる私の目の前で、私が舌をまくほど、至難なることを、やすやすと方位を活用して、やりのけたのである。本書によって、読者は著者から得るところが多いにちがいない。あえて私が保証する次第である。

丁未初夏

張耀文記

坐山
立向

奇門遁甲真義

本当の遁甲術を！

運命学は、常識のある人が常識をもって正しく活用してこそ、本当の力が発揮されるものだ——という考えを、私のこれまでの運命学研究の指標としてきました。

本書と本書の著者内藤文穏先生は、この点を完全に立証したものです。このような言いまわしは、内藤先生に対し非常に僭越で失礼な事かも知れませんが、あえて述べさせていただきます。

日本に絶えてしまい、全くなかった『遁甲』という占術を日本で第一番に研究され、中国明澄派十三代張耀文先生に教えをうけられたのが内藤先生です。ついで、その張耀文先生をお招きして『遁甲』の講習会を私（佐藤六龍）が主催しました。

その後、日本に遁甲術の研究者とその魅力にみせられた人々が、日を追うごとにふえてくるようになりました。あちこちで講習会やはては遁甲の類似書まで出版されるようになりました。

このように遁甲術が流行してきますと、前述しました『正しい活用・常識人としての運命学』ということがますます重要視されるようになるわけです。

遁甲術は、非常に現実的な占術であるため、よりいっそうの常識が要求されるのです。こうした意味において、日本で「奇門遁甲術」の本が本当に書けるのは、内藤先生をおいて外にないということになるわけです。このことは、張先生もはっきりとおっしゃられています。

余談ながら、最近は張先生の講習の影響で、あちこちで遁甲の類似書が出、講習が行われていますが、張先生の直接講義を受けた方以外のものは、よほど注意して学ばないと、とんだことになります。（張先生から講義をうけ、講習や出版のゆるしをうけられた方は別です。）

例えば、本書に秘伝公開してあるような坐山盤を知らない人々、立向盤（これは誰れがなんと言おうとも、張先生が日本に初めて公開された遁甲術で、これまで日本になかった遁甲盤です。）だけが遁甲と考え、坐山と立向の使いわけも知らない人々、また天盤の数種類の作盤法を知らない人々――が本を出したり、講習をしているからです。

この遁甲を日本に広められた張先生は、台湾でも、完全な形の遁甲術のすべてを代々伝えている運命学の名門として、中国ではみとめられている方であります。この張先生が、日本でただ一人遁甲の免許をあたえられたのが、この内藤先生です。

この内藤先生について、張先生が「遁甲を本当に活用できるのは、あの常識と深い卓見と熱心な学究態度をもつ内藤先生だ!!」と私に話された事が、私の耳からはなれなかったのです。そこで私は、内藤先生に正しい研究を公開していただけないか、とお願いしたのが本書です。

先生は心よく私の願いを受けてくださいました。その上、遁甲術の日本にまだ誰れも知らない秘法の「開運造作法」と「坐山盤作成法」まで公開してくださったのです。しかもこの二法について、常識のある活用のしかたまで述べてくださったのです。この二方法は、日本ではこれまで全然発表されていません。一知半解の遁甲術をひねりまわす一部の人々には、こうした事は晴天の霹靂でしょうが、これが正しい運命学研究の本道なのです。

あえて私が、内藤先生の書に筆をとったのは、張先生のいわれる趣旨に合致したのが内藤先生であり、この本書である、ということを世間一般にうったえたかったからです。

佐藤六龍

目次

奇門遁甲命卜篇

序文

奇門遁甲は古く日本にも伝わった術でありますが、一時衰微していたところ、近年大変さわがれだしました。これは中華民国より、張耀文先生が来日されたりして、従来日本に伝わっていたのと異なるものを伝えたりしたからと思います。この奇門遁甲の火事さわぎの様相の火つけ役は、一部の方々が申される如く、その一端は私に責任あると感じております。

私は運命とか、術というものが従来きらいでありました。ところが、自分の人生の歩みが大変正確に六年の周期がありまして、面白いことと感じてはおりましたが、このことを研究する気持もありませんでした。教員や、政治家のもとで働いたりしたあとで、学習塾をしようと思ったとき、多くの方々の伝記を読むと、その創業が三十二才前後が多くて、興味深く思いました。そうして学習塾を開いてみますと、午前中は暇がありましたので、なんのきなしに、ふと赤羽で手にした気学の本から、気学を学んでおりました。そうして一応気学なるものが、わかったようなとき、張耀文先生の姓名学を読みました。私は手紙をさし上げて私の意見を申し述べたのであります。それ以来、来日するまで約五年文通いたしておりました。

私は運命術にもその人に合った術と、合わぬ術があると思いますし、一つの術を深く掘りさげてみるという考え方から気学九星術を専らとしておりました。しかし開運の術とされている術に対して、はなはだ未熟の極みながら、開運について積極的な開運に疑念を感じ、消極的な開運はできるとして、宿命の濃さを痛感したのであります。

そこで気学九星術に推命のことがなく、宿命を改めて他術で見るのも時間がかかるし、何かこれでみられぬものかと思っておりました。ところが気学九星術は奇門遁甲に源を発し、これを学べば推命もできるとて、専らこれをついたわけであります。しかし、奇門遁甲を学ぶには、四柱推命、易、六壬などの初歩は知らねばということで、今から考えれば正道であったようでありますが、遅々として進まず、そのうちに曲りなりにもできるようになった時、昭和四十年三月末に張先生が来日されたわけであります。

その後、火の手は妙な方向に広がり、傍観者的立場だった私の立ってる所にも火の粉がふりはじめ、これは火つけから、火消し役にまわらぬといけないかと感じ、本書を出すことにいたしました。幸いにも佐藤六竜先生の多大な御支援を賜り、非才その任なきを恥じつつ筆を進めます。

従来、私は絶対に奇門遁甲は教えないとしておりました。それは、それなりの理由がありましたが、火消しの水一杯のために、また昭和四十一年十月二日没した父内藤豊三追善のために発表するものであります。

本書には基本的な三つの考え方があります。この三つの考え方をよく知っていただきたいと思います。即ち

一、「中国を知れ」ということ。

中国大陸は、ヨーロッパがすっぽり入って、余りある広い広い大陸で、国にあらずして世界であるといわれます。この広い大陸で起った術なれば、狭い土地でその境界の一握りの土地で、隣家と争う今日の

都市住居者とは、考え方の規模が違うのであります。
また、中国人は五千年の歴史を持ち、現実主義に徹し、超然として
いる人種であります。自分の考えが一番よいという中華思想で、吉田
茂元首相は、中国は大国なれど中華思想のために、大をなせないとも
いっております。
考え方の生れた背景の土地、人間、こういう環境が、いかに影響し
ているかをよく考えるべきであります。
日本では、わりに外国崇拝というか、コンプレックスを感じる方も
多いようで、これは厳にいましめねばなりません。

二、「気学、九星術を応用せよ」ということ。

奇門遁甲の判断などに、気学や九星術を応用すべきであります。私は、気学九星術を知らずして奇門遁甲は絶対にわかるわけがないと、ここに断言いたします。ところが、気学九星術は簡単なりと誹謗する方が最近でてきたようですが、まったく論外の沙汰であります。

しかし、茶道の奥儀では、守・破・離という言葉があるそうでありますが、いつまでもそれを守っているのみではなりません。その殻を破り、離れて飛躍せねば、奇門遁甲に応用することはできません。

気学九星術を通して奇門遁甲を見たり、四柱推命を通して見たりして、奇門四十格は、こういう時は比肩みたいとか、劫財みたいとかいったのでは、色眼鏡で見ることで、正しい姿を見ることはできぬと思います。奇門遁甲は遁甲として見るべきで、さらにその中に自分の知る術を応用すべきであるというのであります。こうして、自分独自の判断を下せるように工夫すべきで、それには気学九星術が一番大切で、応用がきくということであります。

三、「自由な研究をせよ」　ということ

武者小路実篤先生の「文学とは何か」という本に、「お弟子根性の強いものは、窮屈で動きがとれないで困る」とあります。これは文学のみでなく、運命術でもいえることであり、むしろ運命術では、特に強く、特にひどいと思われます。もっと自由に、もっと色々とひねり廻して、いじくっていいと思います。

運命術の中にも、理論はあります。しかし、何事も合理的に、計算通りいかぬので、不合理を合理とする上に術が考えられました。理論も、せんじつめれば屁理屈の類で、もっと実際にあてはまるか否かを自由なこだわらぬ立場で研究を進めるべきであります。奇門遁甲にはその盤が多種あり、判断法の記してあるものは稀であります。こういう点から、このことを主張するのであります。

以上、中国の土地人間を知り、気学九星術を応用し、自由な研究を進めようというのが三大中心であります。本書の其本は中国の透派（明澄派）のものでありますが、細部は違う点があり、その判断法にいたっては私の独自のものであります。

本書の巻末でも申し上げることでありますが、はじめの序文においても、特につぎのことをお願い申上げます。

1、本書についての御質問、私との面談については一応御遠慮下さるようお願い申し上げます。

2、本書の内容について、他に記載したり、講習会などでお話になることについても、御遠慮下さるようお願い申し上げます。（詳細は結文参照）

昭和四十二年七月

東京・赤羽

耕己学舎にて

内藤文穏

奇門遁甲本源

奇門遁甲は、黄石洞という人が創始したものといわれておりますが、古きを尊ぶ中国思想で、必ずしもわかっているとは思われません。天下三分の計をたてた諸葛孔明公が奇門遁甲を用いたことは明らかであります。

劉備の陵が、成都の南にあって、その東南に八陣磧《さい》という小石を列べて縄をひいたようになっている遺跡がある由であります。これは孔明公がつくった「八陣図」といわれているとのことであります。このことは清の潘眉の三国志攷証、盧弼の三国志集解に記され、この陣立ては、晋の陳勰《ちんきょう》、北魏の刁雍《ちょうよう》、隋の韓《かん》擒《きん》虎《こ》、唐の李《り》靖《せい》に伝えられていったと云われております。孔明公は三面円陣、連衡陣を完成したといわれ、奇門遁甲を応用し、進歩改善したと思われます。

日本に伝わったのも古く、日本書紀の推古紀に、「十年十月、百済の僧、暦本及び天文地理の書、並びに遁甲術・方術の書を貢ぐ」とあります。江戸時代末の栗原信充の「遁甲提要」には、「推古天皇十年冬十月、百済僧勧勒が伝え、大友村主高聡が学ぶ、浄蔵法師も学ぶ、高聡の後、滋岳朝臣川人という人が遁甲二巻を書いた。足利学校と山梨県の農家に伝わる遁甲儀というのはこれの残りしものであろう」と述べております。足利学校に残ったものは上杉氏の印もあり、開設以来あったといわれますが、今日足利市立足利学校遺跡図書館には遁甲書はありません。

奇門遁甲は兵術のために秘され、唐代に集めて金庫に入れたが、集める時にそれに加わった僧が間違ったものを流布してしまったので、本物でないものが知られていると中国書に述べてあります。

清代に欽定書が多く出されましたが、満洲族を馬鹿にして本物はかくしたのではないでしょうか。「協機辨方」にも神殺のみで僅かに巻三十五付録にのるのみであり、「欽定選択暦書」などには全く見られぬといっても過言ではありません。

慶応二年、岩田與礼の「奇門活盤諺解」には、奇門遁甲についての適格な一文をのせております。「奇門遁甲は兵術で、小事のために設けるに非ず、術知の隠密にして神奇なるを知るべし。遂に秘密の洩ることとなりてや、後人是を凡民利用の造葬修方嫁娶等の亨通を得んがため撰択の術に仮用して云々」と述べております。まことに核心をついた言葉と信じます。

「奇門遁甲啓悟」や「武候八門神書」、「参籌《さんちゅう》秘書」は、兵の配置、軍旗などをならべて遁甲は兵術なりの感を深めます。

しかるに奇門遁甲を開運の方途のみ追及し、穴掘り、杭打ち、盤埋めの造作法が、その目的かの如く感じている方の多いのはせちがらいことと思います。

奇門遁甲種類大要

奇門遁甲には沢山の種類があります。それは兵術のために秘密にしたためと思われます。

中国でも非常に秘したようで、唐代に集めて永く国宝とし、金庫に入れてしまったといわれます。この集めることに参加した一僧が、それとなく洩らしたものが、実は誤りで、長く間違いが流布したと云われます。日本でも秘したようで、「相宅古義」には、六典を私家におくことを禁じたと述べております。六典の中に、「奇門大全」というのが入っております。こうして、日本も中国も、民間に伝わることを極度に恐れたので、推考推察し、いろいろのものが巷に出ていると思われます。

栗原信充の「遁甲提要」には、「種々の法ありとなすべし。されど史記にいう旋式のが日本に伝わりしものなり。」と述べております。その種類の沢山あるのは、日本に伝わった頃から多種類あったものと思われます。兵術の秘密化と、多様化のために、当然多くの異なったものがあっても不思議ではありません。こういうことから、昔の賢者も迷って、一番安定していた九宮のみを利用して九星術を考えたとも云えることでしょう。
中国で有名な四庫全書の中には、奇門遁甲賦、九宮八卦遁法秘書、黄帝奇門遁甲図、奇門要略、太乙遁甲専征賦、遁甲直指、奇門説要等が含まれ、古今図書集成の中には、博物彙編、芸術典、術類、彙考の部に太乙、奇門、六壬とあります。これらの本は、どれをみても、時盤は五日一局としてあります。張耀文先生の「活盤奇門遁甲天書」は十時一局であります。

ここらに一寸考える点があるべきであります。

「透派奇門大法」には、「地書、あまねく天下に満ち、天書を知らず」とあります。これを察するに、遁甲には天書と地書の二大別があって、時盤は五日一局と、十時一局のとがあり、入りくんでしまいます。即ち、

天　書　　十時一局（時盤）

地書　　五日一局（時盤）

となります。これを少し説明致しますと、

（天書　十時一局）

これは、東京・下北沢、鴨書店発行、張耀文先生の「活盤奇門遁甲天書」に述べてあります。ここでは、この本をご覧になることで略します。

（地書　五日一局）

日本に以前からある盤は、すべてこれに類するもので、それは、例えば陽遁の冬至節と仮定すると、甲子を坎宮におき、陽遁で順に、坤に乙丑、震に丙寅、巽に丁卯、中宮に戊辰、乾に己巳、兌に庚午、艮に辛未、離に壬申、坎に癸酉、坤に甲戌、震に乙亥と次々に六十干支をおいていくと、癸亥は乾宮になります。そして新たに甲子は兌宮からはじまります。

はじめの六十干支、即ち一日十二時へ一日二十四時間、一支二時間で十二時）より六十干支は五日間に当り、冬至のはじめ五日間が甲子が坎より起り陽一局であり、次の甲子は兑より起り、次の五日間は陽七局となり、さらに次の甲子は巽より起り、次の五日間は陽四局として、冬至啓蟄一七四という歌訣になっているわけであります。

天書の十時一局は、冬至の節なら陽一局からはじまり、甲子から癸酉までが一局で、甲戌から癸未まで二局、甲申から癸巳まで三局、甲午から癸卯まで四局、甲辰から癸丑まで五局、甲寅よ癸亥まで六局で、次の六十干支の甲子からは七局と順においていますが、地書は一局より、七局に、四局にと飛んでいくのであります。

しかし、どちらも歌訣にいう、冬至啓蟄一七四というのは同じになるわけであります。

盤の種類の二大別であります。ほとんど総ての本が、地書にいう五日一局でありまして、透派奇門大法にいう地書天下に満つとは誠であります。

この二大別のほかに、細かい点の違いはたくさんあります。足利学校に残った「遁甲儀」は八門が、中宮にまでつくし、天盤を考えても、旬頭とその時の干を重ねてひねり回すものや、この方法だと時干などが中宮にあるとき困るので、犬山竜叟の「陰陽発秘」の如く、旬頭の干を、その時の干のところにもってきて、ひねらずに、再配置するもの、或は「奇門五総亀」の如く、その時干を中宮にいれて配置したものを天盤とするものと、種々あります。

また、奇門四十格にしても、旬頭を甲とみるのや、甲とみず、甲はかくれて六儀としてみるものなど、盤はおろか判断にいたっては、千差万別ということが申せ、自由な研究を中心の考えの一つに加えたことは、こういういろいろな盤と、いろいろな見方があるので、一定規約にしばられていたら全く進歩がないのであります。

天書、地書の二大別があるとして、どこでどうして、こういう別ができたのでありましょう。

奇門遁甲は兵術たることを忘れてはなりません。兵術なれば、攻撃と守備があるはずであります。攻撃が特に秘され、守備は、このくらいはと、教えてくれたのが、今日あるので、それも正しいものかどうかわかりませせん。攻撃が天書、守備が地書であったものが、いつのまにか、これもいろいろ入りくんでしまって、今日ではどちらが、どうなのかわからぬようになってしまいましたが、

攻撃用の盤

守備用の盤

の二つがあることは間違いありません。

ここで、私は次のように分けて見ます。

攻撃用　十時一局（立向盤）

守備用　五日一局（坐山盤）

現代的に解釈すれば、

動的作用、方位作用　十時一局

静的作用、地勢作用　五日一局

となります。（いずれも時盤）

家の修築、移転、造作法すべて、守備用を主にしてみなければなりません。一つの盤のみでみていくのは、まったく片手落ちで、怪我をするのがおちであります。旅行などは十時一局で、別にかまいませんが、家をいじるのに、たとえ十時一局では、時は良いとしても土地の状態の悪いところ（五日一局のこと）をやっては、けっして良い状態を期待するのは無理であります。土地もよし、時もよし、両方相俟って、効果が期待し得るものと信じます。

中国では、「命、卜、占、方、相」の順に運命術の内容を重んじているようであります。宿命、行運、時運、方位、相術といった、その順序に準じて、命卜編、雑占編、方位編、と進めてまいります。

命卜編

奇門命理

奇門遁甲で推命を考えるには、生年月日時の立向盤をつくります。この場合、天盤のように、ひねったものは必要ありません。立向盤で何局ならその局のままの九千配置でよいのであります。そうして、九星、八門、八神等を配します。

生日盤のみとすることなく、少なくとも生月盤と生日盤、それにできれば生時盤の三つは必要と私は思います。生時盤のみをもって判断するとか、生時がわからぬときは、やむなく生日盤のみで断ずるとしておりますが、私は生時のみ、生日のみでは同一の干支九宮が出て、やはりこれのみでは不確実と思います。生日盤を自己とし、生月盤、生時盤をあわせてみます。

つまり気学同会法の応用であります。

お断わりしておきますが、多くの奇門遁甲書は、盤の歌訣などはいろいろ出ておりますが、判断が出ているのはほとんどないのであります。この気学同会を応用したらというのも、私流で、本書の三中心の一つの自由な研究の立場ということでお許し下さい。

例、

大正十五年五月二十一日生　女子
(年)丙寅二黒　(月)癸巳八白　(日)庚戌五黄

因みに、この人は一度も結婚せず今日に至っております。

これを生日盤のみで、命宮（生れ月盤で、生れ年九宮のある宮の位置）や身宮（生れ日盤で、生れ年九宮のある宮）をみますと、あまり結婚に縁のないのがよくわかりません。

		地生		身宮
雀休	心 4 乙	芮 9 壬 旬頭	輔 2 丁	傷天
陳開	禽 3 丙	柱 5 戊	英 7 庚 時干	杜符
合驚	蓬 8 辛	冲 1 癸	任 6 己 干支	景蛇
命宮		死陰		

四緑の宮をとっても、七赤の宮をとっても、いくらかは考えられぬこともありませんが、決定的なものは見当りません。易卦を遁甲盤に応用して見る方法もありますが、これもはっきりしません。

原宮の考察

ここで、原宮という私の発案を知っていただきたいと思います。原宮とは、「生月盤で、生れ年の干のおちる宮」であります。これは「原因的な、先天的な作用」を示すと自負いたします。

この例の女子の場合、生れ年の干は丙で、月盤では丙は坎宮に入っておりますので、原宮は坎となります。これは命理ばかりでなく、雑占などにもすべて利用いたしますから、生年干の傾斜であることを知って下さい。

さて、原宮、命宮、身宮をもって同会法を応用して考えてみることにいたします。

〈原　宮〉

生月盤の原宮のことが、生日盤の原宮の如くなります。この人の場合は四緑の結婚が一白で流れ、癸で死んでおり、死門で完全にいけないのであります。

〈命　宮〉

生月盤の様子が、生日盤のようになるとみればよく、この例では、命宮の月盤は暗剣殺をもち、大変極端なものであります。それが、生日盤では

〈八白で変化し、やけ気味の反逆心で、辛で失意、天蓬の沈滞、驚門で不安で暮すが主運と申せます。また大変ガメツイかもしれません。

原宮早見表〈立向盤による〉

生年	生月	原宮
甲子	二月より十一月まで	坎
	十二月　一月まで	離
乙丑	二月より九月まで	坎
	十月より一月まで	離
丙寅	二月より七月まで	坎
	八月より一月まで	離

丁卯	二月より五月まで	坎
	六月より一月まで	離
戊辰	二月より三月まで	乾
	四月より一月まで	中
己巳	二月より十一月まで	震
	十二月、一月	坤
庚午	二月より九月まで	坎
	十月より一月まで	離
辛未	二月より七月まで	艮
	八月より一月まで	兌

壬申	二月より五月まで	乾
	六月より一月まで	中
癸酉	二月、三月	巽
	四月より一月まで	震
甲戌	二月より十一月まで	乾
	十二月、一月	中
乙亥	二月より九月まで	兑
	十月より一月まで	乾
丙子	二月より七月まで	兑
	八月より一月まで	乾

干支	期間	卦
丁丑	二月より五月まで	兌
	六月より一月まで	乾
戊寅	二月、三月	震
	四月より一月まで	坤
己卯	二月より十一月まで	離
	十二月、一月	艮
庚辰	二月より九月まで	兌
	十月より一月まで	乾
辛巳	二月より七月まで	中
	八月より一月まで	巽

壬午	二月より五月まで	震
	六月より一月まで	坤
癸未	二月、三月	坎
	四月より一月まで	離
甲申	二月より十一月まで	坤
	十二月、一月	坎
乙酉	二月より九月まで	巽
	十月より一月まで	震
丙戌	二月より七月まで	巽
	八月より一月まで	震

年	月	卦
丁亥	二月より五月まで	巽
	六月より一月まで	震
戊子	二月、三月	離
	四月より一月まで	艮
己丑	二月より十一月まで	乾
	十二月、一月	中
庚寅	二月より九月まで	巽
	十月より一月まで	震
辛卯	二月より七月まで	坤
	八月より一月まで	坎

壬辰	二月より五月まで	離
	六月より一月まで	艮
癸巳	二月、三月	兌
	四月より一月まで	乾
甲午	二月より十一月まで	兌
	十二月、一月	乾
乙未	二月より九月まで	巽
	十月より一月まで	震
丙申	二月より七月まで	坎
	八月より一月まで	離

年	期間	卦
丁酉	二月より五月まで	坎
	六月より一月まで	離
戊戌	二月、三月	乾
	四月より一月まで	中
己亥	二月より十一月まで	震
	十二月、一月	坤
庚子	二月より九月まで	坎
	十月より一月まで	離
辛丑	二月より七月まで	艮
	八月より一月まで	兌

壬寅	二月より五月まで	乾
	六月より一月まで	中
癸卯	二月、三月	巽
	四月より一月まで	震
甲辰	二月より十一月まで	震
	十二月、一月	坤
乙巳	二月より九月まで	兌
	十月より一月まで	乾
丙午	二月より七月まで	兌
	八月より一月まで	乾

丁未	二月より五月まで	兌
	六月より一月まで	乾
戊申	二月、三月	震
	四月より一月まで	坤
己酉	二月より十一月まで	離
	十二月、一月	艮
庚戌	二月より九月まで	兌
	十月より一月まで	乾
辛亥	二月より七月まで	中
	八月より一月まで	巽

壬子	二月より五月まで	震
	六月より一月まで	坤
癸丑	二月、三月	坎
	四月より一月まで	離
甲寅	二月より十一月まで	艮
	十二月、一月	兌
乙卯	二月より九月まで	巽
	十月より一月まで	震
丙辰	二月より七月まで	巽
	八月より一月まで	震

丁巳	二月より五月まで	巽
	六月より一月まで	震
戊午	二月、三月	離
	四月より一月まで	艮
己未	二月より十一月まで	乾
	十二月、一月	中
庚申	二月より九月まで	巽
	十月より一月まで	震
辛酉	二月より七月まで	坤
	八月より一月まで	坎

壬戌		癸亥	
二月より五月まで	六月より一月まで	二月、三月	四月より一月まで
離	艮	兌	乾

〈身宮〉

身宮は肉体的であり、またより後天的であります。身宮は、生日盤の状態が、生月盤のように流れて進むと見ればよいでしょう。

この例では、孤独で（生月盤の丁）、さみしく（五黄）、苦しみ、宗教などにすがり（天柱）、暗い人生であろう（死門）、と判断します。

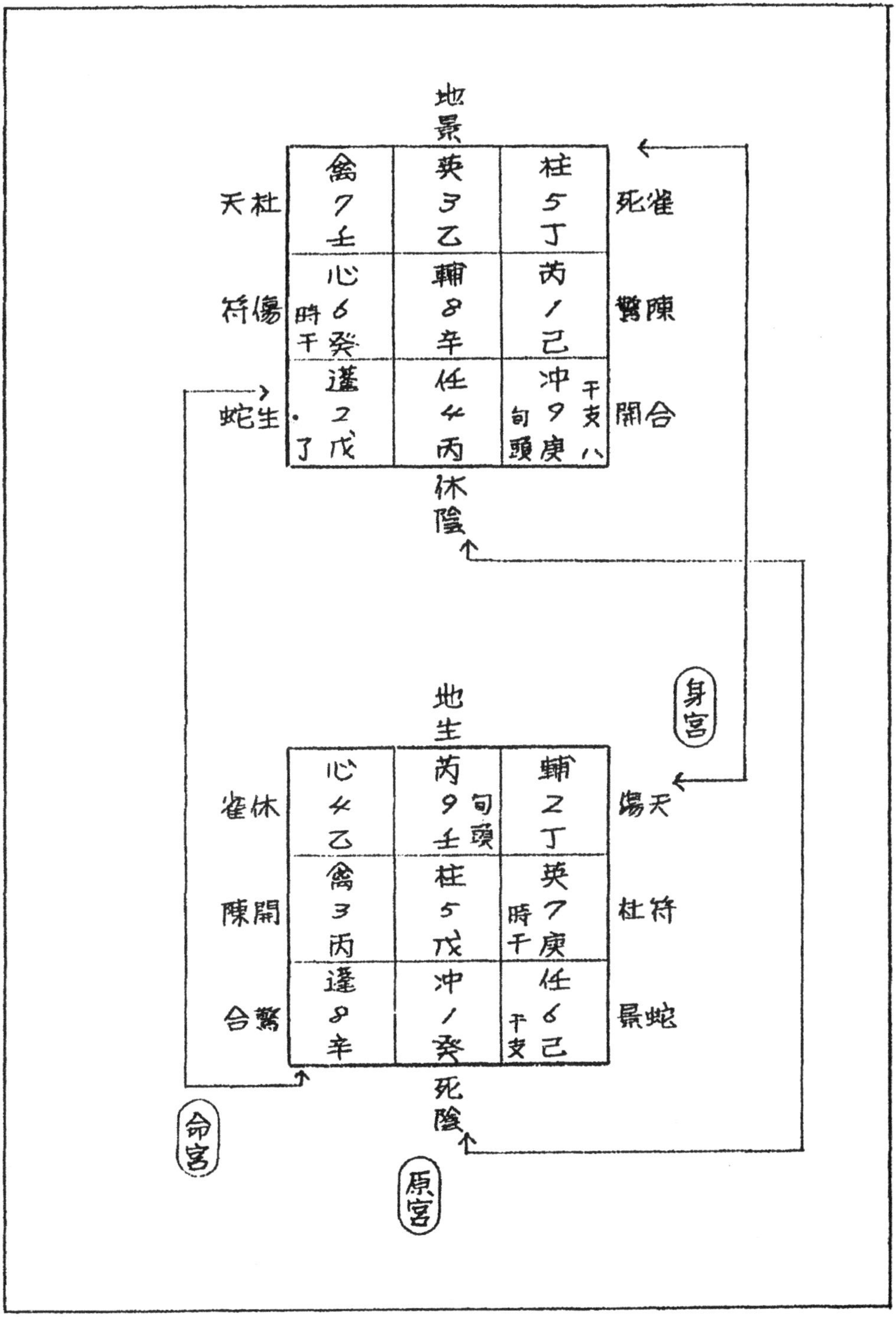
地
景
禽 7 壬
英 3 乙
柱 5 丁
天杜
死雀
心 6 癸
時干
輔 8 辛
芮 1 己
符傷
驚陳
蓬 2 戊
了
任 4 丙
冲 9 庚
旬頭
干支八
蛇生
開合
休
陰
身宮
地
生
心 4 乙
芮 9 壬
旬頭
輔 2 丁
雀休
傷天
禽 3 丙
柱 5 戊
英 7 庚
時干
陳開
杜符
逢 8 辛
冲 1 癸
任 6 己
干支
合驚
景蛇
死
陰
命宮
原宮

原宮を入れると、原因、より先天的なことがわかり、命宮の状況、身宮の結果、より後天的なことが、はっきりといたします。同会法によって、その動きが一段とはっきりするわけであります。

命宮、身宮というものが、実は気学の本命同会法を示しているのであります。

奇門命理では、ひねり回わす天盤や、奇門四十格は用いません。

同会法応用は、あくまで私の一案であって、易を応用して、何の現象は何の卦であるから、それを上卦下卦に分けて、それぞれの宮の状態から推察する方法もあります。九干に力を入れて、四柱推命を応用する方法もありましょう。これが絶対の判断法であるというのではなく、こんな判断もあるということであります。

大運のみかた

奇門命理に大運の記述はありません。大運がないから不備な術であるとする人もありますが、大運がないからということのみでいうことはできません。むしろ奇門遁甲は命理が未だ研究されてないとするほうが当を得ていると申せましょう。

大運の区切りを十年ごととするのは一般に四柱推命などですることでありますが、私は九宮が現象を示し、最重視する点から、九宮の数をとって考えたらどうかという案を提示したいと思います。

九宮の数は二つあって、一白なら一と六の数があります。その一が体なら六は用であり、用の数をとってみました。即ち生月の九宮の数により、生月が一白ならば六年運、二黒なら十年運、三碧なら八年運、四緑なら八年運、五黄なら十年運、六白なら九年運、七赤なら九年運、九紫なら七年運であります。生年の干が陽ならば、男子は順に、生月盤、翌月盤、翌々月盤と進み、女子は逆に、生月盤、前月盤、前々月盤と進み、生年の干が陰ならば、男子は逆に生月盤、前月盤、前々月盤と進み、女子は順に、生月盤、翌月盤、翌々月盤と進みます。こうして、そのそれぞれの盤と生日盤とを同会をもって原宮、命宮、身宮を見るのであります。

月盤は十ヶ月同局でありますので、主として九宮、八門に主力をいれてみます。前述の如く、命理では私は四十格を用いません。格は方位のみでありります。

前例の大正十五年五月二十一日生の女子の場合は、生月は八白でありますから十年運で、一才より十才まで、十一才より二十才まで、二十一才より三十才まで、三十一才より四十才まで、四十一才より五十才まで、五十一才より六十才まで、というような区切りになります。生年の干は丙で、陽であり女子なので逆となり、一才より十才までが生月盤、十一才より二十才までが前月の四月盤、二十一才より三十才までは前々月の三月盤というようになります。この盤で原宮、命宮、身宮の状態を見て判断致します。天冲、天柱より数えるのは、寿命計算として出ておりますが、その九星のところがちょうど死門であって、ぴんぴんしている人もあれば首をかしげます。

これも一つの研究課題でしょう。

年月日時のみかた

年運ならば、年盤と生日盤。月運ならば、月盤と生日盤。日運ならば、日盤と生日盤。時運ならば、時盤と生日盤の同会をもって判断いたします。

つまり原宮、命宮、身宮の個所の状態を見るわけであります。

一例を元首相池田勇人にとってみましょう。昭和四十年に亡くなられております。

〈原宮〉既に身体は変化し、〈八白〉臓は、全くだめである、〈天任辛〉のが原因であります。

例

元首相　池田勇人氏

明治三十五年十二月三日生

(年)壬寅八白　(月)辛亥二黒　(日)庚申四緑

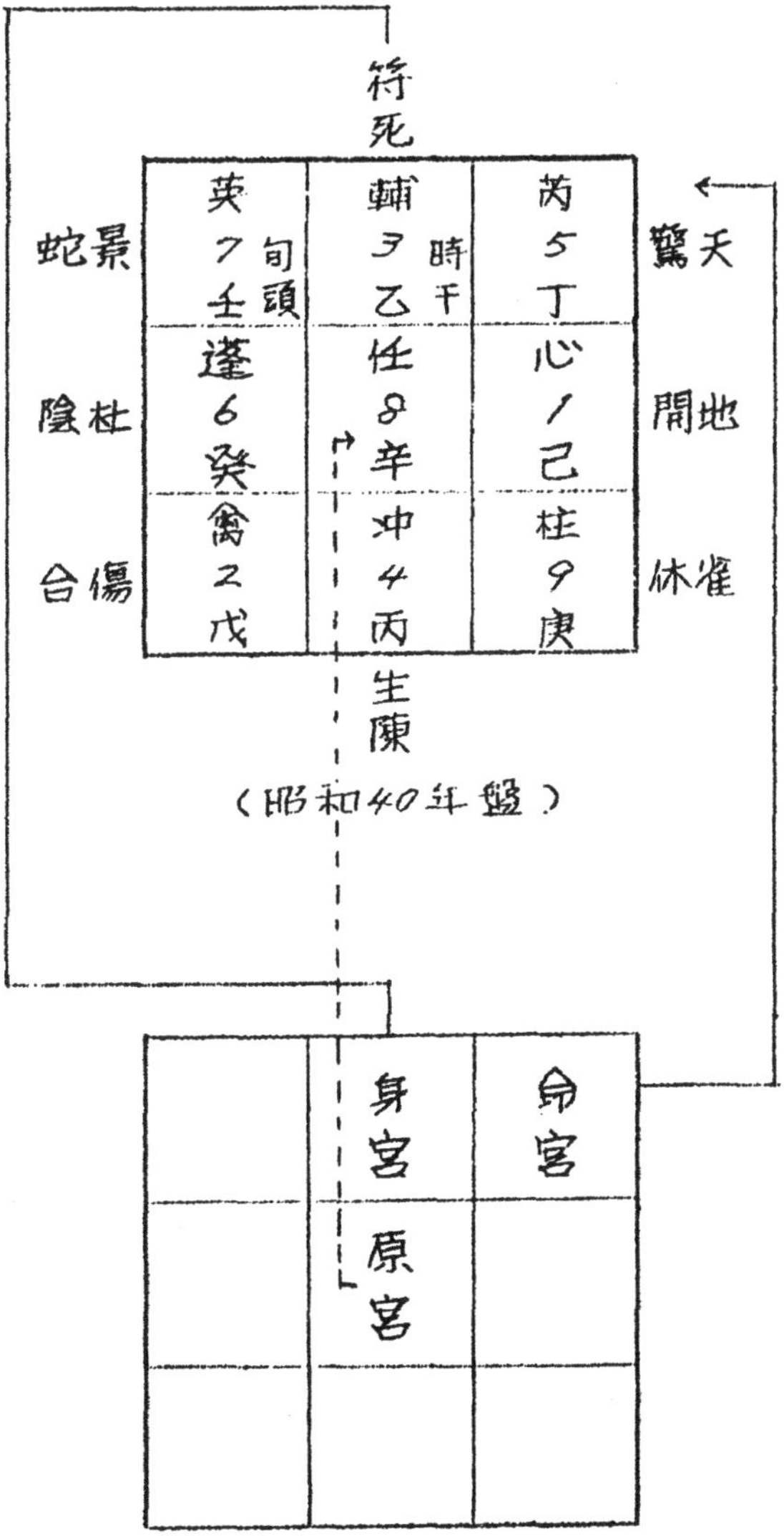

生日盤

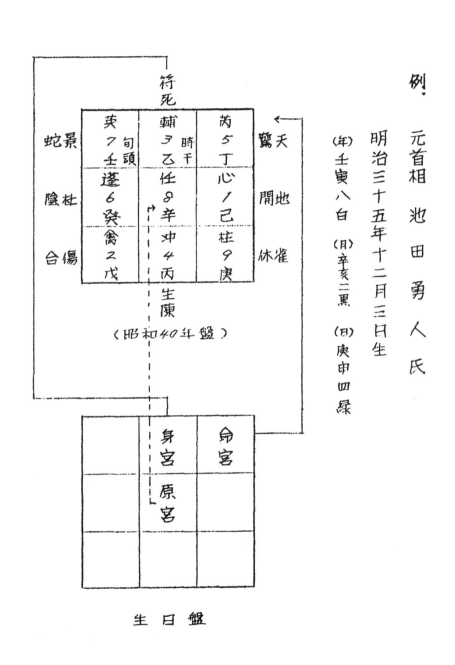

（命宮）　状態は険悪で（五黄）病気は重く（天芮）、暴燥し手のほどこしようもない（丁）有様であります。不安な様子は目にみえ、死は目前であります。（驚門、九天）

（身宮）　急に悪化し（三碧）、静かに、おだやかに（天輔、乙）没します。（死門、直符）

また、特にその年などで注意すべき点は、原宮、身宮のほか、五黄や暗剣殺の場所に当る生日盤での作用が強大となるとみます。

同じく池田勇人氏を例にとって申しますと、

昭和四十年盤では、五黄坤、暗剣殺は艮であります。

（五黄個所）　病気は（一白）悪化し、臓臓は（天任）は不安定となり

（庚）生命はおびやかされ（生門、直符）ます。

（暗剣殺個所）　喜びは失われ（七赤）病気は（天芮）は死し（癸）死は

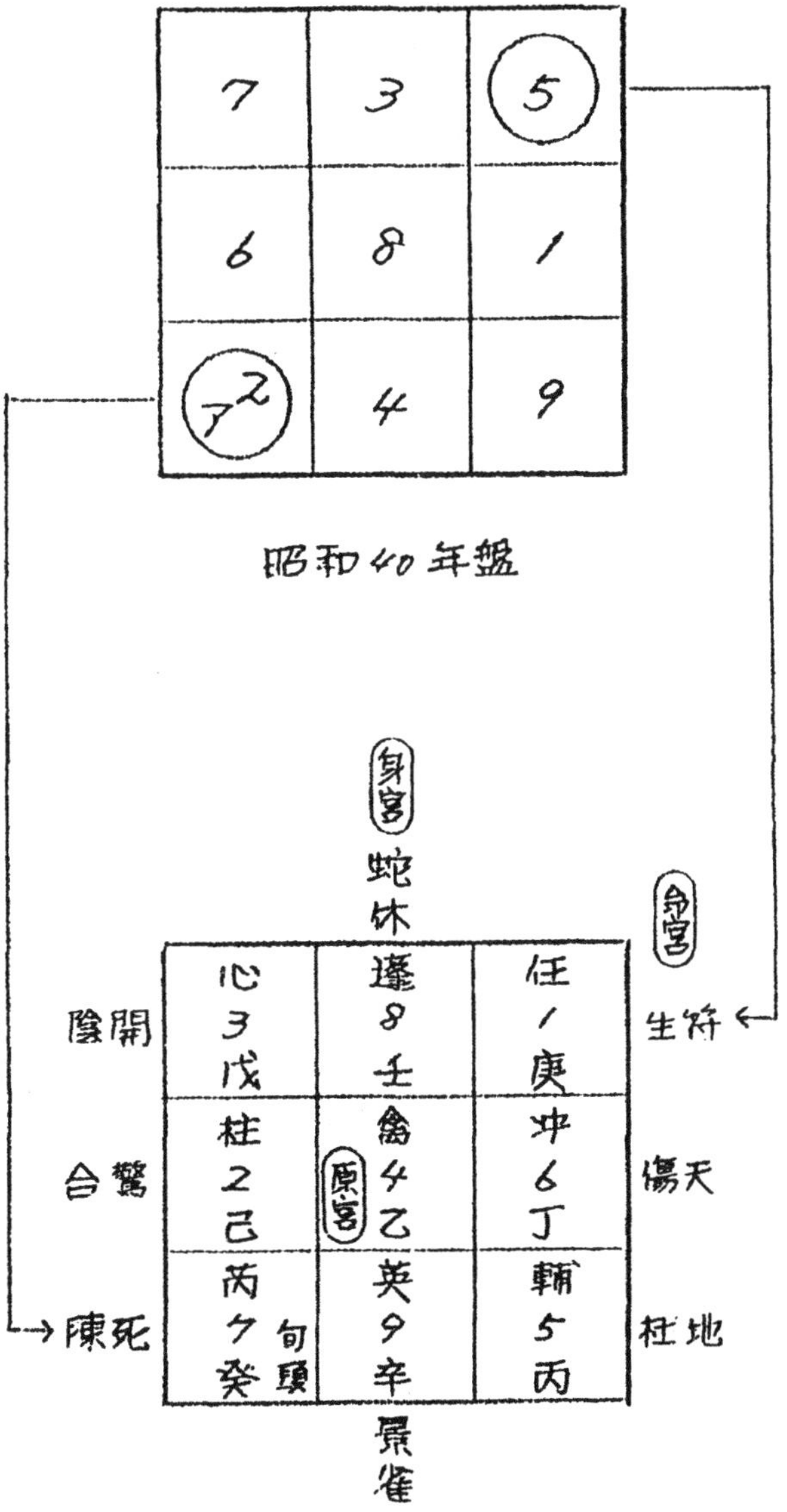

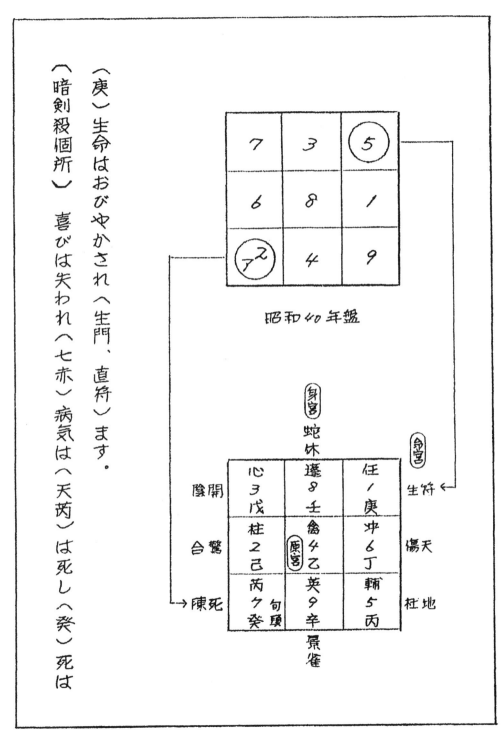

猛然と迫ります。（死門　勾陳）

金函玉鏡の用い方

私は年運に限って、同会ばかりでなく、奇門遁甲の一種である金函玉鏡を応用致します。金函玉鏡は前に不出来な本でありましたが私が出しました。幸いにも品切れですので、ここに一部を申し上げます。金函玉鏡は方位には適用うすく、命理は大変便利によく出ます。この構成も九星、八門などがありますが、一番大切なのは八門で、ここでは八門を応用したいと思います。生日が陽遁か、陰遁かによって、生日の干支から次の表で休門の位置を知ります。

陽　遁

（休 門 位 置）

癸	壬	辛	庚	己	戊	丁	丙	乙	甲	日干／日支
	坎		乾		坎		乾		坎	子
坎		乾		坎		乾		坎		丑
	乾		坎		乾		坎		坎	寅
兌		坤		兌		坤		坤		卯
	坤		兌		坤		坤		兌	辰
坤		兌		坤		坤		兌		巳
	艮		震		震		艮		震	午
艮		震		震		艮		震		未
	震		震		艮		震		艮	申
巽		巽		離		巽		離		酉
	巽		離		巽		離		巽	戌
巽		離		巽		離		巽		亥

陰　　遁

（休　門　位　置）

癸	壬	辛	庚	己	戊	丁	丙	乙	甲	日干／日支
	離		巽		離		巽		離	子
離		巽		離		巽		離		丑
	巽		離		巽		離		離	寅
震		艮		震		艮		艮		卯
	艮		震		艮		艮		震	辰
艮		震		艮		艮		震		巳
	坤		兌		兌		坤		兌	午
坤		兌		兌		坤		兌		未
	兌		兌		坤		兌		坤	申
乾		乾		坎		乾		坎		酉
	乾		坎		乾		坎		乾	戌
乾		坎		乾		坎		乾		亥

表より休門の位置を調べます。生日の干が陽の時は右回　に休生傷杜景死驚開、陰の時は同じ順に左回りに配置します。

前例の池田勇人氏の場合は、生日庚申で陰遁でありますので、休門は表より兌宮で、右回りに順に配置します。その年運は、その年の十二支のところをみます。昭和四十年は巳年で、死門であります。

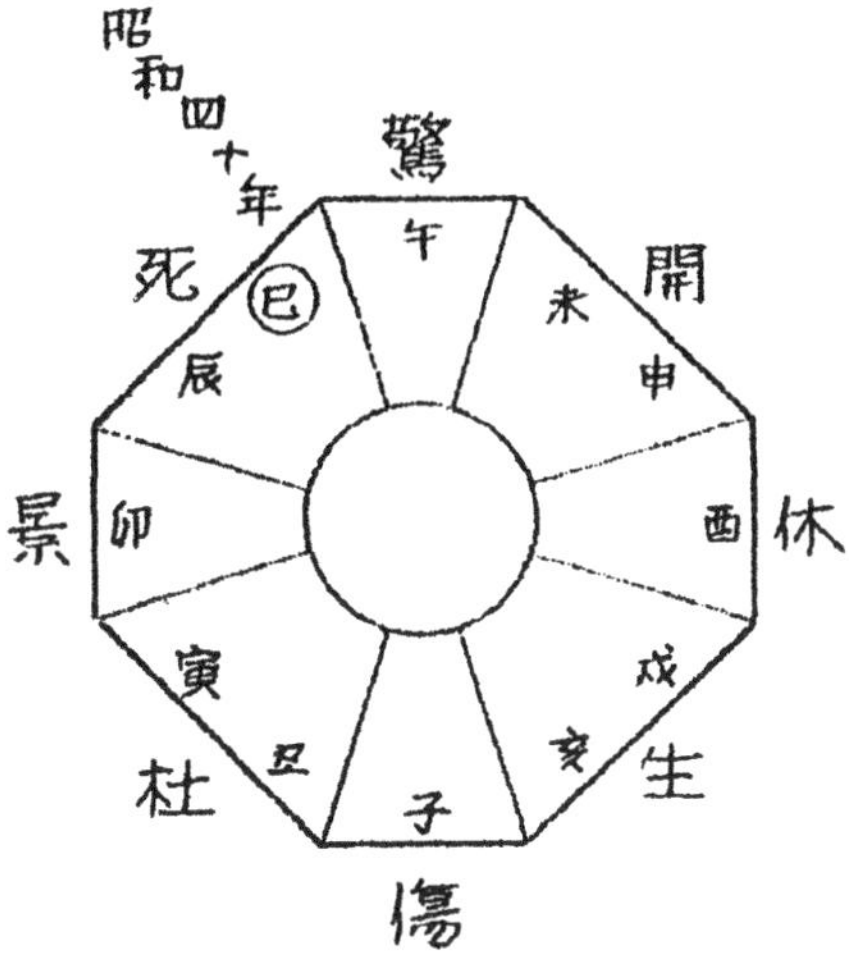

（池田勇人氏）

これに、さらに長生、沐浴、冠帯、建禄、帝旺、衰、病、死、墓、絶、胎、養の十二運を配置し応用すれば、一段と明白になります。

月運、日運、時運は前の同会を応用して、年運の見方と同じように原宮、命宮、身宮をみればわかります。

婚姻のみかた

人生の大事と称される如く、結婚はその人を生年月日時に次いで、大きく決定ずけるものであります。生年月日時が同じ双生児の如き場合、その違いは結婚の良悪と、職業の適否によると云われます。かかる大事な問題では、奇門命理上いかに考察するか、申し上げてみます。

結婚の生ずる時期

結婚が生ずる時期は、幼年でもなく、晩年でもなく、適令期というものを一応頭において、考えねばなりません。その時期を大別すると、

1、本命九宮が、巽・中・兌宮に入る時。

本命九宮が、四緑の定位の巽宮に入った年、中宮に入った時、兌宮の七赤定位宮に入った年は、その四緑や七赤の現象が生じます。坎宮に入った年も、かかることが申せますが、性的な結ばれが強く、恋愛結婚の形が出て、結婚式は翌年の本命九宮が坤宮に廻座した時に見られやすくなります。

2、命宮、身宮に四緑・七赤等が同会した時。

年盤、月盤にて、命宮、身宮の位置に四緑や七赤が廻座した時に結婚が生じやすくなります。しかし、その良悪は九干、九星、八門などを考察せ

ねばなりません。

また、本命九宮が、暗剣殺の時や、命宮などに暗剣殺が廻座同会せる年月も生じやすくなります。暗剣殺が廻座同会せるも、これは極端な現象で極端に良いか、極端に悪いかは、その廻座同会の年月盤の宮の九干、九星八門を以て判断すべきであります。九干、九星、八門が総て良い時は論外でありますが、何れか吉凶半ばして判断に苦しむ時は、八門を重視し、九干、九星の順に軽重考慮して、綜合的に決すべきであります。

相性のみかた

相性というものは、結婚ばかりでなく、人間関係の上には、すべて大切なことと思います。私は、本書が三大中心の自由研究の立場をもって、従来の九宮相性と異なるものを述べたいと思います。

〈生年九宮相性新説〉

生年九宮の相性は、従来五行によって述べられてまいりましたが、一部にはその当否が議論されてまいりました。年の相性は大きい分類にて、あまりにも粗雑であると逃げる向きもありました。しかし、学校などの同一生年者の多い集団では、生年の傾向があって、今年の何年生はどうである、去年の何年生はといった平均値の話が教師間でよくいわれることでありま す。中国では、九宮を五行であまり見ず、五行でみるのは干であるといわれます。

相性は、年が利害、月が性格、日は身体とわけて考えます。

年の九宮については、いろいろと諸先生の実占上のお話を聞き、岡山の石村素堂先生の相性表を見、中国の張耀文先生に九宮五行のことを正し、私なりに結論したものであります。

それは、暗剣殺による関係であります。一白を例とすれば、一白が中宮すれば六白は暗剣殺となり、三碧が中宮すれば、一白は暗剣殺となります。一白と三碧、六白は大凶ということになります。

この大凶の関係でも、結婚など年盤にて暗剣殺を持たぬとき、再婚の時などは影響が余りありません。暗剣殺の関係が、年盤で何れか一方が暗剣殺の時に結婚すると、生別死別が多く見られます。

例えば、ケネディ米大統領夫妻は、大統領二黒、夫人八白であります。二黒が中宮すると八白は暗剣殺であり、八白が中宮すると二黒は暗剣殺という暗剣殺の関係であります。二黒、八白は一般の市販暦などには吉と出ておりますが、石村素堂先生のは凶であります。

この二人が二黒の年に結婚されております。夫人の本命九宮が暗剣殺で暗剣殺関係が暗剣殺の年に結婚し、死別であります。

九宮の相性の良いのは、巽と兌に入る関係、巽と中宮、兌と中宮がこれにつぎます。一白を例とすれば、巽に一白なら兌に四緑であり、兌に一白なら巽に七赤で、一白と四緑、七赤は大吉となります。巽に一白なら中宮は二黒、兌に一白なら中宮八白、中宮一白なら巽は九紫、兌は三碧でありますが、暗剣殺関係で一白と、二黒、八白、九紫が中吉で、どちらか一方が強い様相となります。一白は四緑、七赤大吉、八白、九紫、二黒が中吉、一白、五黄小吉、三碧、六白大凶となります。

九宮一つとっても、こういう考え方があるということを申し上げたいと思います。ただしこれは命理で、方位には適用致しません。

〈性格の相性〉

年が利害、月が性格を示し、月の性格は、気学の傾斜宮、即ち命宮の位置関係で見ます。相性はすべて九宮関係であります。命宮の位置の定位九宮をもって相性を見るわけであります。この命宮の位置の関係も、前記の新説を応用すると良いと思います。気学九星術を学んだ方は御存知のことをくどくなりますので略しますが、遁甲の九干、九星、八門は相性には用いません。

〈身体の相性〉

身体の相性は、生日盤の生年九宮の位置、即ち身宮の定位九宮によって見ます。身宮の九干、九星、八門などは、身体の状況を示し、相性は、定位九宮で見るべきであります。命理ばかりでなく、方位についても、九宮は現象を示すもので、九干、九星、八門などの良否判定の内容と区別し、最重視すべきで、気学九星術の重要性が、奇門遁甲で失われたりすることはありません。

〈運命術愛好性格〉

余談になりますが、運命術的な性格を見るには、命宮、身宮が坤艮の人多く、また、命宮、身宮に二黒、丁、庚、天柱、天任、開門などの占卜の意味あるものが入っていることが多いようであります。

結婚の相手判断法

結婚の相手がいかなる人か、未婚の場合は特に気になるものであります。これには、夫の場合は生日盤の乾宮や六白廻座宮をみますし、妻の場合は坤宮や二黒廻座宮をみます。

原宮、命宮、身宮をみて、結婚に縁のないのは、その方が強いので、いくら生日盤で夫や妻を考えても無駄であります。判断には特に月盤との同会も参照しなくてはなりません。

例．

明治四十年三月三十日生　男子

（年）丁未三碧

（月）癸卯四緑

（日）戊寅三碧

		景		
杜	丁 禽 3 戊	英 8 壬	柱 1 庚	死
傷	心 2 己	輔 4 乙	芮 6 丁	驚
生	蓬 7 癸	任 9 辛 旬頭	冲 5 丙	開
		休		

（生　月　盤）

		驚		
死	禽 2 己 旬頭	蓬 7 丁	冲 9 乙	開
景	丁 輔 1 戊	心 3 庚	任 5 壬	休
杜	英 6 癸	芮 8 丙	柱 4 辛	生
		傷		

（生　日　盤）

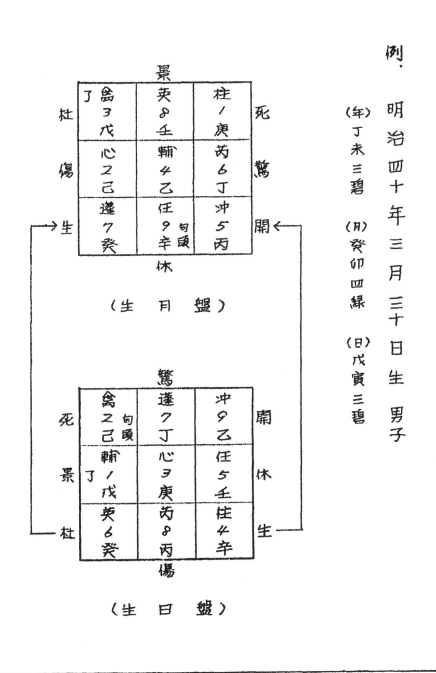

妻は派手で（坤九紫）、おしゃべりで（天冲、乙）、一見平凡（開門）にみえたが、内実はひねくれ（巽の天禽）なまけ者（己）で、ついに自殺しました。自殺まで追いこまれたのは、表面立たぬ（坤の生月同会）ことで、長男の苦労（巽の二黒廻座宮の生月同会）であります。長男は殺人犯であります。

この人は、夫としては温和でありますが（乾宮の四緑、生月の同会五黄）家族にはあまりよい夫でなかった（乾の天柱、辛）し、夫婦問題（艮の六白廻座宮の天英）では冷淡、不幸で（癸）悩み（杜門）挫折することになった（艮の生月同会七赤）と申せましょう。

張耀文先生著『活盤奇門遁甲天書』にある九宮、九干、九星、八門、八神の象意をよく知らねばなりません。

男子の場合、坤宮や二黒廻座宮を妻としてみて、乾や六白廻座宮を、夫としての様相をみます。同会で生月盤をみるのは、その進展をみるので、主として九宮、八門を同会生月は参照します。

判断には常に申し上げるように、一つ一つをばらばらにみると困難で、練習によって、綜合的に判定できるようにすべきであります。それには九宮、九干、八門を特にまとめて見られるように練習しなくてはならぬと思います。

疾病占のみかた

身体弱点発見法

生まれつき身体の弱い所があり、無理をしたり、年をとると発病しやすくなります。

生日盤をもって、

1、九宮五黄、暗剣殺の宮、

2、辛、癸の宮

3、死門、傷門の宮

4、天芮、天蓬、天禽、天柱の宮

5、生月盤、生時盤の同会で、五黄、暗剣、死門、傷門などのとき

その宮の象意個所が弱いので、病気を発生しやすくなります。

九宮は現象でありますから、五黄や暗剣殺の現象でも九干、八門などが良ければ、かえって丈夫な時があります。

九干の辛や癸は相当内部に深いのでありますので、充分気をつけねばなりません。九宮や八門などが良ければ表面化はしませんが、それだけに注意が大切であります。

九星は軽く見てよく、八門は重く見ねばいけません。

同会は進行、他動的に受ける災害などを見るのに用います。

「年、月、日、時の運」の項の池田勇人氏の生日盤では艮宮が悪く、ロを示す七赤、病気暗星の天芮、癸の死、死門で艮なれば癌と出るわけであります。

発病注意発見法

これには二通りあります。

１、大運盤、年盤などで命宮、身宮の宮が凶門（傷、驚、死門）のとき
え、大運盤、年盤などの五黄殺、暗剣殺の宮が生日盤で動揺する。この
個所が生日盤で生死門なれば生死にかかわる、傷門、驚門の時た前以
て危険を防ぐべきであると思います。

命宮などに死門がまわった時は手遅れになりかねません。傷門、驚門の
頃があぶないわけであります。

生日盤で生門、死門の宮のところが年盤などで五黄や暗剣殺がめぐると
きは、「年、月、日、時の運」の池田勇人氏の例の如く危険でありますか
ら、それ以前に傷門、驚門の宮に五黄、暗剣殺がまわった時に用心すべき
と思います。

親子縁のみかた

生月盤を中心に、日盤との関係をみます。

〔父　親〕

乾宮、六白廻座宮をみます。

乾宮や六白の廻座宮の九干、九星、八門をみて、父親の内容を知り、日盤との同会にて自分との間をみます。

〔母　親〕

坤宮、二黒廻座宮をみます。

生月盤の坤宮、二黒廻座宮にて母親をみます。生日盤との同会にて、自分とのつながりをみます。

〈子　縁〉

命宮が巽で、時盤との同会が、何れかに四緑、五黄、暗剣殺とか、辛、癸、天柱、天輔、死門、傷門などがあると子縁なく、また生時盤で震宮や三碧廻座宮及び生日盤との同会で右の如き干、門などが入れば長男が縁ありません。

生時盤で巽宮や四緑廻座宮を長女として、その九干や八門をみ、生日盤との同会でみるのも同じであります。

頭脳良否のみかた

ノーベル物理学賞、文化勲章、を受賞された朝永振一郎博士

明治三十九年三月三十一日　生日甲戌八白

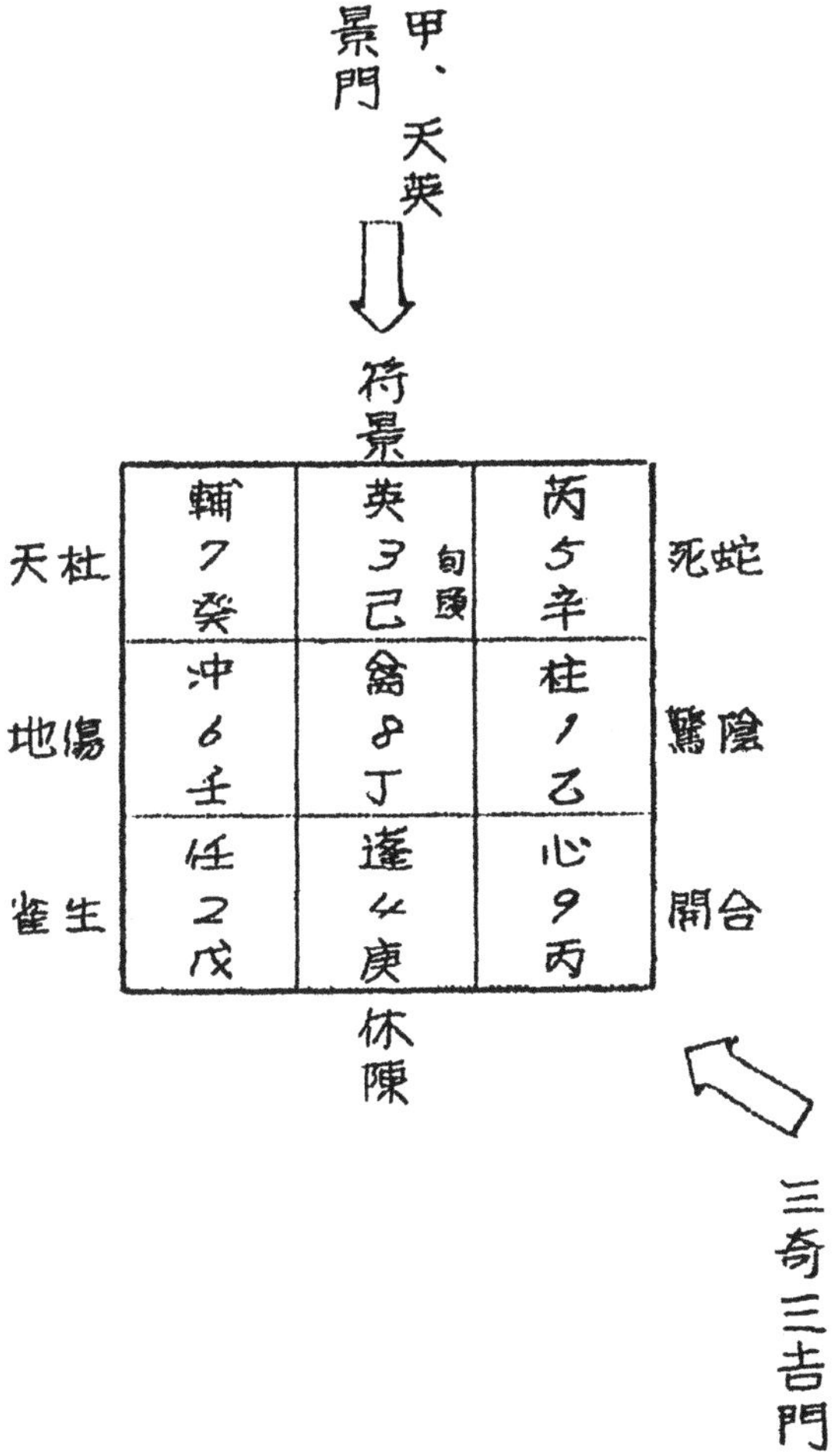

生日盤の離宮、九紫廻座宮を中心にみて、その九干、九星、八門などで判断し、さらに生日盤との同会にて、生時盤の九宮、八門などを見て、活用と申しますか、利用、応用力をみます。生日盤の離宮及び九紫廻座宮に三奇、とか、九星ならば秀才を示す天英、三吉門や景門が入るとか、同会にこのようなものが入るのは頭脳明晰であります。

職業運のみかた

職歴の変化

生月盤、生月盤の二黒廻座宮の同会を応用し、自動的変化は同会、他動的変化を被同会とすべきであります。その吉凶は同会、被同会の九宮、九干、八門、八神によって、三奇三吉門などならば変化して良くなり、五黄や暗剣殺や悪い干、三凶門ならば悪くなるものであります。

適職判断法

職業の多種にわたる今日、その適職も多種で、容易に申せぬことでありますが、次の方法で判断致します。

1、命宮の位置
2、命宮の九宮、九干
3、身宮の位置
4、身宮の九干、同会

命宮の位置により考えるのは、性格や主運の向きによるもので、気学九星と同じく定位の九宮象意をもって適職とします。

命宮の九宮、九干は主運や性格の向きでなく内容によって、その象意の職業を適職といたします。

身宮は、生れつきよりも、生れて後の経験努力をもって、おそまきでありのます。この宮の定位九宮の象意により、その内容の九干や、さらに同会の生月盤の九宮をみて、その象意の職業を適職といたします。身宮の場合は、命宮の場合より努力を必要とします。

命理は、私の発案で恐縮でありますが、原宮が先天的を示し、命宮が主運、身宮が後天運を示します。その動きは気学同会法を応用して判断をするということであります。

雑占編

どうしたらよいか、どっちにしたらという雑占鑑定は二つの立場があります。

1. 発生時の場合

2. 聞いた時の場合

発生時の場合は、その時の立向盤をもって判断いたします。これは正しい結果をしめしてくれます。聞いた時の場合は、その時の立向盤で判断するには違いありませんが、その結果の報告の内容を示しております。したがって、発生時をもってみるのが良いのであります。

立向盤を時盤だけでもよいのでありますが、私は日盤も出して、参照したほうがよいと思います。そのみかたは、

1. 時盤の原宮、命宮、身宮をみること。

ス、日盤の同じく原宮、命宮、身宮の個所をみてみること。

時盤の原宮が原因を示し、日盤は進行をみて、命宮は状況を、主運をみて、身宮は結果、後天作用を見ます。四十格は方位以外は見ません。

判断に当っては、よく様子を見聞し、象意をよく理解利用してみなくてはなりません。

一例をかかげてみることにいたします。

昭和三十九年一月二十四日午後十時半

(日)壬申九紫　(時)辛亥九紫　大寒上元陽七局

明治四十五年二月二十二日生　中野区在住男子が、一月七日頃家出す。

(年)壬子七赤、(月)壬寅八白　(日)戊辰五黄

この件につき鑑定を求めらる。

	符驚	蛇開	陰休	
	英 8 壬	禽 4 戊	柱 6 庚	
天死	任 7 辛	蓬 9 癸	冲 2 丙	生合
	輔 3 乙	心 5 己	芮 1 丁	
	景地	杜雀	傷陳	

命宮

	天景	符死	蛇驚	
	八 心 8 丁	ア 芮 4 庚	輔 6 壬 旬首	
原宮 地杜	禽 7 癸	柱 9 丙	英 2 戊	開陰 身宮
	蓬 3 己	冲 5 辛	任 1 乙	
	傷雀	生陳	休合	

（原宮）　色々悩み（天禽、七赤、杜門）不幸を感じ（癸）死ぬつもりで（同会、日の死門）で家を出たので、早く手をうたぬと危険であります。（命宮）　心は霧がかかったようで、あせりと孤独で（八白、天心、丁）いっぱい（景門）になり、破たんに向って（同会、日の天英、壬）不安はつのっています（驚門）。

（身宮）　弱々しく、南西（二黒）を堤防（戊）をさまよってます。まだ生きています（同会、日の生門）が、早くしないと気持が死に急変（同会の日の天冲、丙）します。溝のような所が問題の最後地であります（同会、日の六合）

この方は新聞広告までして、手をつくしてさがしましたが、三月早々に、玉川上水に死体として発見されました。

昭和四十二年一月二十日午前十一時半
(日)甲申三碧　(時)庚午四緑　大寒上元陽二局

大正十二年十二月六日生男子神田在住より不渡り手形をうけそうである
(年)癸亥五黄　(月)癸亥二黒　(日)癸丑二黒
が如何と電話にて鑑定依頼来る。

2	7	9
1	3	5
6	8	4

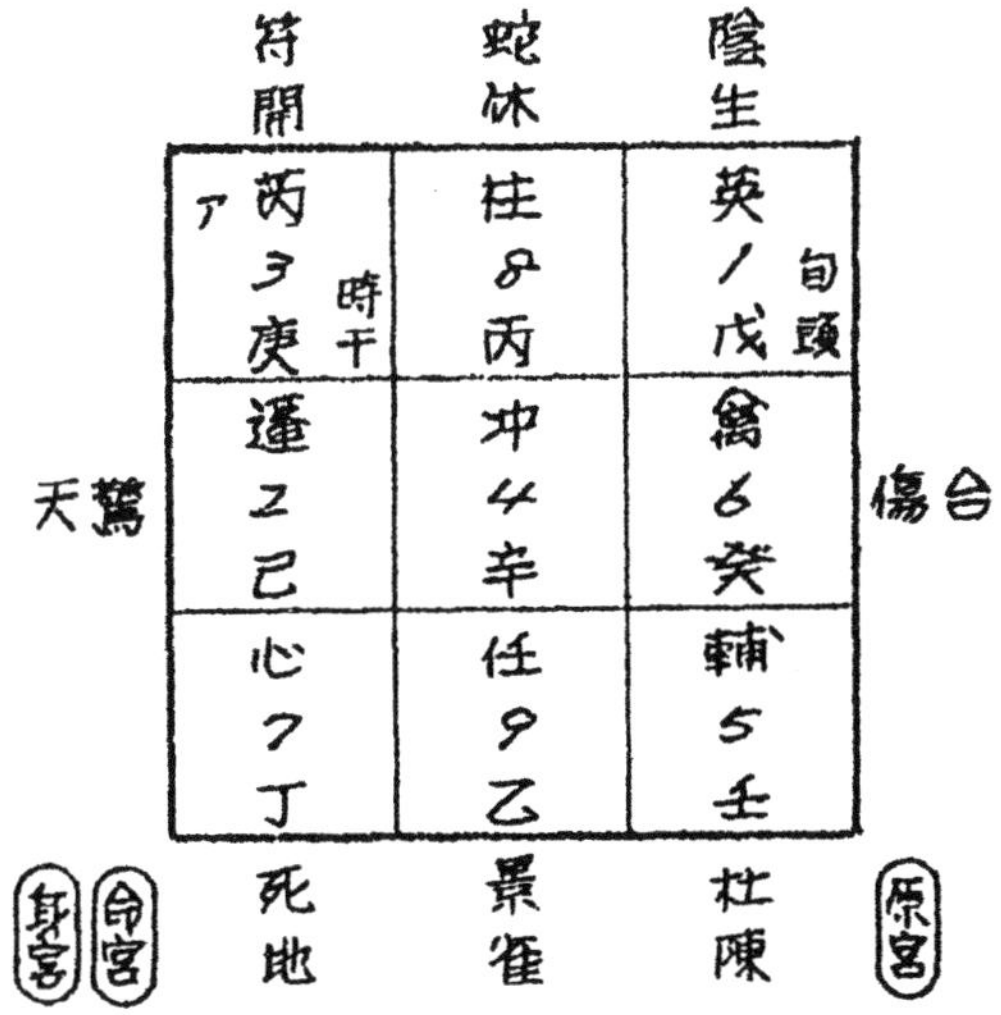

時盤が中心ではありますが、日盤の同会も相当参考になります。もし急な、電話などの応答のときは、日盤は九宮のみでも用はたります。

（原宮）悪い（五黄）取引で（日盤の四緑）手形（天輔）が不渡り（壬）、猛烈（勾陳）に心配（杜門）と出ます。

（命宮）身宮（同一のため、強い作用が出ます）。不渡りはやられる（七赤）代金は棚上げ再建（天心、丁）で、少しずつなんとかするようになる（死門、九地）が、大分痛い目にあって、ふりまわされるでしょう。

（日盤の六白）

この方は、この件で五百万円の不渡りを受けました。

雑占を他にその方向によって判断する方法もあります。定位や八門から立卦して易卦として見るとか、その方向から四十格で判断するとか。この方法でなくてはならぬというのではありません。これが自分には見易いという方法を考えて、利用すべきと思います。

方位編

二種類の方位盤使用密法

日本では従来気学九星術で、少しの外出も、家の修築も、同一系統の九宮盤を用いていたわけでありますが、「奇門遁甲本源」に述べたごとく、攻守二用があるわけであります。

攻撃用が十時一局で、これは既に『活盤奇門遁甲天書』で発表されております。活盤奇門遁甲天書には、天盤と四十格がないという方もありますが、天盤は旬頭をその時の干のところにもってきて、ひねりまわして配置するのが一般的でありますから、簡単に出ます（後述の天盤の項参照）。

奇門四十格については、いろいろな遁甲書に出ておりますが、天盤と地盤の関係であります（後述の四十格参照）。四十格については、一つの判断の便利さを示すもので、本来は要素全部を総合して判断すべきであるといわれております。

総合判断といっても九宮、九干、九星、八門、八神であれば、何れをとるか、九宮の現象を見、九干の三奇の有無、八門の吉凶を主としてみるべきであります。旅行などは十時一局のこの活盤奇門遁甲天書で良いとして家の修築などに土地の状態を示す守備用の五日一局の盤が出ておりません。

十時一局の盤を立向盤、立向盤をひねりまわしたのを天盤といたします。

五日一局の盤を坐山盤といたします。

地上の行動が立向盤、その方向の状態が坐山盤であります。家相、動土作用に坐山盤を見ずしては半分に満たず、あえて本書で発表いたします。

方位の効用

方位作用が効果を示すことは多くの方の知るところであります。しかし方位作用であるか、命運の良悪によるためか、判断に苦悩することもあります。命運の良い時に、とかく吉方を用い易く、命運の悪い時に、凶方を用い易いと云うことも考えられます。こうなってくると方位作用そのものが議論されることになりますが、方位作用が宿命の範囲を出るものか、出ないものか、ここらが問題点となります。私はここで結論を述べるほどの勇気も力もありませんが、時にはあり、時にはないと思います。

昭和四十一年早春に、航空事故が相次いでありました。これを立向盤にて分析すると、何れも日も時刻も死門に飛んでおります。ＢＯＡＣのは出発がホノルルで、出発日の推定は死門に飛んでおります。これをみると、方位作用の強大性を認めぬわけにはまいりません。

張耀文先生は、航空機の例は奇門遁甲の考案された時代にはなく、これを例とするは問題であり、また命運との関連は、乗客の平均命運値で見るといわれます。

しかし、カナダ航空事故に一人生存者がある由でありますから、何故にこの方のみ生存したかは問題とされます。奇門遁甲が古い時代の考案だから、今日の文明社会に通用することが、限定されるとしたら、これまた何も研究価値がないと思います。

昭和四十一年二月四日午後五時五十分

(日) 甲午 四緑

(時) 癸酉 立春上元陽八局

北海道千歳出発時（羽田に向う）

全日空羽田沖事故

伏吟

	戊乙壬	癸丁	丙辛庚	
	雀杜	地景	天死	
	ア 輔 3 戊	英 8 癸	芮 1 丙	
陳傷	冲 2 乙	禽 4 己	時干 干支 柱 6 辛 旬頭	驚符
	任 7 壬	蓬 9 丁	心 5 庚	
	生合	休陰	開蛇	

網蓋天牢

	戊庚丙	壬乙	癸己辛	
	符杜	蛇景	陰死	
	任 9 癸 時干	輔 5 己	心 7 辛	
天傷	柱 8 壬	英 1 丁	芮 3 乙	驚合
	干支 冲 4 戊 旬頭	禽 6 庚	蓬 2 丙	
	生地	休雀	開陳	

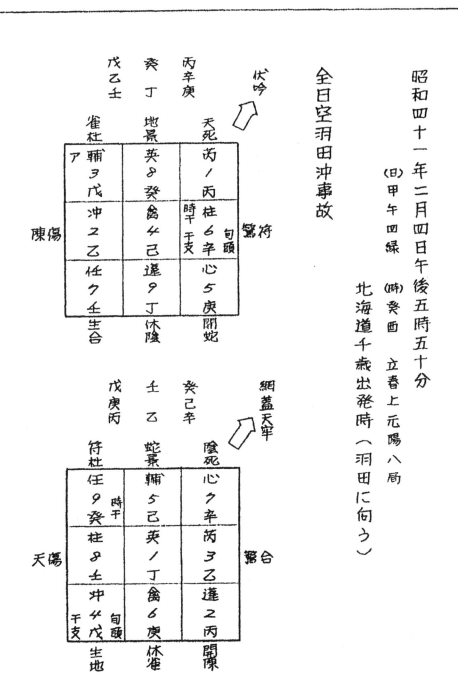

昭和四十一年三月四日午後三時

(日) 壬戌 五黄　(時) 丁未 二黒　雨水下元

香港発（羽田に向う）

カナダ航空羽田空港事故

己 庚丁　癸 壬　辛丙 乙

天開　符休　蛇生

禽 4 乙	蓬 9 壬 時干 干支	冲 2 丁
輔 3 丙	心 5 戊	任 7 庚
英 8 辛	芮 1 癸 旬頭	柱 6 己

左：地驚　右：傷陰

死雀　景陳　杜合

朱雀入獄

壬 庚丁　戊 癸　乙 辛己

符開　蛇休　陰生

芮 1 丁 時干	柱 6 庚	英 8 壬 旬頭
蓬 9 癸	冲 2 丙 干支	禽 4 戊
心 5 己	任 7 辛	輔 3 乙

左：天驚　右：傷合

死地　景雀　杜陳

奸

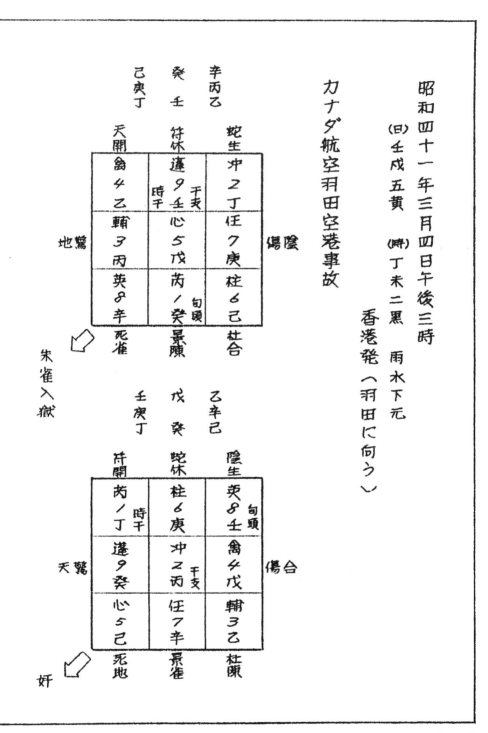

昭和四十一年三月五日午後一時五十八分

(日)癸亥六白　(時)己未五黄　雨水下元陽八局（五不遇時）

羽田発

BOAC富士山麓事故

（はじめ出発はホノルル）

壬戊庚	癸　丙	己辛乙
天傷	符杜	蛇景
任4癸（旬頭）	輔9己（時干）（干支）	心2辛
柱3壬	英5丁	芮7乙
冲8戊	禽1庚	蓬6丙
休雀	開陳	驚合

地生（左）　死陰 ⇒ 白虎猖狂（右）

もちろん、その日、その時に、その方向に出発した人は沢山いると思います。歩いて出発した人、自転車の人、自動車の人、そして航空機の人といろいろではあっても、航空機だけがどうして事故を発生したかであります。張耀文先生は、航空機は飛んでいるので落ちるものであって、少しの作用でも影響強く落ちてしまうから、落下の力作用も入って大きくなるが、地上を歩く人は、少しの作用ではあまり効めが作用しないといわれます。

たしかに一理あります。自然の力に比べたら文明利器といえど弱いものではありますが、そんなに落ちやすいでしょうか。連日飛んでいても、地上の交通事故より少いと思います。私は、これは方位に距離と、所要時間があると思っております。

方位作用と距離・時間の関係

極端に申して、のんびりと歩いて近所に行く人と、瞬時に空を飛んで遠方に行く人と、同一に方位の効用を考えることはできないと思います。同じに方位の効用があるとすれば、連日通勤通学に、外出に大変心配でありますが、そのわりには大量の事故が少いと私は見ますが、距離と時間の作用外が多いためではないでしょうか。

したがって、方位作用の範囲では命運が一時薄れ、範囲外では命運が強いとも考えられます。距離と、所要時間を加味すれば、命運の力を越えて、開運に用いることもできると思います。命運の作用の強い人と、弱い人があって、カナダ航空の事故なども、一人の生存者には効用薄く、特別な人となったのだと思ひます。

奇門遁甲の立向盤は兵術の攻撃用でありますから、個人の命運をあまり考えません。自然の前に個人の力は小さいとなします。方位作用の力以上の強い命運の人には、弱い命運の人ほど効用の影響がひびかぬのではないかと思われます。命運の良い人にはかないません。

〈秘伝公開〉

天盤の出し方とその種類

張耀文先生著『活盤奇門遁甲天書』は、天書系統の立向盤であります。

天盤は立向盤をもとに上下の関係を見るために用います。前述の坐山盤ににおいても同じであります。

『活盤奇門遁甲天書』には天盤が出ておりませんので、ここに補足いたします。天盤の出し方は、立向盤、坐山盤のそれぞれをもとにして出します。この出し方にもいろいろと方法があって、だいたい次に示す種類があります。

1、旬頭をその時の干のところにもっていって、ハンドルを回すように動かすもの。

2、旬頭をその時の干のところにもっていって、陽局陰局の干の配置のように、ひねらずに再配置するもの。

3、その時の干を中宮に入れて、陰陽局にしたがって再配置するもの。

などであります。一般的には、1の旬頭をその時の干の所にもってきて、ひねりまわす方法であります。犬山竜叟著『陰陽発秘』は２の方法をとっておりますが、それは中宮の動かぬを非とし、また旬頭や時干が中宮の時に１の方法が苦しくなるためであります。旬頭や時干が中宮の時には、季節により季節に当る所、十二月頃なら坎宮、六月頃なら離宮と八卦に分けるという方法もいわれております。

組合わせは、

天盤――立向盤

天盤――坐山盤

となります。天盤も区別しないとわかりにくいといけませんので、立向、坐山の名称をいれて、

立向天盤――立向地盤

坐山天盤――坐山地盤

といたします。

立向天盤、坐山天盤ともに立向地盤、坐山地盤がもとで、九干のみで、八門などは立向盤、坐山盤につけます。

奇門四十格秘解

天盤と地盤は上下の関係、動きであります。六壬をお考えになれば推察できると思います。上下の関係をわかりよくしたものが奇門四十格であります。『活盤奇門遁甲天書』に出ていませんので、明澄派(透派)のものをかかげます。格の決めの条件も、それぞれの本などにより少しく異なるようにみられます。

吉格十六の部

天盤	地盤	格名	吉凶
戊（甲）	丙	青龍返首	喜び多い　吉
丙	戊（甲）	飛鳥跌穴	顕灼成り易い　吉
乙	辛、己	三奇得使	干の欠点がおさえられる　吉
丙	庚、戊		
丁	壬、癸		
丁	休門、太陰	人遁	安営　吉
丙	戊、生門	天遁	用兵　吉

乙	己、開門	地遁	安攻	吉
丙	三吉門、九天	神遁	神貴	吉
丁	三吉門、九地	鬼遁	安営	吉
乙	三吉門、乾宮	竜遁	河橋修可	吉
乙	三吉門、艮宮	虎遁	険防ぐ	吉
乙	三吉門、巽宮	風遁	順風爽帆	吉
乙	三吉門、坤宮	雲遁	神貴	吉
乙	三吉門、震宮			
丙	三吉門、離宮	三奇昇殿	戦勝	吉
丁	三吉門、兌宮			
丁	辛、兌宮	玉女守門	陰利	吉

凶格二十四の部

天盤	地盤	格名	吉凶
乙	辛	青竜逃走	財損耗 凶
辛	乙	白虎猖狂	財耗 凶
丙	庚	熒惑入白	賊来らん 凶
庚	丙	太白入熒	悪戦苦闘 凶
丁	癸	朱雀投江	文書過失 凶
癸	丁	螣蛇妖嬌	動作虚驚 凶
丙	時干	悖格	上下乱る 凶
丙	日干		

干	宮	名	意	吉凶
乙	坤宮	奇墓	官事不明	凶
丙	乾宮			
丁	乾宮			
戊	震宮	六儀撃刑	盲進不利	凶
己	坤宮			
庚	艮宮			
辛	離宮			
壬	巽宮			
癸	巽宮			
壬	時干	天羅地網	万物皆傷	凶
癸	時干			

庚	年干	歳格	凶
庚	月干	月格	凶
庚	日干	日格	凶
庚	時干	時格	凶
庚	癸	大格	凶
庚	壬	小格	凶
日干	庚	飛干格	凶
庚	日干	伏干格	凶
甲	庚	飛宮格	凶
庚	甲	伏宮格	凶
庚	己	刑格	凶

九干上下同 九星定位上下 八門定位上下 八神上下同	伏吟	凶
九星上下反対 八門上下反対	返吟	凶
壬辰時　壬巽宮 戊戌時　戊乾宮 乙未時　乙坤宮 丙戌時　丙乾宮 辛丑時　辛艮宮	時墓	凶

休門	生門	傷門	杜門	景門	死門	驚門	開門	(日)	甲	乙
離宮	坎宮	艮宮	艮宮	兌宮	坎宮	震宮	震宮	(時)	庚	辛
		坤宮	坤宮			巽宮				

門迫

凶

丙	壬
丁	癸
戊	甲
己	乙
庚	丙
辛	丁
壬	戊
癸	己

五不遇時　凶

以上が明澄派（透派）の奇門四十格であります。これは干と干だけならまだしも、やれ門だの、それもどこの場所とか、さがして判断するのが容易でありません。
私のような頭脳の弱いのは、手帳に書いて、首っぴきでも大変でありま
す。そこで私はこれは日常くたびれるので用いておりません。簡単に九干
と九干のみのものをみて、必要のあるときのみ見ることにしております。

九干と九干のみの格

天盤	地盤		
戊	乙	○青竜合霊門	吉事吉、凶事凶
戊	丙	○青竜返首	
戊	丁	○青竜耀明	
戊	戊	×伏吟	

戊	己	×貴人入獄	
戊	庚	×飛宮格	吉ならず、凶さらに凶
戊	辛	×青竜折足	失敗、足折る（交通事故のこと有）
戊	壬	×青竜入天牢	
戊	癸	×青竜華蓋	吉門可、凶門多くそむかれる。
乙	乙	×伏吟	
乙	丙	○奇儀順遂	
乙	丁	○奇儀相佐	
乙	戊	陰利陽害	財耗、人を傷つける
乙	己	×入霧被土暗昧	
乙	庚	×刑争懐私	

乙　辛　×青竜逃走

乙　壬　×尊卑悖乱　入れみだれる

乙　癸　×（逃げるしかない）

丙　乙　○日月併行

丙　丙　×伏　吟

丙　丁　○常人平静

丙　戊　○飛鳥跌穴

丙　己　太孛入刑　吉門吉　凶門凶

丙　庚　×熒惑入白

丙　辛　×謀事就成

丙　壬　×火入天羅

丙　癸　×過頻生

丁　乙　○人遁

丁　丙　常人衆裡生悲

丁　丁　×伏吟

丁　戊　○青竜転光

丁　己　×火入勾陳

丁　庚　×文書阻隔

丁　辛　×朱雀入獄

丁　壬　五神互合

丁　癸　×朱雀投江

己　乙　墓神不明

己　丙　火孛地户

己　丁　朱雀入墓

己　戊　犬遇青竜　吉門吉、凶門凶

己　己　×伏吟

己　庚　利格返名

己　辛　×遊魂入墓　祟

己　壬　×地網高張

己　癸　×地刑玄武

庚　乙　退吉進凶

庚　丙　×太白入熒

庚　丁　亭々之格　吉門救い有

庚　戊　×太白天乙伏宮

庚　己　×刑　格

庚　庚　×伏　吟

庚　辛　×白虎干格　遠方交通事故注意

庚　壬　×遠行失迷

庚　癸　×大　格

辛　乙　×白虎猖狂

辛　丙　×干合孛師

辛　丁　獄神得奇　商売利、囚人放免

辛　戊　×困竜被傷

辛　己　×入獄自刑

辛	庚	×	白虎出力
辛	辛	×	伏吟
辛	壬	×	凶蛇入獄
辛	癸	×	日月失明
壬	乙		小蛇
壬	丙	×	水蛇入火
壬	丁		干合蛇刑
壬	戊		小蛇化竜
壬	己	×	凶蛇入獄
壬	庚	×	太白擒蛇
壬	辛	×	騰蛇相纏

壬　壬　×伏吟

壬　癸　×家中醜声　吉門はさけられる

癸　乙　常人平安

癸　丙　華蓋孛師

癸　丁　×騰蛇妖嬌

癸　戊　天乙会合

癸　己　×華蓋地戸

癸　庚　×太白入網

癸　辛　×網蓋天牢　病は死、逃げるしかない

癸　壬　×復見騰蛇

癸　癸　×伏吟

この九千と九千のものをみて、おおよそを予測し、さらに格の条件を見ていくようにいたしたら見易いと思います。私は旬頭は鳴動するものとして、特別に注意を払います。

立向盤について

からだが動くこと、攻撃用が立向盤であります。攻撃用は秘したので、十時一局の盤はまったく見当らず、今日、日本にこの盤を伝えた張耀文先生は日本の奇門遁甲研究史上特筆すべきことであります。その天書の攻撃用が、遁甲の真髄ならば、その功績も特記すべきでしょう。

この立向盤については、張耀文先生の『活盤奇門遁甲天書』に詳細説明されておりますので、改めて述べることをいたしませんが、補足をいたしたいと思います。

九宮の象意が気学九星術との象意と少し異なっておりますから注意せねばなりません。

婚姻の方位で、三碧、四緑、七赤は避けた方がいいとあるのは、三碧は虚驚、四緑に寡婦、七赤に挫折の象あるためと私は解釈いたしますが、気学九星術では考えないところであります。ですから象意をよく理解する必要があります。

また避妊の方位がないとのべてありますが、四緑に不妊の意があり、奇門命理でみますと、命宮の位置、即ち気学傾斜でいう巽宮の人に子縁の少い人のいるのも、この現象かもしれず、四緑を応用したらよろしいと私は思います。

埋葬、宅理については、後述の坐山盤を用いねばなりません。

効果をあげる吉方転居

一般に吉方転居して開運をはかることをいたしますが、気学九星術のように九宮のみでなく、九干九星八門八神と要素が多く、簡単に一、二ケ月でということは不可能かもしれませんが、応用して、吉方、吉方をつくのが良いことは確実であります。

『活盤奇門遁甲天書』はそれぞれの要素の吉凶は述べてありますが、いざ実際に用いるとなりますと、それぞれ吉凶があって、どうしたものか苦しむと思います。この判断はそれぞれの人によって異なると思いますが、私は九宮、八門、九干、格、九星、八神の順に見わたして、吉凶の度合いを計ります。全部良い時というのはなかなかありませんから、軽重難易を判断しなくてはなりません。

また、方位避法が述べてあって、九干の凶方は九干で制するといったものでありますが、九干の凶方を九干で制すべく応用しても、その時の九宮八門、九星、八神が悪ければ、おかした九干の凶方を九干で制しても、避法を用いたときの九宮、八門、九星、八神の凶が出てまいります。したがって、凶方をおかした時に、その凶を消すことができても、簡単にはまいりません。九干の凶方をおかしたら、九干の制する方位を、他の九宮、九星、八門、八神の良い時を見て行動しなくてはいけません。

〔命運との関連〕

気学九星術では、生年九宮の本命と、合うか否かを申しますが、奇門遁甲ではあまり申しません。このことは、方位効用論の中でも少しく申しましたし、兵術という点からしても、解答は明白に出ると思います。

広い大陸での人間の存在は小さいものであります。宿命などを専らみる術の方は、命運との関連を云々しないのは妙だと思われるようでありますが、まったくないのではなく、非常に薄いので、一般には見なくてもよいほどのものであるといえましょう。

しかし、なかには命運が強くてというのは、前述の方位効用論でのべたとおり、方位と時間と距離の関係によるようであります。

〈秘伝公開〉

坐山盤について

『活盤奇門遁甲天書』の盤は十時一局のもので、これはからだが動くこと、攻撃をみるもので、立向盤といわれます。攻撃に対する守備、からだの動かないことに用いるのが五日一局の坐山盤であります。

立向盤と坐山盤と攻守二用の盤に驚くむきがあると思いますが、これは古くから日本に伝わっているもので、特に目新しいものではありません。奇門遁甲を早くから研究されているならば、十時一局の立向盤が珍しいものであります。ところが、近年張耀文先生が来日されてからの遁甲熱は、誰もが知っている地書を度外視して、いきなり天書の立向盤を知り、これが奇門遁甲の総てなりと思いすごしてしまいました。

中国にいわせれば、日本にも古くから伝わっているのに研究しないのは勉強不足と笑われるだけであります。こういう順序の狂ったところに最近の遁甲研究者の一部の困難性があるように思います。

余談になりますが、十時一局とか、五日一局とか、いろいろな型の盤のお話をしますと、必ずどれがいいんだという質問をうけます。しかしこれでは奇門遁甲は学ぶことができないと思います。攻撃と守備の二大別のほかに、攻撃の立向盤の中でも、守備の坐山盤の中でも、細かいことではいろいろ違った盤があるのも兵術として秘したり、苦心研究したもので、平和利用が最初の目的でないので、早々に一つにしぼろうとするのは不心得と思います。やはり、実験し、苦心してこそ授受の道であると思います。
読者諸氏には無いと信じますから申すのでありますが、立向盤のほかに坐山盤で驚くような人がありましたら、不勉強だといえます。日本に沢山古書が眠っております。

坐山の年盤の出し方

坐山盤の年盤は、すべて陽局で、二十年ごとであります。

甲子一白年より癸未九紫年までの二十年間陽一局
甲申八白年より癸卯七赤年までの二十年間陽二局
甲辰六白年より癸亥五黄年までの二十年間陽三局
甲子四緑年より癸未三碧年までの二十年間陽四局

甲申二黒年より癸卯一白年までの二十年間陽五局
甲辰九紫年より癸亥八白年までの二十年間陽六局
甲子七赤年より癸亥六白年までの二十年間陽七局
甲申五黄年より癸卯四緑年までの二十年間陽八局
甲辰三碧年より癸亥二黒年までの二十年間陽九局

これをわかりやすく表にまとめますと次のようになります。

年干支	年九宮	局	年九宮	局	年九宮	局
甲子	一白		四緑		七赤	
乙丑	九紫		三碧		六白	
丙寅	八白		二黒		五黄	
丁卯	七赤		一白		四緑	
戊辰	六白		九紫		三碧	
己巳	五黄		八白		二黒	
庚午	四緑	陽	七赤	陽	一白	陽
辛未	三碧		六白		九紫	
壬申	二黒		五黄		八白	
癸酉	一白		四緑		七赤	
甲戌	九紫	一	三碧	四	六白	七
乙亥	八白		二黒		五黄	
丙子	七赤		一白		四緑	
丁丑	六白	局	九紫	局	三碧	局
戊寅	五黄		八白		二黒	
己卯	四緑		七赤		一白	
庚辰	三碧		六白		九紫	
辛巳	二黒		五黄		八白	
壬午	一白		四緑		七赤	
癸未	九紫		三碧		六白	

年干支	年九宮	局	年九宮	局	年九宮	局
甲申	八白	陽二局	二黒	陽五局	五黄	陽八局
乙酉	七赤		一白		四緑	
丙戌	六白		九紫		三碧	
丁亥	五黄		八白		二黒	
戊子	四緑		七赤		一白	
己丑	三碧		六白		九紫	
庚寅	二黒		五黄		八白	
辛卯	一白		四緑		七赤	
壬辰	九紫		三碧		六白	
癸巳	八白		二黒		五黄	
甲午	七赤		一白		四緑	
乙未	六白		九紫		三碧	
丙申	五黄		八白		二黒	
丁酉	四緑		七赤		一白	
戊戌	三碧		六白		九紫	
己亥	二黒		五黄		八白	
庚子	一白		四緑		七赤	
辛丑	九紫		三碧		六白	
壬寅	八白		二黒		五黄	
癸卯	七赤		一白		四緑	

年干支	年九宮	局	年九宮	局	年九宮	局
甲辰	六白		九紫		三碧	
乙巳	五黄		八白		二黒	
丙午	四緑		七赤		一白	
丁未	三碧		六白		九紫	
戊申	二黒		五黄		八白	
己酉	一白		四緑		七赤	
庚戌	九紫	陽	三碧	陽	六白	陽
辛亥	八白		二黒		五黄	
壬子	七赤		一白		四緑	
癸丑	六白		九紫		三碧	
甲寅	五黄	三	八白	六	二黒	九
乙卯	四緑		七赤		一白	
丙辰	三碧		六白		九紫	
丁巳	二黒	局	五黄	局	八白	局
戊午	一白		四緑		七赤	
己未	九紫		三碧		六白	
庚申	八白		二黒		五黄	
辛酉	七赤		一白		四緑	
壬戌	六白		九紫		三碧	
癸亥	五黄		八白		二黒	

この表の見方は、例えば昭和四十二年であれば丁未六白年でありますから、年干支丁未のところを見ます。丁未には三碧の年、六白の年、九紫の年とあります。その六白の年のところをみます。そこはずっと二十年間陽六局のところで、昭和四十二年は陽六局が坐山盤となります。

坐山の月盤の出し方

坐山盤の月盤は五年ごとで、すべて陽局であります。月盤は立向盤、坐山の年盤と少しく趣が異なります。奇門遁甲種類大要の項の地書の説明をごらん下さい。

甲子一白年より戊辰六白年まで五年間　陽一局

己巳五黄年より癸酉一白年まで五年間　陽七局

甲戌九紫年より戊寅五黄年まで五年間　陽四局
己卯四緑年より癸未九紫年まで五年間　陽二局
甲申八白年より戊子四緑年まで五年間　陽八局
己丑三碧年より癸巳八白年まで五年間　陽五局
甲午七赤年より戊戌三碧年まで五年間　陽三局
己亥二黒年より癸卯七赤年まで五年間　陽九局
甲辰六白年より戊申二黒年まで五年間　陽六局
己酉一白年より癸丑六白年まで五年間　陽一局
甲寅五黄年より戊午一白年まで五年間　陽七局
己未九紫年より癸亥五黄年まで五年間　陽四局
甲子四緑年より戊辰九紫年まで五年間　陽二局

己巳八白年より癸酉四緑年まで五年間　陽八局

甲戌三碧年より戊寅八白年まで五年間　陽五局

己卯七赤年より癸未三碧年まで五年間　陽三局

甲申二黒年より戊子七赤年まで五年間　陽九局

己丑六白年より癸巳二黒年まで五年間　陽六局

甲午一白年より戊戌六白年まで五年間　陽一局

己亥五黄年より癸卯一白年まで五年間　陽七局

甲辰九紫年より戊申五黄年まで五年間　陽四局

己酉四緑年より癸丑九紫年まで五年間　陽二局

甲寅八白年より戊午四緑年まで五年間　陽八局

己未三碧年より癸亥八白年まで五年間　陽五局

甲子七赤年より戊辰三碧年まで五年間　陽三局

己巳二黒年より癸酉七赤年まで五年間　陽九局

甲戌六白年より戊寅二黒年まで五年間　陽六局

己卯一白年より癸未六白年まで五年間　陽一局

甲申五黄年より戊子一白年まで五年間　陽七局

己丑九紫年より癸巳五黄年まで五年間　陽四局

甲午四緑年より戊戌九紫年まで五年間　陽二局

己亥八白年より癸卯四緑年まで五年間　陽八局

甲辰三碧年より戊申八白年まで五年間　陽五局

己酉七赤年より癸丑三碧年まで五年間　陽三局

甲寅二黒年より戊午七赤年まで五年間　陽九局

陽一局より七局にうつる理

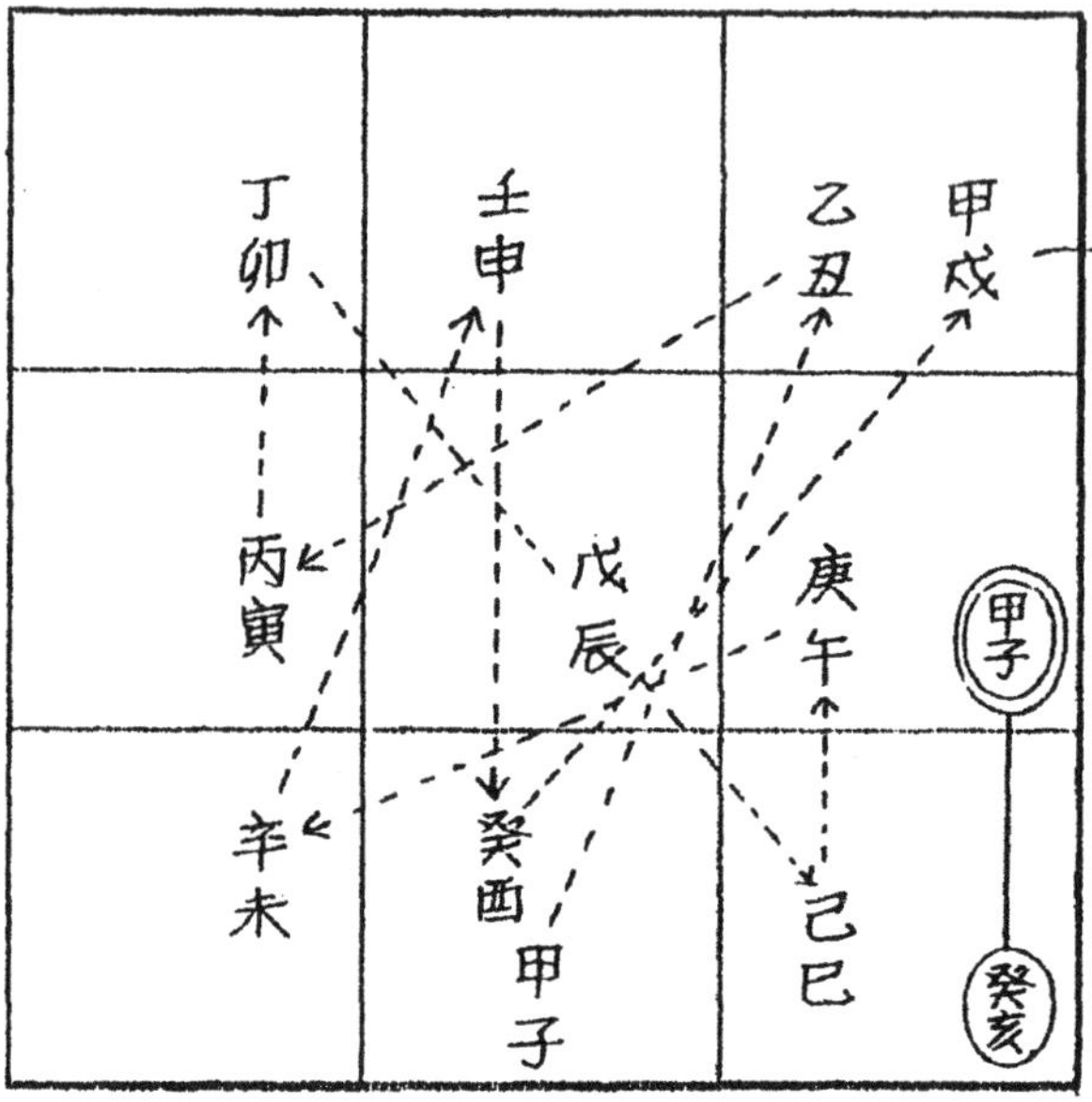

己未六白年より癸亥二黒年まで五年間　陽六局

これを表にして示しますと、次のようになります。

こうして順にいくと癸亥は乾になりますこれまでの六十干支が一局

次の甲子は兌宮よりはじまりますので、次の六十干支は全部七局

その次は甲子が巽よりはじまるとなります。

年干支	年九宮	局	年九宮	局	年九宮	局
甲子	一白	陽一局	四緑	陽二局	七赤	陽三局
乙丑	九紫		三碧		六白	
丙寅	八白		二黒		五黄	
丁卯	七赤		一白		四緑	
戊辰	六白		九紫		三碧	
己巳	五黄	陽七局	八白	陽八局	二黒	陽九局
庚午	四緑		七赤		一白	
辛未	三碧		六白		九紫	
壬申	二黒		五黄		八白	
癸酉	一白		四緑		七赤	
甲戌	九紫	陽四局	三碧	陽五局	六白	陽六局
乙亥	八白		二黒		五黄	
丙子	七赤		一白		四緑	
丁丑	六白		九紫		三碧	
戊寅	五黄		八白		二黒	
己卯	四緑	陽二局	七赤	陽三局	一白	陽一局
庚辰	三碧		六白		九紫	
辛巳	二黒		五黄		八白	
壬午	一白		四緑		七赤	
癸未	九紫		三碧		六白	

年干支	年九宮	局	年九宮	局	年九宮	局
甲申	八白	陽八局	二黒	陽九局	五黄	陽七局
乙酉	七赤		一白		四緑	
丙戌	六白		九紫		三碧	
丁亥	五黄		八白		二黒	
戊子	四緑		七赤		一白	
己丑	三碧	陽五局	六白	陽六局	九紫	陽四局
庚寅	二黒		五黄		八白	
辛卯	一白		四緑		七赤	
壬辰	九紫		三碧		六白	
癸巳	八白		二黒		五黄	
甲午	七赤	陽三局	一白	陽一局	四緑	陽二局
乙未	六白		九紫		三碧	
丙申	五黄		八白		二黒	
丁酉	四緑		七赤		一白	
戊戌	三碧		六白		九紫	
己亥	二黒	陽九局	五黄	陽七局	八白	陽八局
庚子	一白		四緑		七赤	
辛丑	九紫		三碧		六白	
壬寅	八白		二黒		五黄	
癸卯	七赤		一白		四緑	

年干支	年九宮	局	年九宮	局	年九宮	局
甲辰	六白	陽六局	九紫	陽四局	三碧	陽五局
乙巳	五黄		八白		二黒	
丙午	四緑		七赤		一白	
丁未	三碧		六白		九紫	
戊申	二黒		五黄		八白	
己酉	一白	陽一局	四緑	陽二局	七赤	陽三局
庚戌	九紫		三碧		六白	
辛亥	八白		二黒		五黄	
壬子	七赤		一白		四緑	
癸丑	六白		九紫		三碧	
甲寅	五黄	陽七局	八白	陽八局	二黒	陽九局
乙卯	四緑		七赤		一白	
丙辰	三碧		六白		九紫	
丁巳	二黒		五黄		八白	
戊午	一白		四緑		七赤	
己未	九紫	陽四局	三碧	陽五局	六白	陽六局
庚申	八白		二黒		五黄	
辛酉	七赤		一白		四緑	
壬戌	六白		九紫		三碧	
癸亥	五黄		八白		二黒	

この表の見方は例えば昭和四十二年六月とすれば、昭和四十二年は丁未六白年でありますから、年干支丁未のところをみて、その六白年の九宮から陽四局となり、六月でも七月でもこの五年間は陽四局であります。

坐山の日盤の出し方

年盤と月盤は陽局ばかりでありますが、日盤は陰陽の両局があります。陽遁は陽局、陰遁は陰局であります。何れも日盤は二十日ごとの区切りであります。

〈陽遁・陽局〉

甲子一白日より癸未二黒日まで二十日間　陽一局

甲申三碧日より癸卯四緑日まで二十日間　陽二局
甲辰五黄日より癸亥六白日まで二十日間　陽三局
甲子七赤日より癸未八白日まで二十日間　陽四局
甲申九紫日より癸卯一白日まで二十日間　陽五局
甲辰二黒日より癸亥三碧日まで二十日間　陽六局
甲子四緑日より癸未五黄日まで二十日間　陽七局
甲申六白日より癸卯七赤日まで二十日間　陽八局
甲辰八白日より癸亥九紫日まで二十日間　陽九局

これを表にいたしますと、つぎのようになります。

日干支	日九宮	局	日九宮	局	日九宮	局
甲子	一白		七赤		四緑	
乙丑	二黒		八白		五黄	
丙寅	三碧		九紫		六白	
丁卯	四緑		一白		七赤	
戊辰	五黄		二黒		八白	
己巳	六白		三碧		九紫	
庚午	七赤	陽	四緑	陽	一白	陽
辛未	八白		五黄		二黒	
壬申	九紫		六白		三碧	
癸酉	一白		七赤		四緑	
甲戌	二黒	一	八白	四	五黄	七
乙亥	三碧		九紫		六白	
丙子	四緑		一白		七赤	
丁丑	五黄	局	二黒	局	八白	局
戊寅	六白		三碧		九紫	
己卯	七赤		四緑		一白	
庚辰	八白		五黄		二黒	
辛巳	九紫		六白		三碧	
壬午	一白		七赤		四緑	
癸未	二黒		八白		五黄	

日干支	日九宮	局	日九宮	局	日九宮	局
甲申	三碧	陽二局	九紫	陽五局	六白	陽八局
乙酉	四緑		一白		七赤	
丙戌	五黄		二黒		八白	
丁亥	六白		三碧		九紫	
戊子	七赤		四緑		一白	
己丑	八白		五黄		二黒	
庚寅	九紫		六白		三碧	
辛卯	一白		七赤		四緑	
壬辰	二黒		八白		五黄	
癸巳	三碧		九紫		六白	
甲午	四緑		一白		七赤	
乙未	五黄		二黒		八白	
丙申	六白		三碧		九紫	
丁酉	七赤		四緑		一白	
戊戌	八白		五黄		二黒	
己亥	九紫		六白		三碧	
庚子	一白		七赤		四緑	
辛丑	二黒		八白		五黄	
壬寅	三碧		九紫		六白	
癸卯	四緑		一白		七赤	

日干支	日九宮	局	日九宮	局	日九宮	局
甲辰	五黄	陽三局	二黒	陽六局	八白	陽九局
乙巳	六白		三碧		九紫	
丙午	七赤		四緑		一白	
丁未	八白		五黄		二黒	
戊申	九紫		六白		三碧	
己酉	一白		七赤		四緑	
庚戌	二黒		八白		五黄	
辛亥	三碧		九紫		六白	
壬子	四緑		一白		七赤	
癸丑	五黄		二黒		八白	
甲寅	六白		三碧		九紫	
乙卯	七赤		四緑		一白	
丙辰	八白		五黄		二黒	
丁巳	九紫		六白		三碧	
戊午	一白		七赤		四緑	
己未	二黒		八白		五黄	
庚申	三碧		九紫		六白	
辛酉	四緑		一白		七赤	
壬戌	五黄		二黒		八白	
癸亥	六白		三碧		九紫	

この表の見方は、例えば乙酉四緑日ならば、乙酉の日干支のところをみて、日の九宮四緑をみると、陽二局となります。

〈陰遁・陰局〉

陰遁は陰局を用います。陽遁と同じく二十日区切りであります。

甲子九紫日より癸未八白日まで二十日間　陽九局
甲申七赤日より癸卯六白日まで二十日間　陽八局
甲辰五黄日より癸亥四緑日まで二十日間　陽七局
甲子三碧日より癸未二黒日まで二十日間　陽六局
甲申一白日より癸卯九紫日まで二十日間　陽五局
甲辰八白日より癸亥七赤日まで二十日間　陽四局

甲子六白日より癸未五黄日まで二十日間　陽《陰》三局

甲申四緑日より癸卯三碧日まで二十日間　陽《陰》二局

甲辰二黒日より癸亥一白日まで二十日間　陽《陰》一局

これをわかりやすく表にいたしますと、次のようになります。

日干支	日九宮	局	日九宮	局	日九宮	局
甲子	九紫	陰九局	三碧	陰六局	六白	陰三局
乙丑	八白		二黒		五黄	
丙寅	七赤		一白		四緑	
丁卯	六白		九紫		三碧	
戊辰	五黄		八白		二黒	
己巳	四緑		七赤		一白	
庚午	三碧		六白		九紫	
辛未	二黒		五黄		八白	
壬申	一白		四緑		七赤	
癸酉	九紫		三碧		六白	
甲戌	八白		二黒		五黄	
乙亥	七赤		一白		四緑	
丙子	六白		九紫		三碧	
丁丑	五黄		八白		二黒	
戊寅	四緑		七赤		一白	
己卯	三碧		六白		九紫	
庚辰	二黒		五黄		八白	
辛巳	一白		四緑		七赤	
壬午	九紫		三碧		六白	
癸未	八白		二黒		五黄	

日干支	日九宮	局	日九宮	局	日九宮	局
甲申	七赤	陰八局	一白	陰五局	四緑	陰二局
乙酉	六白		九紫		三碧	
丙戌	五黄		八白		二黒	
丁亥	四緑		七赤		一白	
戊子	三碧		六白		九紫	
己丑	二黒		五黄		八白	
庚寅	一白		四緑		七赤	
辛卯	九紫		三碧		六白	
壬辰	八白		二黒		五黄	
癸巳	七赤		一白		四緑	
甲午	六白		九紫		三碧	
乙未	五黄		八白		二黒	
丙申	四緑		七赤		一白	
丁酉	三碧		六白		九紫	
戊戌	二黒		五黄		八白	
己亥	一白		四緑		七赤	
庚子	九紫		三碧		六白	
辛丑	八白		二黒		五黄	
壬寅	七赤		一白		四緑	
癸卯	六白		九紫		三碧	

日干支	日九宮	局	日九宮	局	日九宮	局
甲辰	五黄	陰七局	八白	陰四局	二黒	陰一局
乙巳	四緑		七赤		一白	
丙午	三碧		六白		九紫	
丁未	二黒		五黄		八白	
戊申	一白		四緑		七赤	
己酉	九紫		三碧		六白	
庚戌	八白		二黒		五黄	
辛亥	七赤		一白		四緑	
壬子	六白		九紫		三碧	
癸丑	五黄		八白		二黒	
甲寅	四緑		七赤		一白	
乙卯	三碧		六白		九紫	
丙辰	二黒		五黄		八白	
丁巳	一白		四緑		七赤	
戊午	九紫		三碧		六白	
己未	八白		二黒		五黄	
庚申	七赤		一白		四緑	
辛酉	六白		九紫		三碧	
壬戌	五黄		八白		二黒	
癸亥	四緑		七赤		一白	

この表の見方は、例えば甲申七赤の日であれば、日干支甲申のところをみて、日九宮七赤をみれば陰八局となっております。

これは一つの参考例でありますから、毎年の暦をよくごらんになって、節気を考慮して暦に区切りをつけて下さるようお願いいたします。

坐山の時盤の出し方

時盤は五日一局であります。五日一局の理は、奇門遁甲種類大要の項と月盤のところをごらん下さいますと、出ております。日本には数多く本が、ありますので、御承知と思います。

時盤も陽遁は陽局、陰遁は陰局であります。

（陽遁・陽局）

時盤は、年盤、月盤、日盤のように五日ごとに区切ってみればできます。

甲子一白日より戊辰五黄日まで五日間　陽一局

己巳六白日より癸酉一白日まで五日間　陽七局

甲戌二黒日より戊寅六白日まで五日間　陽四局

というようになります。これは甲子一白日よりで、冬至節であり、立向盤が冬至節の上元一局より、中元七局より、下元四局よりはじまることと同じになり、歌訣にいう冬至啓蟄一七四というのと総て同じになります。立向盤が細かくきざんだのに対して、坐山盤は動かぬことから大きい歩みを示したと解釈すればよいと思います。奇門遁甲起例には何れも簡単にこの

陽遁節気	上元（五日間）	中元（五日間）	下元（五日間）
冬至	1局	7局	4局
小寒	2局	8局	5局
大寒	3局	9局	6局
立春	8局	5局	2局
雨水	9局	6局	3局
啓蟄	1局	7局	4局
春分	3局	9局	6局
清明	4局	1局	7局
穀雨	5局	2局	8局
立夏	4局	1局	7局
小満	5局	2局	8局
芒種	6局	3局	9局

歌訣がのべられておりますが、その内容には、立向盤のように冬至上元一局よりはじまり、中元七局に進むもの、下元四局に進むものと、坐山盤のように冬至上元一局よりはじまり、中元七局にうつり、下元四局にうつるものとあるわけであります。

立向盤は各節気の各元のはじめの局数で、これから数えるのでありますが、坐山盤はこの局数のまま五日間かわりません。例えば、冬至上元であれば次のようになります。

冬至上元	立向盤	坐山盤
1日	10時 1局	五日間 陽一局
	10時 2局	
2日		
	10時 3局	
3日		
	10時 4局	
4日		
	10時 5局	
5日	10時 6局	
冬至中元	7局	陽七局

〈陰遁・陰局〉

陰遁はすべて陰局であります。陽遁と同じく五日一局であります。夏至上元陰九局からはじまり、五日間かわらず、次の中元は陰三局にかわります。さらに下元は陰六局とかわります。これは夏至白露九三六という奇門遁甲起例の歌訣と全くかわりありません。

立向盤も坐山盤も同じ夏至白露九三六でありますが、立向盤はその局数よりはじまり、坐山盤はその局数だけであります。

節気	上元（五日間）	中元（五日間）	下元（五日間）
夏至	9局	3局	6局
小暑	8局	2局	5局
大暑	7局	1局	4局
立秋	2局	5局	8局
処暑	1局	7局	4局
白露	9局	3局	6局
秋分	7局	1局	4局
寒露	6局	9局	3局
霜降	5局	8局	2局
立冬	6局	9局	3局
小雪	5局	8局	2局
大雪	4局	7局	1局

立向盤では夏至節上元ならば陰九局から陰八局、陰七局と順に数をへらして中元は陰三局よりはじまります。

坐山盤は、この表の局数が五日間同じで、夏至上元は陰九局がかわりません。中元になって陰三局にかわります。

夏至上元	立向盤	坐山盤
1日	10時 9局	五日間 陰九局
	10時 8局	
2日		
	10時 7局	
3日		
	10時 6局	
4日		
	10時 5局	
5日	10時 4局	
夏至中元	3局	陰三局

坐山盤の九宮、八門などの出し方

〈九　宮〉

年は局数と同じ九宮を中宮にします。

月は立向盤と同じ九宮にします。

日は局数と同じ九宮を中宮にします。

時は立向盤と同じ九宮にします。

〈八門、九星、八神〉

立向盤と同じように、年盤は年干支により、月盤は月干支、日盤は日・干支、時は時干支によって行います。

〈天　盤〉

立向盤と同じようにして出します。

〈秘伝公開〉

坐山盤の用い方

年盤、月盤、日盤、時盤が何局の盤であるかわかったことと思います。時盤は五日一局なので、坐山盤を五日一局と称しております。坐山盤は静守の状勢を示したものでありますから、

1、動土作用　4、修　築
2、家　相　5、造作法
3、埋　葬

などには坐山盤を用いねばなりません。

兵術の奇門遁甲は敵の攻めてくる時、敵の状況を知る必要があったわけで、これが坐山盤であります。これはまた、土地の盛衰「竜」の様子とも解されますから、家相にて、どの方向のところはどうであるかとわかるわけであります。動土作用をするときは絶対に必要で、造作法は坐山盤にて行うべきものであります。

今一例をもって考えてみましょう。

過日テレビにて、某運命家が広島の原爆で二十五万もの人が死んで、なんで生年月日かと某氏に追及されました。私は奇門遁甲の研究者の一人として、兵術にしてわからんのは残念なものと、守備の坐山盤で簡単に述べることにいたします。

広島原爆

昭和二十年八月六日朝

（年）乙酉一白　（月）癸未三碧　（日）丁未二黒　（時）甲辰二黒

年盤　昭和二十年　乙酉一白年

坐山盤　陽五局

螣蛇妖嬌　（日本本土）

癸辛丙

己乙

庚丁壬

		蛇生		
符休	柱 4 乙 時干	冲 9 壬	禽 2 丁	傷陰
天開	心 3 丙	任 5 戊	蓬 7 庚 旬頭	杜合
地驚	芮 8 辛 干支	輔 1 癸	英 6 己	景陳
		死雀		

（米国本土）　螣蛇相纏

相対する位置でみます。

日本と米国を坤艮とみて、簡単に格と八門をごらんになればわかるように、日本は悪蛇にのまれてしまう状況であり、米国は反逆心むらむらと、悪蛇がついてる様相であります。

南方戦線は生門で攻めても勝てず、日本は北の死門に位置しております。

月盤　昭和二十年八月（七月節）　乙酉一白年、癸未三碧月

坐山盤　陽九局

熒惑入白

日本本土

丙辛庚

癸　丁

戊乙壬

		符景		
天杜	英 2 壬	禽 7 戊	柱 9 庚	死蛇
地傷 ア	任 1 辛	蓬 3 癸	冲 5 丙	驚陰
雀生	輔 6 乙	心 8 己 旬頭	芮 4 丁	開合
		休陳		

亭々の格

○日本本土

○原爆基地

青竜入天牢

米国本土

小蛇

月盤になると、日本と米国は、日本はまさに敵に攻められんとしている
し、米国は蛇が次第に大きくならんとしています。
生門と死門ではとても勝てません。
実戦の巽の方向は、青竜は牢に入り全く良いことも助けもなく、乾の日
本は、どうにもならぬ有様であります。

日盤　昭和二十年八月六日　丁未二黒日

坐山盤　陰七局

地刑玄武

日本本土

己丁乙

戊　壬

癸丙辛

○原爆墓地

網蓋天牢

陳傷

合生	心 6 辛	芮 2 丙（干支）	輔 4 癸	杜雀
陰休	禽 5 壬（旬頭）	柱 7 庚	英 9 戊	景地
蛇開	蓬 1 乙	冲 3 丁（符干）	任 8 己	死天

驚符

入霧被土暗昧

○日本本土

米国本土

白虎猖狂

日盤は坤の日本本土は地刑玄武で囚獄の、地獄の様子、米国本土は白虎がたけり狂うという有様といえます。東南の太平洋の戦場は網をかぶせられたようにやられ、日本本土の乾は入霧被土暗昧にて、霧にて地上はおおわれ、わからなくなるとは原爆の様相のきのこ雲は想像できると思います。

原爆は米国本土より南方基地から来てるとみたらよく、一方生門に対して、日本本土は死門とは、なんと過ぎしこととは申せ情けないことであり、残念な限りであります。私は、坐山盤においても、また命トにおいても、雑占においても、相当日盤を重視して、時盤のみで見るという判断が多い中で日盤を入れてみました。日盤というのは相当重要なものと私は見るからであります。この原爆の例でも日盤はよく示していると思います。

時盤　地獄の朝は甲辰二黒時で大暑下元陰四局であります。

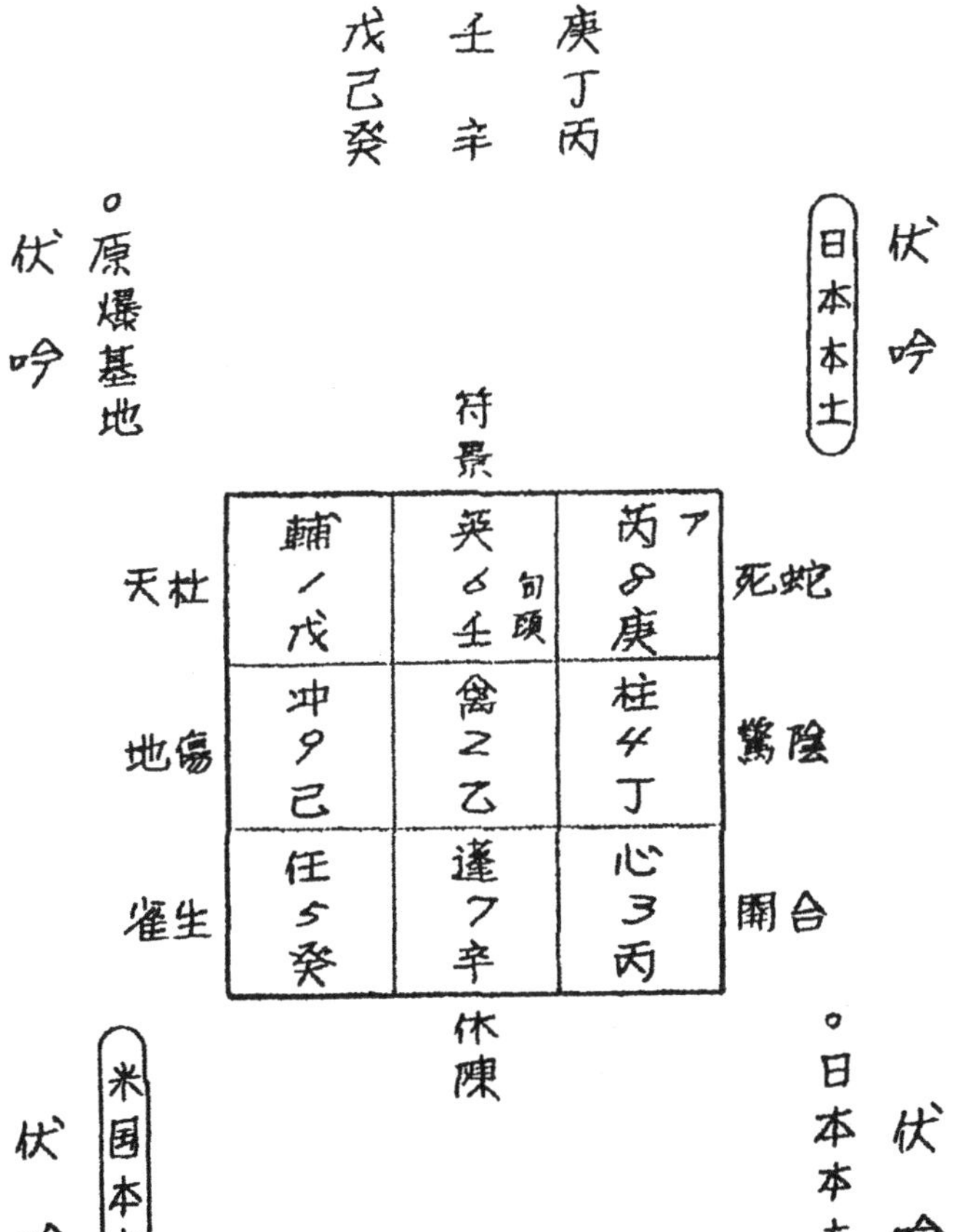

時盤は、まさに百凶集る状吟と出ます。

（秘伝公開）

坐山盤と立向盤の使用密法

守備用であることがはっきりわかりますし、その方向の状態を示すこともはっきりいたします。旅行で一日か二日といったものであるなら立向盤でことたりますが、家をいじるとか、深く穴でも堀って、どえらく造作法でもやるとしたら、坐山盤でよい時に、立向盤でいい時に行なうといった、両盤を見ねばなりません。

立向盤で述べました航空事故を、坐山盤で出しますと、やはりその方向は芳しくありません。

立向盤　吉、坐山盤　吉　で吉、

立向盤　吉、坐山盤　凶　では旅行などでしたらそれほどひびかず、
家の修築は当座は良くても凶が出ましょう。

立向盤　凶、坐山盤　吉　では旅行などは凶、家の修築は吉でありますが、当座は凶も出ましょう。

立向盤　凶、坐山盤　凶　どかっと凶が出ます。

攻守ところをかえた見方を立向盤と坐山盤はしているので、両方よいときをねらうのが正しい使用と思います。

昭和四十一年二月四日午後五時五十分　全日空事故

(日)甲午四緑　(時)癸酉一白

坐山盤　(日)陽二局　(時)陽

立春上元

何れも死門

伏吟

	庚己丁	丙乙	戊癸壬	
		天景		
地杜	輔 1 庚	英 6 丙	芮 8 戊 ア	死符
雀傷	冲 9 己	時干 禽 2 辛 旬頭	柱 4 癸	驚蛇
陳生	任 5 丁	蓬 7 乙	心 3 壬	開陰
		休合		

網蓋天牢（逃げるしかない）

	戊庚丙	壬乙	癸己辛	
		蛇景		
符杜	任 9 癸 時干	輔 5 己	心 7 辛	死陰
天傷	柱 8 壬	英 1 丁	芮 3 乙	驚合
地生	冲 4 戊 干支 旬頭	禽 6 庚	蓬 2 丙	開陳
		休雀		

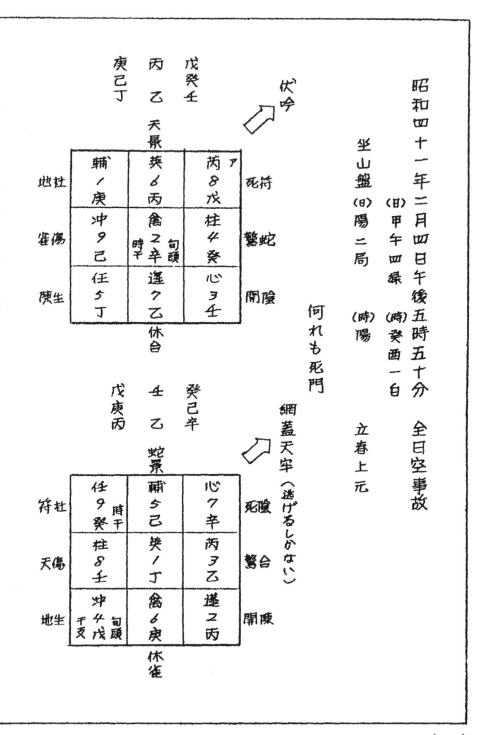

昭和四十一年三月四日午後三時

(日)壬戌五黄　(時)丁未二黒

坐山盤　(日)陽三局　(時)陽三局　雨水下元

	壬乙丁	辛己	丙癸戊	
		地開		
雀驚	禽 2 己	蓬 7 丁	冲 9 乙	休天
陳死	了 輔 1 戊	心 3 庚	任 5 壬 時干 干支	生符
合景	英 6 癸 旬頭	芮 8 丙	柱 4 辛	傷蛇
		杜陰		

朱雀投江

	乙丁己	壬戊	辛丙癸	
		符傷		
天生	芮 1 己	柱 6 丁 時干	英 8 乙	杜蛇
地休	蓬 9 戊	冲 2 庚	禽 4 壬 旬頭	景陰
雀開	心 5 癸	任 7 丙 干支	輔 3 辛	死合
		驚陳		

地刑玄武

囚獄

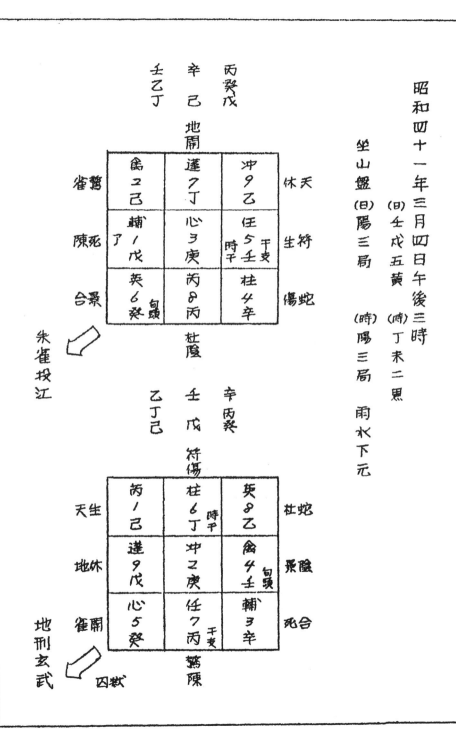

地相笑考

奇門遁甲とは少し離れる地相について少し論及しておきます。日本では土地が長方形であるとか、張り、欠けなどを申しますが、これもたしかにあることでありますが、これは自分の所有地を対外的に主張した区切りであって、広大な中国大陸では、自分の土地は向うの山の、もう一つ先の山脈などと大きく持っていて、考え方も大きく、またそのため自然に土地の区切りとてありません。誰の所有とてありません。

土地をみると、発展する所と、あまり発展しない所とは日常見るところでありまず。従って、地理風水でいう「竜」なることの考えもまたあることであります．これは大体一つの町位の大きな地相でありますが、私はここで風水を申し上げるのでなく、中国の考え方を申し上げるわけであります。

現世至上主義は不老長寿を願い、地上快楽主義を的にしました。道鏡などがそれで、これから仙化法を研究し、房中術なども含まれるわけであります。

南中国や沖縄の墓が、女陰の形をしているのも、今一度生れかわってという超現実的な形であります．その墓も、女陰の形なら、それらしき場所を選ぶべきであります。その良き所が「竜」の「穴」であります。

「地理辨正白話註釈」には、これは形と気と両方あるとし、その穴については、図の如く人体を示し、その大切な所が穴で、陰陽交り生気生ずる

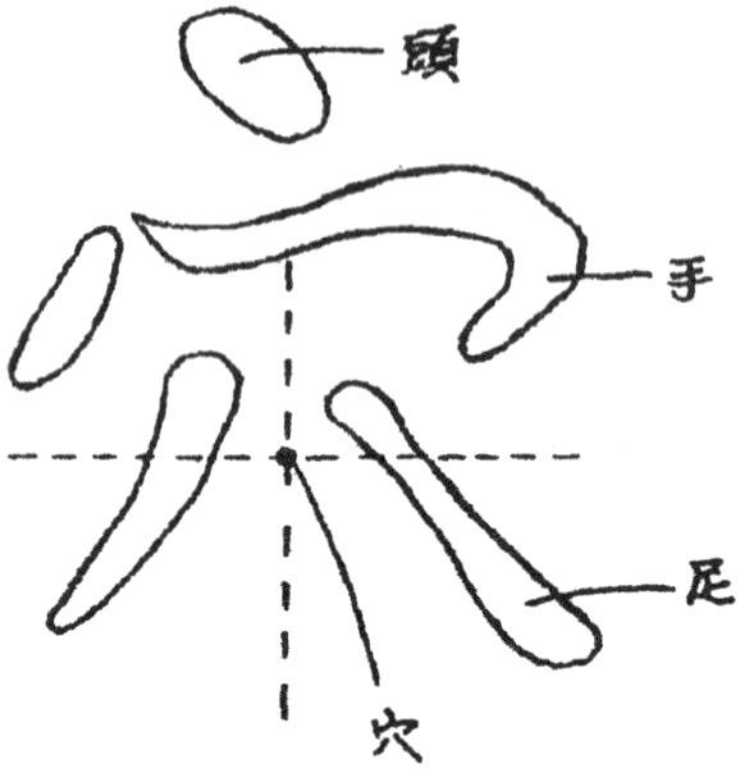

所とのべております。

こういった中国の考え方がわかれば、その見方も割と早くわかろうというものであります。私はここで風水について述べるのではありません。一例を「竜」の「穴」にとって、こういうことからいっているのであるから、中国的な考え方をもってすれば遁甲でも何でも近道であるし、面白く学べるということを申したいのであります。

先天易を用い、羅経を使って、ここが「竜」の「穴」であるというのも、その本源は、こんなところにあるとすれば愉快であり、素人も不完全ながら推量もできることであります。
私は中国や中国人を知る必要があることを本書の三大目標の一つに入れたのはこのためであります。しかしながら多くの方は術の知識と無関係で、無駄な横道の如く思われるのでありますが、私はむしろ早道と思っております。

造作法秘伝

〈秘伝公開〉

奇門遁甲の学習目的が造作法にあるようにいう方がありますが、これは私は考え違いと思います。私は、造作法で処置したから入学試験に合格したような話を、耳にしましたが、他のことは別として、これは絶対に信じません。

私は高等学校教員より、今日学習塾主に至るまで約二十余年生徒を見ておりますが、特殊学級に入るような低脳児が、どうして東大などに入れるようになるか、私はわかりません。もし造作法が効力絶大ならば、学習を指導せず、毎日穴堀り、杭打ち、磁石をうめようと思います。

合格か、不合格か、大変きわどい線上のときは、或いは効力があるかもしれません。勉強のきらいな子に、一発くらわして、勉強しなさい、とおどかせば机に向って当座はやるでしょう。次の日はやりません。しかたがないから、またまた打ちます。どなって、しかればやるが、そうでなければやりません。

しかるに、本人自身が変っていないのでありますから、そういつまでも勉強の無理強いは効かず、なぐられりゃいいんだというようになってしまいます。こうなってしまっては、もうどうにもなりません。造作法もそうではないでしょうか。

穴埋め用

洛書箱の作り方

開運の希望は人情でありますでここに一つを参考までに申し上げます。

坐山盤に重きをおくのではありますが、立向盤と坐山盤と両方よいときをねらうほうがよいわけであります。図の如き箱を作ります。

「右周囲並びに底板の厚さ四方の釘数洛書の数なり。底の釘の四方に三本宛十二支なり。内法の板四方、九拾坪宛一年の日数なり。外法の板四方、合わせて六百坪、六十甲子なり。箱内法坪数九寸四方、八拾壱坪九こ〔ニ〕の全数なり。惣釘数三十二本、釘の本を陽とし、釘の末を陰とす、合六十四、四象の全数なり。惣板長さ四尺八寸、八卦の爻数なり。惣板厚さ七寸少陽数、箱の内広九寸、老陽数、箱の外四方高さ合六寸、老陰数、同上下の広合八尺、少陰数、同外法坪数一方百五十坪洛書縦横数なり」

この箱を入学試験なら文房具を何かのせて、赤い布でつつんで、埋めるわけであります。入学試験は杭打ちよりも埋めるほうが理屈ではよいのであります。

それぞれの目的により、穴堀りのときと、くい打ちのときがあり、それぞれの物をのせ、良い時を選ばねばいけません。

造作法とは、「救貧竈卦選要」にも家をいじることとしてあります。本

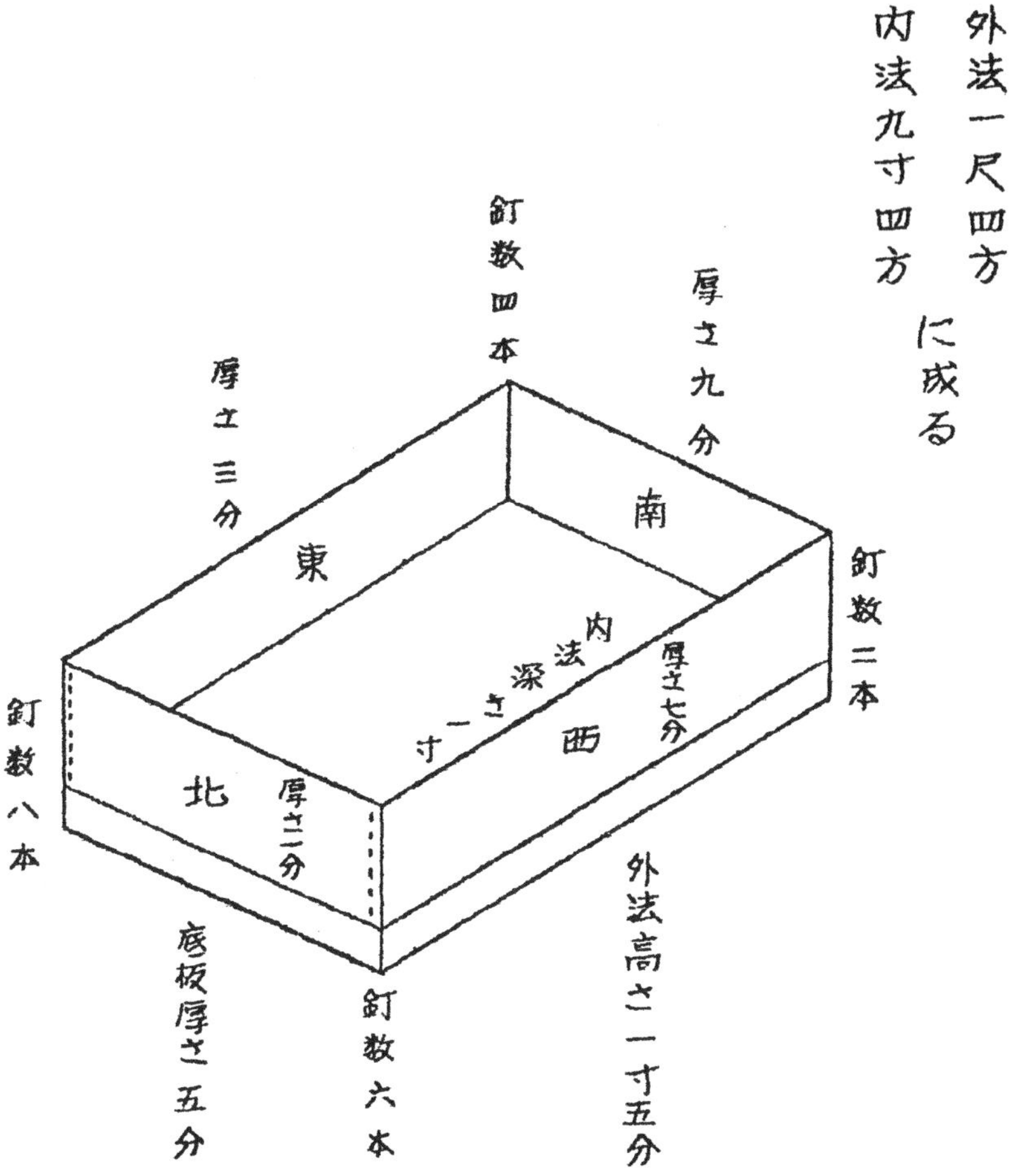
外法一尺四方
内法九寸四方
に成る
釘数四本
厚さ九分
厚さ三分
南
東
釘数二本
内法深さ一寸
厚さ七分
西
北
厚さ二分
釘数八本
底板厚さ五分
釘数六本
外法高さ一寸五分
底釘四方共三本宛

来は家をいじるのを、後に穴堀り、杭打ちなどにして次第に安く効果を上げることを考えたのでしょう。

四十格の吉格を選び、八門なども考慮して、心して行なうべきで、悪用は慎しむことを忘れてはなりません。

奇門遁甲余論

既に私は透派としての正式の奇門遁甲の免許を受けたことになっておりその証も所持しております。透派の長老も心良く角印を押してくれたことは感謝すべきでしょうが、私は透派のものが必ずしも良いとは思っておりません。天書系統の遁甲盤は良いものと思っております。

天書系統を用いる一つの派が、透派であって、天書系統がわかった今日、研究にとらわれず、いろいろすべきであると思っております。

張耀文先生は、はじめ気学九星術は、十分の一をとって、十分の九の力を発揮するのに、何故遁甲をやるのかと云われたことがあります。中国でもあまりやる人が少いものを、何んでその本源も知らずして末尾を追う如き学習をするのでしょうか。九六居派の奇門遁甲家の倫先生も大凡右の如き手紙をくれたことがあります。

奇門遁甲の考え方、精神をとらずして、形にのみとらわれてしまったように思われて、これでは暴走していくのではないかとも思っております。その結果、狂人に刃物となることを張耀文先生も心配していることでありましょう。

日本が戦後、米国の大学で百点を誰もとれぬ問題を、旧一高で試験したところ、何んと二十数名も百点をとり、驚いてしまい、これではと古くなった社会科の本をGHQのマーカット少将が示した由であります。

日本ではこれが米国全体に行われている最善のものと誤解して旧来の講義記述式でなく、集団自習〇×式に改めてしまいました。ところが米国ではシカゴ大学で創案したこの方法は、既に古くなり行なわれていず、ボストンあたりの名門校では旧来の日本式教育を行なっていたと云われます。

奇門遁甲においても、奇門遁甲本源で述べた如く、そのもとが兵術であって、色々な種類、色々な判断があるので、透派もその一つの見方であるということを忘れてはなりません。ただ透派が天書系統であったことが、日本では参考になったことであります。私が透派の免許をもらったというのも、けっして透派を完全に知り、完全にこれを用うるからというのでなく、天書系統を知り、透派の考え方がどうやらわかり、日本で最初にこれを知ったというだけのことで、透派の実印を持つ長老が捺印してくれたのだと思います。

私は日本の教育の変遷の如く、おちつかぬ混乱状態になることなく、静かにその精神、考え方を有難くうけとりました。形は多くの方の如く、追及することを致しませんでした。特に気学九星術の欠点の推命の、奇門命理に力を集中致しました。

私は張先生の友人の方とお話した時、日本人は研究しないと忠告をうけたことがあります。基本知識を得たならば、いろいろと研究すべきであります。そうして奇門遁甲はこれであるというものが日本で完成することを張耀文先生はじめ中国では期待しているのであります。いたずらに教わることのみ考えているのは進歩の道ではありません。

私などは張先生の講習の何分の一にも満たぬ荒療法の教えしか受けておりません。荒療法の故に苦しまぎれにもがいているうちに次第にわかってきた感じで、それが良かったなどいわれればいうべき言葉もありませんが、何故もっと今までの日本にあった、自分の知ってる術を応用して自由に研究してみず、教わることのみを考えるのか、相当の術力を持っている読者先生に潜越ではありますが、透派奇門遁甲免許者として、心から御忠告申し上げます。

奇門遁甲研究指針

張耀文先生の『活盤奇門遁甲天書』にも、『奇門命理』に私の名前が出ておりますが、それだけの実力もなく恐縮しております。透派奇門遁甲を学んだということはたしかに早かったことで、簡単に一つの指針を申しのべたいと思います。

一、研究段階

1. 気学九星術を修得すること。

気学九星術には、それなりの良さがあります。欠点もあります。奇門遁甲の一番重要な要素は九宮であります。それを知らねば何もできません。この気学九星術に関する書籍は沢山出版されておりますが、本を読みますと、僅かではありますが考え方、見方が少しく異なっているようにみえます。本だけで勉学されると、その少しの違う見方が、雑然と頭に入って、しっかりした心棒がないように思われます。やはり大家について学ぶ必要があると信じます。

気学九星術を学ぶのに、気学九星術の大家より、気学九星術もよく心得ているが、自由に考え、疑問をもって研究する態度の先生でなくば、奇門遁甲には役に立ちません。気学九星術が最高と心得ているのでは、何事も固くなってゆとりがありません。私はその点で、中村文聡先生に教わるところ多大でありました。別に私は講習などに出席したことはありません。夜は自分の塾で大変でありますから、一般鑑定客として個人指導賜ったわけでありますが、その考え方、見方を奇門遁甲研究の上においたために、どうやら自分なりにつかめたような気持がいたします。

気学九星術が修得できたならば、易、姓名学、四柱推命なども初歩ながら知っておくと何か役にたつこともありましょう。これらを手つけずとも六壬は見ておかねばなりません。

奇門遁甲は六壬、太乙と仲間になっていて、六壬を知っているものとして書いている本が多いようであります。深く知る必要はありませんが、指斗法などは知っていないとなりません。初歩でよいわけであります。

２．『活盤奇門遁甲天書』にて盤のつくり方を研究すること。

奇門遁甲の本の中で、あれだけにていねいに盤のつくり方が説明されているものはありません。立向盤とか坐山盤とかいうまえに、よくあの本をごらんになって、盤をつくれねばなりません。

二、参考書

『活盤奇門遁甲天書』を一応理解することができたら、この内容を自由にかえて研究してごらん下さい。

例えば、九星などは順に配列するというのを陰遁は逆配置してみたり、八門も陽干の日は右回りなら、陰干の日は逆にやってみるとかして実験研究することであります。なぜならば、そういうようにやる流派もあるからであります。九宮のように一定の動きで、どなたも同じものを用いるとは奇門遁甲では申せぬのであります。

張耀文先生の良書推選に『奇門命理』には『活盤奇門遁甲（台湾瑞成書局発行）』が出ております。

この本は格などはっきり示されておりますが、五日一局の本でありま す。この年盤は六十年一局で、月盤が二十年一局、日盤は六十日一局、時盤が五日一局であります。

本書で申し上げたのと同じ五日一局でも違うと御懸念されると思いま す。同じ五日一局でもいろいろのものがあって、そこが研究すべきところであります。こういう違ったものがあると、すぐどちらが正しいのかわからないと研究しないで疑ったり、秘伝を教えぬとか、不心得も甚だしい方が一部あるのはなげかわしいことであります。

この本の日盤を例にとると、陽遁百八十日、冬至より六十日が陽一局次の六十日が陽七局、次の六十日が陽四局で、陰遁百八十日はこれと同様に九、三、六の三局であります。日干支を配当していくならば、こういう局が出るので、これも一つの派の考えでありましょう。張耀文先生は、何故に一、七、四の三つの局で、二、三、五、六、八、九の局が全くないのかといわれます。本書の日盤（坐山盤）は一、七、四の三局のみでしょうか。きちんと一局も二局も三局も九局まで全種類があります。ここらに同じ五日一局でも全体の構成をみると、時盤はとにかく大分年、月あたりになると異なるものがあるのであります。

『奇門遁甲秘笈全書（台湾竹林書局発行）

張耀文先生の推選本でありますが、雑占が主であります。その見方も九星や八神などを応用し、個人の生年月日を用いていないところに特徴があります。私は本書にて命宮などをみるように申しましたが、易卦にしてみる方法もあれば、この本のような見方もあり、どれがいい、どれが正しいのでなく、自分のやりよい方法を自分でみつけるしかないのであります。

この本の終りの方には難を避ける方法などに符咒が用いられております。多分に道教的なものが入っているわけで、他の遁甲書にも悪い方位をどうしても行かねばならぬときは口でこうとなえて進めなどと述べておりますが、遁甲の範囲外と思います。

『透派奇門大法口訣和訳』（鴨書店発行）

透派の奇門遁甲の奥儀書とも申せましょう。しかし、張耀文先生も私も、この本のように守っては使用しておりません。参考にはしております。

『犬山竜叟著　入門遁甲五要宝典　陰陽発秘』（鴨書店発行）

作盤の説明が少しわかりにくいところがありますが、なかなか説明などよく書いてあると私は思います。この盤も少しく異なるものであります。

その他奇門遁甲本源の項であげた本は総て参考になるほどのことはのべておりません。まとまって述べてある本は、ここにかかげたものだけであります。あとはこれらをよく研究する以外にはありません。

三、研究指針

気学九星術の九宮盤のように、どの流派も同じで、判断方法が違うというのではありません。奇門遁甲の流派の違いは相当根底のほうから違うのであります。だから勝手に他流派の盤を用いるのは問題があるわけであります。その流派にはそれなりの理論と実際があるので、その根底を知らずには用いられぬし、その判断もできません。

その根底とは何かと申しますと、私の推考では、

盤の構成

一、六十干支に基調をおくもの

一、八卦に基調をおくもの

一、局に基調をおくもの　　など

これを今少し考えますと、

〔六十干支基調〕

例えば甲子を坎におき、乙丑を坤、丙寅を震、丁卯を巽と九宮順においていけば癸亥は乾に、次の甲子は兌宮よりはじまり、はじめの六十干支が全部一局なら、次の甲子からの六十干支が全部七局と、六十干支一局という力が六十干支に入っております。したがって日も六十日ごと一局という考え方が生れてまいります。六十干支に力を入れると、干支の陰陽、盛衰も加わってまいりましょう。八門の配置が陽は右回り、陰は左回りとするのや、生旺墓と三日で位置をかえていく考え方のものもうまれましょう。

その判断も四柱推命を応用してみたり、五行をもって判断したりすることもみられます。命理において、甲が庚金を恐れて乙を嫁したことから結婚をみるのに乙と庚のある宮の五行で判断するものもあります。

〈八卦に基調〉

時盤において、冬至は坎よりおこして一局より、立春からは艮で八局よりというのはどれも同じでありますが、日盤になると、これをさらに八卦を広めて、冬至、小寒、大寒は坎卦で陽一局、立春、雨水、啓蟄は艮卦で陽八局というように季節を八卦に分けて、春分、清明、穀雨は震卦で陽三局と進ますものがあります。判断も易卦になおして、八門と定位などで何の卦であるからといたします。

〈局に基調〉

冬至上元一局からはじまるとし、中元七局とはどうしてかとみたのが局の基調した先賢の見方ではないでしょうか。一局より七局に進むのが、六十干支で数えて行った人たち、八卦にて考えた人たち、そして局で一、二、三、四、五、六とかぞえて〈立向盤〉、中元は七かと思った人がいるわけで、そのあとの日や月、年の盤も上、中、下の三元と九局をもって割りあてていく考えをもったものと信じます。透派の立向盤、天書の系統がこれに属するわけであります。

そこで私は、局を基調にした盤は四十格などを判断の主力におくのはよいとしても、易卦に直して判断するのは当を得ぬのではないかと思います。易卦で判断するならば、八卦を基調にした盤がよいだろうし、干をもって判断するなら六十干支を基調にしたものが妥当であると信じます。

いろいろな盤があると、どれが良いのか、どれが正しいのかと迷います。私はどれもそれなりに良いものと思います。先賢の考えたものに難癖つけるのは非礼であるし、それだけの術力もありません。ただ考え方、判断の基調によっていろいろ違う盤が出来たと思われます。その盤には、その基調にふさわしい判断法によって研究していくべきで、基調と異なることで判断するのは正当でないということであります。

立向盤も坐山盤も、基調と構造を知ったならば、実例にて研究することが必要であります。盤の根本はとにかく、細かいところはいろいろかえてみて、いちばんあうものを求めることであります。

実例、実験の研究において、いつも念頭におかねばならぬことは、奇門遁甲は兵術であるということであります。敵を攻め、敵の攻撃を守るものであります。敵を攻めるのに、兵隊の一人一人の生年月日が良い悪いといったりするわけがありません。敵をむかえるのに、生年月日もおかしなことであります。楊筠松の造命法も四柱推命を入れて、兵術より飛躍したものでありましょう。造作法にしても兵術というよりも民間利用の臭いの濃いもので、杭を打ち、穴を堀り、羅経をうずめれば敵が攻めてこぬようにできるなら、これをやって城を枕に寝ていれば気楽であったはずであります。

私は奇門遁甲を、開運や命運測定の具として研究するのもよいでしょうが、根本の兵術として尊重していきたいものと思っております。

結文

私は生徒に学習を指導するのに、けっして講義を致しません。自分でやれというのであります。それでもわからぬ点があるなら生徒が聞けば答えてやりますが、自らやらぬと棒でなぐります。出入りの態度が悪ければ、やりなおさせるし、細かいことをいわなくとも、勘を働かして、いわれないうちにやれともいっております。

従って、成績の悪いのは入れぬことにしております。そんなわけで、お蔭様で都立日比谷高、東大のエリート・コースの塾生が出たりしました。

運命術も、自分で自由な、とらわれぬ研究がなくては、進歩がないと思います。気学九星術が、暗剣殺に始まり、暗剣殺に終るといっても過言でなければ、奇門遁甲の場合は、盤の作り方に始まり、自由研究に終ると思います。

私は、本書を出すか否かについて迷いました。作盤以外は何も大して教わっていないのであります。自由研究を述べても、お前なんぞと云われるのが関の山とも思いました。それに運命術研究者、好術者が全部ではなく、僅かに一部でありますが、私の接した人のなかには、本を持っていっても返さず、態度は悪い、礼儀は知らんという一種常識をはずれた人があったので、小学生、中学生にも劣ると思い、自分もかかる人種になることを好まず、交るも好ます、静かに貧乏生活をしていることを決意しておりました。

どうも、私もその仲に入るから申せることでありますが、運命術を学ぶ、好む、こういう方は一寸クセがあり、どうも改める必要のある態度、精神があるように若輩者の私がいうとお怒りをうけるかもしれませんが、切実にこのことを感じます。

私は、奇門遁甲の火つけの責任と、亡父追善のために、本書を出したのであり、それ以外の何ものもありません。しかし、前述の如く、御質問や、その他で皆様のお話を聞くとかするのは好みませんので、本書の転載、本書の内容を講習会で利用し講じたりするなどは、一切お断わりしますが、もしどうしても必要とするならば私の承諾書を得てから行っていただきたく、申し添えます。（詳細は佐藤六竜先生に一任）

終りに当り、今までいろいろと御指導を賜りました張耀文先生をはじめ、諸先生諸先輩、今回本書を出すに当って多大の御世話を賜りました佐藤六竜先生に心から感謝と敬意を捧げます。

謝々叩首

学習個人指導　耕己学舎々長

元川村高等学校教諭

内藤正（文穏）

奇門遁甲奥義

内藤文穏著

はじめに

先に 坐山立向 奇門遁甲眞義 を 佐藤六竜先生の多大な御儘力により発表いたしましたところ、貧弱なるものにもかかわらず、皆様の御支援により、遠くは台湾の方までお読み下されまして、僅かの間に品切れとなりました。

其の後、張　耀文先生はじめ皆様より再版のお声も賜りましたが、再び御覧にいれるようなものでありませんので、そのままにいたしておりました。しかし新たに、奇門遁甲を御研究の皆様より、古本でも出たらというまでの方もあり、それならば石倉にしまってあるものを書きましようと筆をとりました。　今度は私の奇門遁甲の秘奥を出したつもりであります。

まず最初に申し上げたいことがあります。

奇門遁甲真義のはじめにも申し上げましたが、私の奇門遁甲に対する考えには次の三つがあります。

一、中国の自然や民族的考え方を知り、術の上でもその考え方で見直すこと。

二、気学九星術を応用すること。但し、その考え方は捨てて応用してみること。

三、自由な、とらわれぬ研究をすすめること。

この三つであります。この三つは本書でも根底となすものであります。

更に、本書では、次に申し上げるようなことについて、御承知下さいますよう前以て申し上げます。

一、気学九星術を修得されていること。奇門遁甲天書、地書の盤がおできになること。もし盤がおできにならなければ、張　耀文先生著　活盤奇門遁甲天書、松下文洲先生著　奇門遁甲便覧をごらん下さい。作盤がおできになるものとして申し上げます。

二、次にかかげます奇門遁甲書は、一応全部でなくとも、ごらんになっているものとして申し上げます。

張　耀文先生著　活盤奇門遁甲天書
張　耀文先生著　奇門命理
張　耀文先生著　秀派奇門大法和訳
張　耀文先生著　奇門天書
張　耀文先生著　奇門地書
松下文洲先生著　奇門遁甲便覧

奇門遁甲推命術　松下文洲先生・西村月秀先生著
陰陽発秘　犬山竜叟先生著
造命宝典　多田鳴鳳先生著
遁甲奇門　立川小兵衛先生著
八門遁甲秘伝　柄沢正覚先生著
（中国）
協紀辨方
奇門遁甲秘笈全書
改良奇門遁甲統宗大全
増補象吉備要通書大全
金函玉鏡
選択求真
選吉探原

黄　耀德先生著　　　　姓名学哲理（巻末の十干と八卦）

拙著　　奇門遁甲金函玉鏡

奇門遁甲真義

このほか巻末の奇門遁甲書を参考にして、申し上げます。

三、奇門遁甲書は多く、時盤の歌訣や、吉凶四十格を並べたのみのものがほとんどであります。まことに変りばえしないものであります。この弊を補うには、どうしても自説を申し述べるしかなく、これは汗顔のきわみでありますが、やむおえぬことで、悪ければ悪いと皆様の参考になると存じますので、おめざわりな点はお許し下さい。

四、今まで発表いたしました　奇門遁甲金函玉鏡　奇門遁甲真義と、重複することをさけましたが、既に何れも品切れにてなく、はじめてごらん下さる方には必要な点は簡単にかかげたところもあります。従って前者をごらん下さいました方にはもどかしいところもありますが、御寛容下さい。

五、運命学書は、内容の如何に関わらず、厳しい文章で威圧し、天ぷらをコロモで誤摩化すようなのが多くあります。権威を示すためにはやむないことかもしれませんが、私は昔なら手習の寺小屋師匠といった、学習塾主の野人でありますので、坦々と書きましたし、型破りに問答式といたしました。そのため、項目　配列が稚となり、説明は実例を以てするような形となりました。どうぞ御明察下さいますようお願い申し上げます。

六、自ら、じかに原紙に鉄筆をはしらせ、自らローラーをまわしましたので、文章　文字　印刷とも大変劣るところ多く、前以ておわび申し上げます。

御明察の上ごらん下され、少しでも皆様の御研究の御参考になれば幸であります。
本書は決して、売らんかなの書ではありません。あえて一言追加申し上げます。

昭和四十四己酉年 六月

学習個人指導 耕己学舎 創立拾伍周年記念日 に

内藤文穏 敬白

目次

概論

方位

命理　八十七頁

雑占

お　願　い

本書の内容は、中国　透派　十三代　掌門　張　耀文先生との質疑を中心に、私の考案法で、まとめたもので、地盤による重ね法、地盤による格　等は　私は発表しないつもりでいたものであります。本書が、私自ら鉄筆を持ち、自ら刷つたのも、読者諸先生には大義を感ぜずとも、私にとつては、まことに秘伝の故に、中国の相伝形式に似た為であります。

従つて、転載、講習講義は　固く御遠慮下さるようお願い申し上げます。

かさねて　お願い申し上げます。

内　藤　文　穏　拝

概論

1　奇門遁甲盛衰の弁

『奇門遁甲は古く発生し、日本にも古く伝わってきたのに、今日では他術に比べて盛んとは云えない。亡んだとも云える。こうなったのにはそれなりの理由、術的な欠点があったのではないのか。』

「衰微したと申せぬでもありません。その主な理由は、

(イ) 兵術にして秘密にしたり、正しくないものが伝わったり、わざと誤りが流布されたりしたことが考えられます。

(ロ) 江戸時代のように禁止されたり、(六典を所持することを禁ずれ、その中に奇門大全があります。)一般的でなかったこともあります。

(ハ) 中国人は複雑を好み、日本人は簡単化を好むといった傾向から、

複雑な奇門遁甲より九宮を主とした術に移ったとも思われます。

(ニ) 奇門遁甲は兵術にて、時盤を中心にしていましたが、民間利用にはむしろ年月盤に重点がうつり、これには後述いたしますが難があることであります。

(ホ) 他書を知っても天書を知らなかったというのも追加いたします。

以上のようなことで、研究が盛んになったり、衰えたり、くりかえしているようであります。」

2　奇門遁甲盤多種類の理

「奇門遁甲には種々なものがあるようだが、どうしてか。」

「多くの書に、奇門遁甲は兵術である旨が述べられております。そのために秘密にしたり、多様化したのもやむおえぬことと思います。史記にも種々の法があると述べております。

先に奇門遁甲真義では、攻撃と守備との二用が、天書系と地書系と申し上げましたが、立向と坐山といういみからも、こう大別することは考えられます。しかし、私は立向とか坐山とか、天書とか地書とかいった区別が本来あったのだろうかと疑問に思っております。私は遁甲本来一つという信念をもっております。

奇門遁甲の根底は歌訣の　冬至啓蟄一七四　といったところにありまして、これは何れの盤も何らかの形で組入れられております。ただその中心になる考えが異るわけであります。即ち　時盤で、

(イ)　六十干支を中心として。

例えば、陽遁の一局をとると、甲子を坎におき、坤に乙丑、震に丙寅

と順に配置してまいりますと、癸亥は乾になり、次の甲子は兌になります。更に配置してまいりますと、次の甲子は巽にいたり、そこで最初の六十干支が一局、次の六十干支が七局、次が四局となるわけであります。

(ロ) 八卦を中心として

前項の六十干支と似ております。冬至節は坎卦ということから一局とし、あと同じように七局、四局となります。(年月日盤で大差つきますが後述)

(ハ) 局を中心として。

時盤の冬至啓蟄一七四を一局より七局にとぶのはおかしい、一から二三、四、五、六と進み七になるといった考えで、一局より七局までの六十干支時の五日をわけて、十時一局としたのであります。 私は

この三つが大きな考えの相異とみます。」

3、天書　地書の特色

「天書、地書の特色、優劣はどうなのか。」

「奇門遁甲は時盤だけという説がありますが、前項に続いて、さらに年月日盤までの構成をみますとよくわかります。

(イ)　六十干支を中心にして。

時盤　六十干支　五日一局、　例えば冬至節なら一、七、四ととぶ。

日盤　六十干支　六十日一局　例えば陽遁なら干支九宮一巡の百八十日が、一局、七局、四局しかありません。陰遁は九局、三局六局のみとなります。

月盤　六十干支　六十ヶ月、（五年）一局で、干支九宮一巡の百八十ヶ月、即ち十五年に一、七、四局しかなく、他の局はありません。

年盤　六十年一局、月盤同様一、七、四局しかありません。

年月盤は全く一、七、四の三つでは妙な気持であります。

(ロ) 八卦を中心として。

時盤は六十干支と大差ありませんが、日盤以後に差があります。

日盤　冬至節から小寒、大寒節まで坎卦で一局、立春雨水啓蟄まで艮卦で八局、従って、陽遁は一、八、三、四、陰局は九、二、七、六局

月盤　わけようがありません。他を利用するか。年月盤ありません。

年盤

(ハ) 局を中心にして

張　燿文先生が日本に伝えたものがこれであります。

これも少しくおかしな点があります。

時盤　十時一局で、一局からとばずに陰陽九局全部そろっていてよいのであります。
月盤　十ヶ月で一局で、これもよろしいと思いますが
日盤
年盤　年と日は毎年、毎日で必ずしも九局でない、

さて、そこで　年月も九局のものを別に考えたのが　奇門地書のもので、六十干支のものも、八卦のも時盤五日一局で地書であれば、これも地書、地書の中でも何種類もあるのは妙なことで、ここらに私は考えさせられることがあります。
日盤は干支九宮一巡の百八十ヶ日を九でわり、二十日一局、
年盤は干支九宮一巡の百八十年を九でわり　二十年一局

時盤　六十干支で一七四式にとぶ
日盤　九局中心で二十日毎
月盤　六十干支でとぶ式
年盤　九局で二十年毎
どうも紋付ハカマで、長靴はいてるような感じであります。
遁甲本来　時盤のみを、年月までなんとか拡大してということから、ちぐはぐな種々相を態していると、私はみます。従って立向も坐山も、天書も地書も別なく、本来一つのもので、解釈別と申せましょう。何れが良き盤か、これは別の話で、私は天書をとっております。一応ということでしかありません。
日本では気学九星術が年月を重視し判断するのに対し、奇門遁甲の一番不安定な年月盤をつつくところに難しさがあると思います。

『協紀辨方の巻三十五の付録に奇門遁甲とあり、盤もでているが、欽定書でもあり、良いのではないか。』

「協紀辨方は文化の低い民族と思われた清が、文化力を示す一つの事業であり、また別解すれば、このくらいのことなら教えてやろうというたもので、神殺がほとんどであります。当時既に　玉匣記　などの反対書があるくらいで、奇門遁甲の参考にはどうでしょうか。むしろ伏せてる感じであります。」

4　九宮と定位との関連

『奇門遁甲では気学のように、九宮がどこに入ったから、定位と関連してよい、わるいと云わず、紫白なら吉方とのみ称して、定位無視しているのか。』

「紫白は、一白が休門、六白が開門、八白が生門、九紫が景門のところで吉門のところからでありますが、たしかに定位との関係は申しません。全く申さぬのでなく遁甲以前と申すようであります。御参考に中国原文をかかげましょう。気学と同じであります。

奇門天書　巻二　九宮対卦

一在坎　天中第一星　福禄産財興　富貴双全得　官員职位陞

一在坤　遠慮近無憂　親朋助不休　繁栄多利益　快楽渡春秋

一在震　口舌令人煩　合宅白変藍　陰謀兼秘密　脆計更多端

一在巽　遠処益多来　婚姻好貌才　風邪軽疾病　厚利得銭財

一在中　雲中出太陽　富足置田庄　得遇科权禄　高遷面帝王

一在乾　文昌武曲星　買売必財興　入仕官員貴　求謀事有成

一在兌　日月照相逢　財豊百事通　官員陞职位　嫁娶助門風

一在艮　八艮化救星　求謀大事成　官災殃亦有　吉兆得安寧
一在離　既済数中強　形神最善良　文章能蓋世　富貴列朝綱
二在坎　好動必多災　単宜守静来　心中無妙策　為怨損銭財
二在坤　間人又認真　吉事入家门　建築増田畝　重修遠祖墳
二在震　親朋缺貴人　栄務不加伸　百事千般帯　銭財不入门
二在巽　此運本為祥　単因過悪狼　争張多不利　嫁娶総憂傷
二在中　前南則北従　今日又西東　只為他人事　天天在路中
二在乾　経営必拡張　仕吏亦陞揚　虽吉禄忙碌　家中有吉祥
二在兌　平凡又泰安　淑女不孤単　吉事家内内　婚姻得合談
二在艮　家中有病人　奪産起争紛　又必防高処　災傷恐入墳
二在離　仕吏必功揚　経営厚利場　家居移外処　故里変他郷

三在坎　紅鸞月下星　月女動凡情　棄旧迎新策　英明計画新

三在坤　棄旧改従新　提防詐騙人　親朋無助力　不得上青雲

三在震　十載出寒窗　三科定耀然　経商単一本　万利載秋帆

三在巽　仕吏遇犀奸　経商定損銭　婚姻多騙詐　打散好姻縁

三在中　見異動思遷　逢新厭故縁　抑心従旧路　就異不成全

三在乾　仕吏事慌忙　経商碌碌場　家园難建設　業務莫開張

三在兑　錦被蓋鶏篭　誰知内裡空　家隣防口舌　戚友各西東

三在艮　両脚踏双船　猶疑総不安　方針難決定　子女更心煩

三在離　為人処世当　故里有声揚　巧計心胸裡　文章見禄昌

四在坎　婚姻遠処来　女婿好人才　買売多佳遅　天天有進財

四在坤　万事必艱難　金銭不用説　多情空遺恨　骨肉互相残

四在震　清晨見太陽　進栄福非常　遠処婚姻合　高処坐玉堂

四在巽　運限值天机　科权大有為　経営多順利　発福众皆知

四在中　駅馬運来臨　移遷別友親　経営終始損　富貴変窮貧

四在乾　碌碌又忙忙　忽忽閙一場　経営難順利　債主坐庁堂

四在兌　求謀事不成　買売業難興　財破刑傷到　身中尽殺星

四在艮　艮位四宮逢　経営不盛栄　貧窮難創造　尽是悪星冲

四在離　訴訟動人愁　生離死別憂　争端多格闘　事業亦難周

五在坎　刼殺破田庄　災殃疾病傷　銭財多失敗　寿命入泉郷

五在坤　運内破軍星　相逢箭双興　常人啼哭泣　入仕不高陞

五在震　疾病遇庸医　楼焼失救梯　官商皆不順　絶処敗生机

五在巽　疾病又欺偷　争張不勝愁　勤人成懶惰　一葉便知秋

五在中　運限入廉貞　刑傷尅害侵　常人多疾病　仕吏変因賓

五在乾　賭博破銭財　刑傷外処来　心机多自費　富貴変奴才

五在兌　絶処乱紛紛　窮中遇悪人　常人纏疾病　富貴盗偷輪

五在艮　家庭口舌多　静水起風波　疾病軽微度　単愁内不和

五在離　疾病苦纏身　居官失恥门　経商難順利　仕賈俱浮沈

六在坎　疾病又鬧刀　銭財酒色抛　官商皆挫折　不留一糸毫

六在坤　運限化权星　求謀事有成　文人名顕達　買売必財興

六在震　尊星刀運来　事業照心怀　順達金融利　欣然展大才

六在巽　尊星運裡逢　百事必通融　嫁娶婚姻楽　千般順利中

六在中　乾中福寿濃　利禄両相逢　駅馬迁移可　生年富貴中

六在乾　武曲禄权星　金融事必成　繁栄新創業　仕吏有官陞

六在兌　家庭喜気濃　市貫日豊隆　仕吏陞官運　経営万事栄

六在艮　此曜限中逢　豊盈百事通　官商通順利　得此旺门風

六在離　官司入運来　处事务和諧　仕吏揚声誉　経商得大財

七在坎　祥星敢主財　運限俱無災　動作皆如意　天然享福来

七在坤　祥星最是良　好運頼羅香　進职迎新禄　常人亦足粮

七在震　酒色鬥争来　分飛事更哀　金融難順利　体質亦虚哀

七在巽　運限遇凶星　経営百不成　婚姻終告別　破散苦修行

七在中　運限此星逢　夫妻意不同　分飛労燕別　破産苦貧中

七在乾　酒色陷宮来　夫妻不和諧　相思終永別　長上却為災

七在兌　命運遇文昌　常人足有粮　家中多喜事　貴吏面君王
七在艮　七艮細推詳　生児免禍殃　媒人来説事　吏賈福悠長
七在離　官司閙一場　買売必弁張　貴吏料杖短　経営福不長
八在坎　八白北坎逢　家門百事通　経営多発福　改革更財豊
八在坤　西南不可当　事業必顛狂　仕吏紗冠落　招災惹禍殃
八在震　臨東事若何　変化福还多　子女親朋友　声揚処処歌
八在巽　媒人入室来　嫁娶得和諧　買売諸般美　官場得遂懐
八在中　八白最為良　中宮遇非常　逢之応顕達　遇此赴科場
八在乾　事業必繁忙　経営新設場　官人陞职級　遇此最為良
八在兌　借貸友親向　官場買売安　家庭来説事　嫁娶必良縁
八在艮　八艮説非常　高陞佐帝王　豊添宜創業　内外保安康
八在離　八白文昌在　官人誉顕揚　迁移都市地　異地遇羅香

九在坎　運限走迁移　官商得運時　青雲天上掛　淑女遇佳期
九在坤　官商事事宜　仕吏上天梯　買売多財利　良机実可期
九在震　生来不受貧　事業四時春　学向多成就　才華勝別人
九在巽　祥光事転新　嫁娶酔陽春　有信天書近　超群抜萃人
九在中　九紫入中宮　分時比勢尊　迁移離故里　異地立殊勲
九在乾　九紫落西乾　無災福度全　経営多利益　見異欲迁移
九在兌　九兌必成災　多情最可哀　宵宵淪酒色　敗産悲傷来
九在艮　九紫化為权　祥星福寿全　峥嵘多出象　抜類向前人
九在離　九紫南離逢　官途志気雄　経営終万利　富貴美無窮

以上の如く述べてあります。気学九星術と同じであります。」

5、九干の象意 及び 八卦位との関連

『奇門遁甲の干は、その象意をみると五行と関わりがないようにみえるが、あの象意は何をもとにしているか。』

「乙が船員とか、丙が木星とか 戊に堤防だの水星だのと少しく木火土金水で考えますと不思議であります。

これは 七政四余にあてはめると大凡のけんとうがつきます。

七政	太陽	甲
	太陰	乙
	木星	丙
	火星	壬
	土星	辛
	金星	己
	水星	戊
四余		
	紫炁	庚
	月孛	
	羅喉	癸
	計都	丁

『九宮と定位との関係のように、九干にもありはしないか。黄耀徳先生著　姓名学哲理の巻末に、奇門遁甲を応用して十干と八卦の説が出ているが、三奇が、そのまわった場所によって必ずしも吉とせず、例えば坤乙が凶だったり、坤庚が吉だったり、震丙が悪いと思うと、坎辛が良かったりしているが、まわった八卦位との関係で吉凶があるのではないのか。』

「一応八卦位との関わりはないとしております。しかし、竜遁　風虎遁　雲遁とか、三奇昇殿、六儀撃刑といった格を考えますと、全くないとは申しきれぬのであります。

黄　耀徳先生の十干と八卦は、あくまで姓名学に利用したとみるべきであります。

奇門命理などに応用してみますと、たしかにあてはまる時があります。例えば 兌の庚など自殺者が多く、オリンピック、マラソンの円谷選手などもそうでありますし、なかなかよく出るときもあり、全くでないときもあり、研究価値はあると思いますが、一応 奇門遁甲では十干と八卦位との関

	甲	乙	丙	丁	戊	己	庚	辛	壬	癸
坤	1	2	3	4	5	6	7	8	----	
乾	11	12	13	14	15	16	17	------		
兌	21	22	23	24	25	26	-------			
離	31	32	33	34	35	-------				
震	41	42	43	44	-------					
巽	51	52	53	------------						
坎	61	62	-- ----------							
艮	71	--------------								

姓名学哲理の八十一数理
十干と八卦の関係

わりはみないということでありますので、黄耀徳先生の姓名学哲理のは姓名学用とみます。 しかし、別に奇門遁甲用が考案されてもよいかもしれません。」

6　九星配置、事象

『透派奇門大法には、月盤のところで、上（立向）逆、下（坐山）順九星定。また日盤のところで、九星全順不置逆。時盤のところで九星盡順としてある。立向の月盤は九星逆とあるのに、活盤奇門遁甲天書では総て順にしているが、九星配置などのようがよいのか。』

「透派では立向盤の年月は陰局として逆にしたのでしょうが、その後に張耀文先生は全部順とされたのと思います。日本のように、どなたも一定規則でなく、派により、同じ派でも各人により異ります。私ははじめ陰逆陽順と解し、陰局は総て逆に、陽局は総て順にしてしまいましたので、途中で改めるのも面倒なので、これを行い透派とも張耀文先生のとも異ります。

古書には九星を重視しているのもありますが、干や門に比べて、力が弱く、動きも不定にて、御自由にやってみるべきと思います。」

『奇門遁甲秘笈全書には、九星と時について沢山でてるが、例えば天蓬星　丑時　樹倒傷人　雷電有　とあっても常にそういえぬのではないか。』

「風土の違いもあり、申せぬと私も思います。」

『九星の使用法はどういう点にあるか。』

「内的作用で　内容を示します。例えば病気なら内臓のどこかを九星が示し、それの良否制限を九干がしていることになります。」

『生年月日時には、九宮　九干（十干）が入るのに九星は云われないのはどうしてか。』

「旬首のところの九星を時干のところにもっていって、配置していくという干支や九宮に比べると、全く順序だって中宮に入るでもなく、不規則な動きしかしないためと思います。」

7、八門配置法の種類

『八門の配置法は、どの派も同じか。』

「これがまた数種類もあります。　即ち

一般に、旬首よりその時の干支まで陰局は逆に、陽局は順にかぞえ、旬首の入中をもつてきて、右回りに配置しておりますが、このほかに、

(イ) 陽のとき、(そのときの干支が陽干の日や時など) 時計の針の如く右回りに配置し、

陰のとき、(そのときの干支が陰干の日や時など) 時計の針の動きと逆の左回りに配置します。

透派奇門大法にある、八門由干順逆陳、先休三日換一位 がこれで、金函玉鏡もこれであります。

三日換一位は金函玉鏡のもので次の通りであります。

(ロ) 三日換一位とは、例えば陽局で、甲子の日に休門が坎で 陽の日の為右回りに八門おき、次の乙丑日も休門が坎で、陰日の為に左回りに八門をおき、丙寅日は陽日で右回りとし、この三日はすべて休門が坎であ

り、四日目の丁卯日になって、休門が次の坤からはじまるようにうつります。これは　生旺墓のことから三日が出たといわれます。

（金函玉鏡の八門の出す表は四十四、五ページにあります。）

金函玉鏡の八門は命理で、方位には使えぬともいわれます。
(ハ)　一般に中宮には八門がつきませんが、八門が中宮につくのがあります。日本に古く伝わったという遁甲儀という書のものがこれで、(ロ)のように三日でかえるように、休門が陽時、陰時で一位ずつ動き、八門の配置が右回り、左回りでなく、九宮の順、逆に動きます。
（陽一局甲子時、乙丑時　を四十六ページに出しましたので、御参照下さい。）

金函玉鏡

陽遁

（休門位置）

癸	壬	辛	庚	己	戊	丁	丙	乙	甲	日干／日支
	坎		乾		坎		乾		坎	子
坎		乾		坎		乾		坎		丑
	乾		坎		乾		坎		坎	寅
兌		坤		兌		坤		坤		卯
	坤		兌		坤		坤		兌	辰
坤		兌		坤		坤		兌		巳
	艮		震		震		艮		震	午
艮		震		震		艮		震		未
	震		震		艮		震		艮	申
巽		巽		離		巽		離		酉
	巽		離		巽		離		巽	戌
巽		離		巽		離		巽		亥

金函玉鏡

陰遁

（休門位置）

癸	壬	辛	庚	己	戊	丁	丙	乙	甲	日干／日支
	離		巽		離		巽		離	子
離		巽		離		巽		離		丑
	巽		離		巽		離		離	寅
震		艮		震		艮		艮		卯
	艮		震		艮		艮		震	辰
艮		震		艮		艮		震		巳
	坤		兌		兌		坤		兌	午
坤		兌		兌		坤		兌		未
	兌		兌		坤		兌		坤	申
乾		乾		坎		乾		坎		酉
	乾		坎		乾		坎		乾	戌
乾		坎		乾		坎		乾		亥

奇門遁甲儀　八門　（四十三頁　(11)　参照）

陽一局　甲子時

		景		
杜	輔	英	芮	死
傷	沖	禽 死	柱	驚
生	任	蓬	心	開
		休		

乙丑時

		休		
死	沖	任	蓬	傷
杜	芮	輔 開	心	生
景	柱	英	禽	驚
		死		

陰時に付　九宮順に　逆行。

8、八神事象

『八神のところが、十二神になっているのがあるが、十二神の方がこまかくてよいか。』

「十二神は六壬を応用しているのであります。くわしく判断するには必要でしょう。ただ奇門遁甲は、八卦という点からすれば八神でよろしいかと思います。」

『八神の直符は吉となっているが、実際には悪かったりする。どうみるべきか。』

「直符、九天、九地は、作用があいまいで、はっきりいたしませんが、このほかもこれらに比べれば少しは、はっきりしてますが、八神自体が弱く、八神の出てない本があるくらいであります。」

「判断に当って、急は八神、緩は八門をみよと述べている書があるが、八神はそういう使用法があるのではないのか。」

「他動的に八門、八神ということでありますが、八神は急に短く、八門はゆるやかに大きく出ると云われるのであります。しかし、八神については前述の如く弱いので、急のとき、緩のときといえぬと思いますが。」

9、節気三元

『節気三元など、立向盤では各節気毎に調節し、坐山盤は陽遁の終り陰遁の終りで調節するはどうしてか。』

「立向盤は動きはやく、各節気で調節しなくてはおくれるのでしょう。坐山盤は動きがゆっくりなので、調節もゆっくりで良いのでしょう。」

10　天盤の各種別

『天盤にも多くの異つたものがあるようだが、どうしてか。』

「大別して、天書系と地書系とがあります。この二大別のなかでも少しく違つたものがあります。

(イ)　天書系

天書系は、時干を中宮に入れて、三奇六儀を陽局、陰局に従って順逆に配置したものであります。

これは、地盤と関係なく天盤がつくられるので、格などをみるのに問題あると反対者は難を指します。天は天、地は地で関わりなくても良いといえばそれまでのことでありますが、関わりあることが、ないよりもよいと申せます。

(ロ)　地書系

地書系は、旬首を時干のところに円転し、今日普通使われているものであります。

これは、円転するはおかしいとも、まん中動かぬのは妙だとも反論するものがあります。

（ハ）　天地書兼用

時干のところに旬首をもっていって、三奇六儀を改めて配置し直すのであります。或いは、時干中宮に入れた天書系天盤を上盤、円転の地書系天盤を中盤、本来の地盤を下盤と三っ用いているものもあります、

11、格の重要度

『格が悪いと、他がよくても凶とみるか。格の重要度如何。』

「格は使わないで判断できるよう伝授するが良いが、時間かかるので格を教えてしまう。しかし格を知ったら、格を捨てねばならぬ。格にしがみつくからと張耀文先生に云われております。このことを今少し細かく考えてみることにいたしましょう。

(イ) 円転の天盤の場合、天盤は二義的で地盤から導き出されたものなること。

(ロ) 各種天盤があること。従って格も夫々の盤で違います。

(ハ) 天盤は九干のみであること。

(ニ) 地盤の九干の吉凶は十割といってよい力示すが、天盤及び格は例外変化性をみるものであります。

以上のことから、私は天盤よりも地盤を重視いたします。方位で、進行中の場合は天盤や格を考えますが、命理等多くの場合、私は独特の見方をいたします。一般に年盤なら年の天地盤で格をつくるのに、私は、年の地盤と月の地盤、月の地盤と日の地盤、日の地盤と時の地盤、とか日の天盤と時の天盤というような重ねあわせで格を考えます。このことは後述いたします。

12 格論

「青竜返首、飛鳥跌穴は大吉格だから何してもよいか。」

「はじめに甲が問題で、陽宅遁甲図には、甲は甲子、甲戌までで、甲申は太白入熒　甲午は良格なさず、甲辰は地網、甲寅は天羅としてあります。私は甲は殆ど六儀を以てみて、甲は相手の干により甲となりやすいと解釈しております。多くの本が甲というのを示してないのであります。

青竜返首や飛鳥跌穴は吉格ではありますが、正しいことを堂々とやるならよくても、陰でこそこそやるのでは丙奇の月奇に照らされて、うまくできないと申せます。」

「竜遁は、乙奇が坎という本もあるが、乾かどちらか。」

「風遁　竜遁　虎遁　雲遁は、皆四隅で、その場所から名称がでております。従って竜遁が坎はおかしく、乾であります。

風		雲
虎		竜

「三奇昇殿は坎がどうしてないのか、甲でも当てたらどうなのか。」

	丙	
乙		丁

「三奇で三つしかないので、また北は中国では攻められるところできらつたのではないでしょうか。」

「尺寸高低という格が出ている書あるが、大したものでないのか。」

「大したことないといわれます。」

「伏吟が最凶というが、そのとおりか。」

「天地同じで動かず、それにすぎるということで、中庸を至徳とする中国としてはきらうのでしょう。最凶と申せるかどうかは疑問あります。乙と乙なら乙のおとなしさがすぎ、丙と丙なら丙の剛がすぎ、庚と庚のようなのなら別でありますが、含みが多いと思います。」

「五不遇時などちょくちょくあるわけだが、大してどうということないが、やはり弱いか。」

「干冲だから申すのでしょう。必ずというほどではなさそうでありま
す。ただ、その時の干と盤中の干との冲も芳しくはありません。他の格
に比べたら条件が少いので弱いと思います。条件の多い格ほど強いこと
になります。

次に　方位、命理、雑占　造作法　家相　風水　といった順で申し上
げます。

方位

1　五黄、暗剣殺　制伏

『奇門遁甲では、五黄も暗剣も遁甲でよいときは心配ないというが、それは誠のことか。』

「五黄殺、暗剣殺はあくまで凶であることに違いはありません。しかし三奇、三吉門、吉格等の九宮以外の要素で凶を制限することが出来るということであります。古来　三奇は九賊を制す　といわれております。吉方とは申しかねます。」

2　本命殺　本命的殺

『活盤奇門遁甲天書には本命殺、的殺が述べてあるが、これらについてはどうか。』

「活盤奇門遁甲全書では張耀文先生が便宜上出したので、本来の奇門派はそういうものが全くありません。大自然というか、天理と申しましょうか、これには個人的なところなく、雨の降ってる下ではどなたもぬれます。雨具を持ってる否は別問題であります。」

「例えば、乙巳年として、乙巳を中宮にいれて、乾に丙午、兌に丁未とし、丁未生れの人は兌の西方が的殺とするのがあるがどうか。」

「奇門派では申しません。その時の干支を中宮に入れて数えることはいたしません。干支は局に従って動くとしております。」

「造命法とか、命破とか、述べた書あるが、これもないというか。」

「あれも奇門派は申しません。
命破は、例えば甲子命ならば、甲の年は丙寅月からはじまり　すので、
子の反対の午が庚午となり、これを命破としております。
劫殺、災殺、歳殺とは、生年干支の絶胎養のところで、例えば甲子命
ならば、子は水で、水の長生は申、巳が絶、午が胎、未が養であります。
甲子の年は丙寅月よりはじまりますので、巳は己巳、午は庚午、未は
辛未というようになります。
天罡は十二支の歳殺、
旬衝は、干尅支冲
正衝は　干比支冲
寸土無光は納音受尅で支冲であります。」

3、生年月日時との関係

『奇門遁甲では全く個人差を無視し、紫白三奇三吉門なら誰も吉方というわけか。』

「これには二つ申し上げます。

(イ) 犬山竜史先生の陰陽発秘には、方位が主人だけ良ければ、同居の僕婢は意に関せずとするならば、不仁不徳で聖教にあるまじきことである旨述べられておりますが、まことに先生の申される通りと思います。

又、兵術ならば、兵の一人一人の生年月日を考えて命を下す指揮官がありましょうか。これを民間利用にしたところに問題があり、刀槍の戦の時代のものを、宇宙時代に適用せんとするところに方位には、いや運命術全体に誤差と適否の問題はつきまとい、議論の対象となりましょう。

(ロ)　生年月日時と全く関わりないというのでなく、その時の方位盤とかさねてみるのでありますが、影響が大変うすいので普通は無視していると申されます。

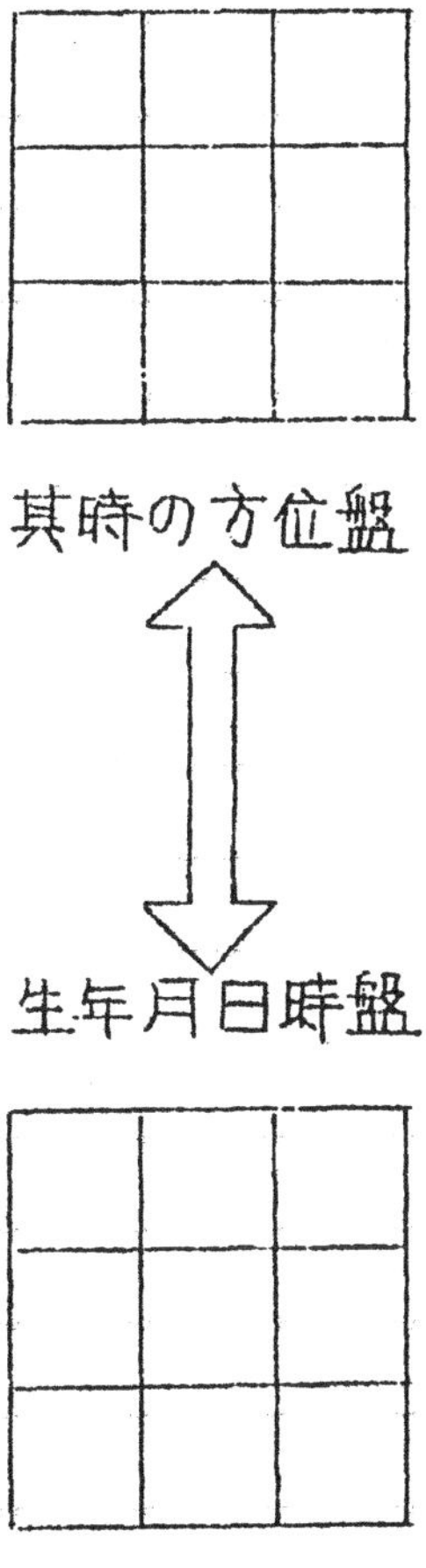

4　方位角種別

「方位の角度が三十度、六十度のものと、四十五度等分のとあり、奇門遁甲は四十五度だが、いったいどちらが正しいのか。」

「種々論ぜられるところでありますが、私などが軽々しく申せぬことがらであります。四十五度でも八卦分けの場合と、二十四山の場合では角度は同じでも意味は違います。

救貧竈卦選要には漢のはじめは十二支分けであったが、唐の時代になって二十四山になったことが述べられております。何故に唐代で変化したか、古いのが良いのか、新しきが良いか、どちらか誤りを流布したのか、この辺に鍵があると思います。」

5　立向盤　坐山盤の関係

『移転旅行には立向盤、家相など坐山盤というが、立向盤と坐山盤の間に関係はないのか。』

「立向、坐山に付ては前述（二十三頁より二十六頁）の考えを私はもっておりますが、一般的に申されるなら、立向八十％ 坐山二十％ といわれております。」

6．季節と方位

『改良奇門遁甲統宗大全には、春は東やらず、秋は西やらずとあるが吉方でもいかんか。』

「旺気だから強作用ということで、吉方ならさしつかえありません。」

『選吉探源には、例えば立春後七日目は気がうせていけない日とか不可用日がのべられているが、そういえるか。』

「奇門派では申しません。」

『選吉探源には三奇でも天上三奇というのが良いとしてるが、そういう三奇あるか。』

「天上三奇とは、例えば庚申年の冬至後、立春までの間ならば、甲子を坎におこして、陽遁で順にいくと庚申は震になり、庚の年は戊寅月よりはじまりますので、震に戊寅おこし、巽に己卯、中宮が庚辰、乾に辛巳、兌に壬午、艮に癸未、離に甲申、坎に乙酉、坤に丙戌、震に丁亥となり、このうち乙丙丁のつく坎坤震を庚申年の冬至から立春までの間の天上三奇としております。奇門派は、こういう干支動きをしませんので、申しかねます。」

『吊客、替宮などが尅択講義にでているが、やはり奇門派はいわぬのか。』

「台湾では主流とでも申すものだそうでありますが、奇門派は申しません。」

7. 冲　破

『活盤奇門遁甲天書には未と丑は冲としてるが、歳破などどうなのか。ないのか。』

「張耀文先生が申されるには、破れは十二支対十二支ではなくて、十二支対八卦であると申されます。従って図のようになり、未年は丑が冲であり、申の年は艮が破となります。

		離		
巽	巳	午	申	坤
震	卯	丑未 辰戌	酉	兌
艮	寅	子	亥	乾
		坎		

『金函玉鏡では出発日時を干支を数で示し吉凶出しているのがあるがよいものか。』

「数の理が不明である難があります。」

8、実例

「奇門遁甲の実例は本来時盤を以てするのが当を得ておりますが、先に奇門遁甲真義では航空事故を示しましたので、今度は年盤や月盤に重点をおいて、気学と比較してみたいと思います。私は方位というものに、奇門遁甲に、むずかしさを感じます。奇門遁甲のうちで一番苦しいのは方位のお話をすることで、苦痛さえ覚えます。

或る時に、或る方向に進んだとして、全部が吉凶を示すことはありません。航空機のように、はやく遠くに飛んだものは、凶変あっても、ゆっくり徒歩で進んだ者は何事もないし、生年月日も航空機にはいろいろな方が乗っていられるだろうし、奇門遁甲真義に実例としてかかげても苦しいものでありました。そこで苦しまぎれに、運動なれば、距離と時間と速度という条件を示したのであります。

年や月の方位を考えれば、その方位を一年間に用いた人は沢山ありましょう。それが総て完全に方作用を現出しているとも申しかねます。そこで個人差がまた浮んでまいります。　私は、方位の作用には距離と時間と速度が、各人の命を越える限界外にいたって効ありと信じます。

ここに申し上げる例は決して適中するようなものではありません。読者諸先生の適宜な判断によって、より良き解釈をお願い申し上げます。

(イ)　昭和四十一年九月五日。東京　田無市で火事あり。焼跡に他殺死体。タクシー運転手E(48)で、二度離婚し今年二月に看護婦長(39)と三度目結婚。七月に八畳の洋間を東に増築している。（新聞報道より）

立向盤（本書では私の習慣にて、立向盤は総て、陰逆陽順に九星配置をいたしておりますから御承知下さい。）

昭和四十一年（丙午七赤）　七月（乙未三碧）

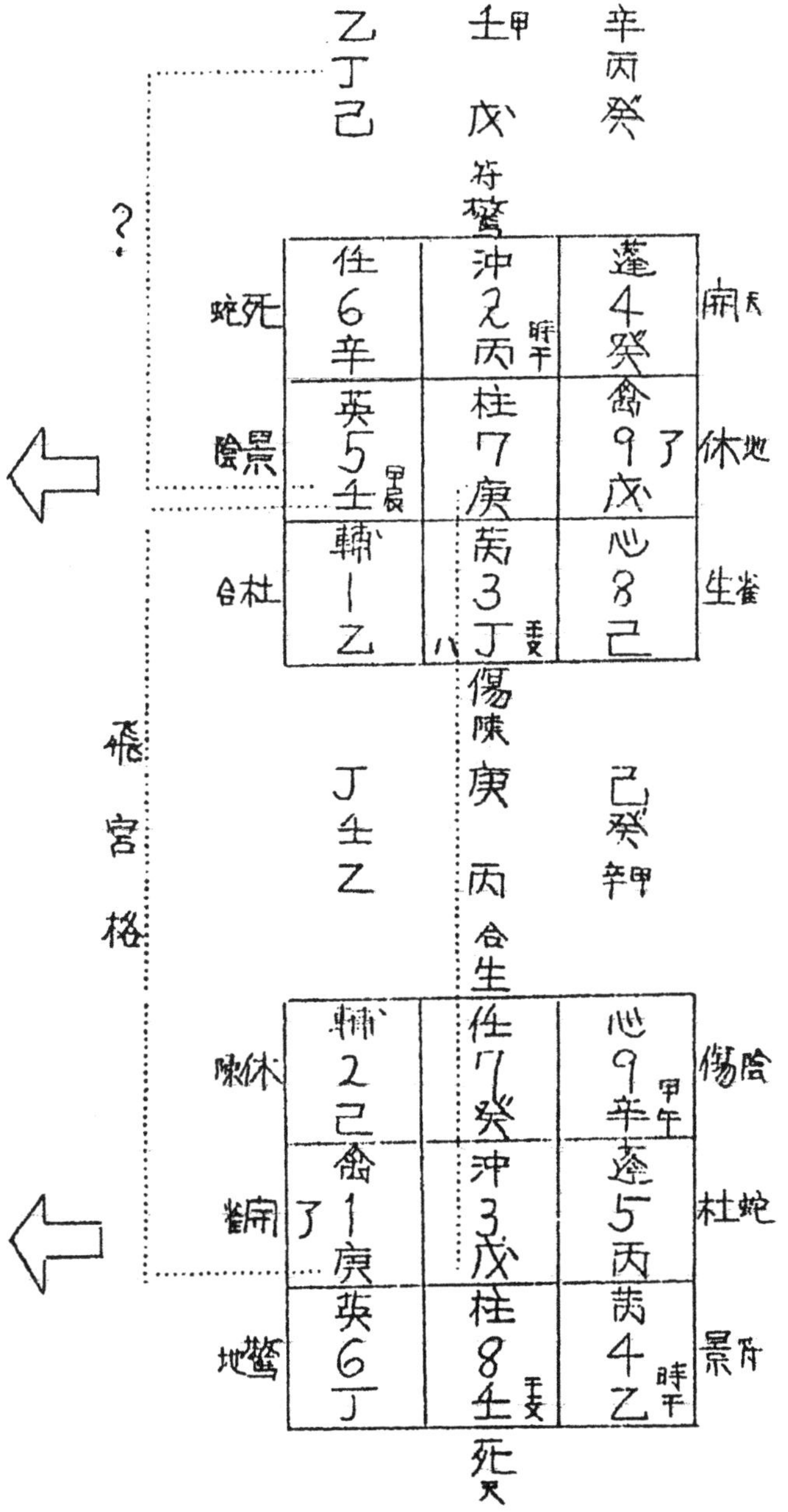

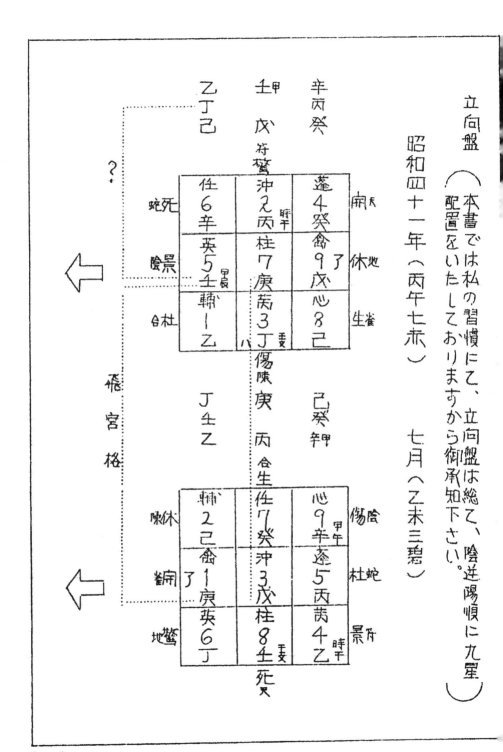

坐山盤

昭和四十一年

	壬甲 戊 己	庚 癸	丁 丙 辛	
		蛇傷		
符生	蓬 5 丙 時干	心 1 辛	任 3 癸	杜陰
天休	英 4 丁 年支	芮 6 乙	輔 8 己	景合
地開	禽 9 庚	柱 2 壬 甲辰	冲 7 戊 了	死陳
		驚雀		

七月

	庚 辛甲 丙	丁 癸	壬 乙 戊	
		陰生		
蛇休	任 7 戊	輔 3 癸	心 5 丙	傷合
符開	柱 6 乙 時干	英 8 己	芮 1 辛 甲午	杜陳
天驚	冲 2 壬 年支	禽 4 丁	蓬 9 庚	景雀
		死地		

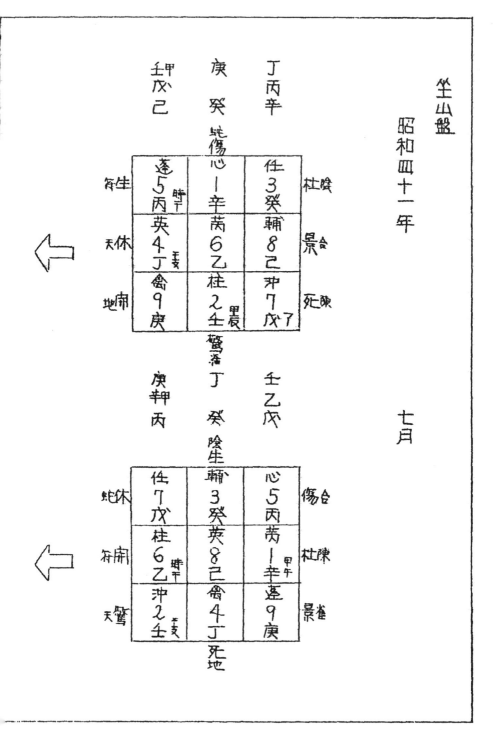

まず坐山盤をごらん下さい。

年盤　東　四緑、丁、天英、休門、九天、天盤戊　青竜燿明

月盤　東　六白、乙、天柱、開門、直符、天盤甲(辛)

月盤の甲を辛とすれば格は凶となりますが、しかし殺されるほどのことが他の要素をみて考えられません。月盤の甲をそのまま甲とみれば、年月の大吉方ともみられます。立向盤が動で、坐山盤が静だと申しても、家の修築には全く動ばかりとも思えず、そこに住んでいるのでありますから、少しでも静が現われぬのは首をかしげます。従って、私は坐山も立向もない、遁甲本来一本なりと申したいのであります。

今度は立向盤をごらん下さい。

年盤　東　五黄、甲(壬)天英　景門　太陰　天盤丁

天盤丁と地盤甲にしても、壬としても吉格であります。悪いのは五黄のみで、吉格なら少しは制してもよさそうなものであります。

月盤　東　一白暗剣殺　庚　天禽（順なら天任）開門　朱雀　天盤壬

月盤は少しは考えられます。暗剣殺や庚などあって、しかし殺されるのまではわかりません。

これならむしろ簡単ではあっても気学的に五黄、暗剣と年月そろっているのにやり、東ではやく出たといったほうが簡単明確であります。

ここで、私独特の地盤格が気学以上に示す部分があります。年盤の地盤甲（壬）と、月盤の地盤庚はなんと飛宮格の殺人を示しております。

又、大自然からみれば、個人の家などは一点にも値せず、それに運動という点からみれば、距離　時間　速度にて、坐して修築には中宮も参照すると庚と戊で、これも参考になります。

私は動作が移動し、進行中は天盤を用いておりますが、進行中でないものは地盤の下により格を用いております。年盤や月盤は、一年間も一ヶ月も進行していることは稀で、移転にしろ旅行にしろ数日で一ヶ所に固定します。日や時は天地盤用いても、年月や命理には殆ど天盤を参考にする程度で、専ら地盤の格を用います。

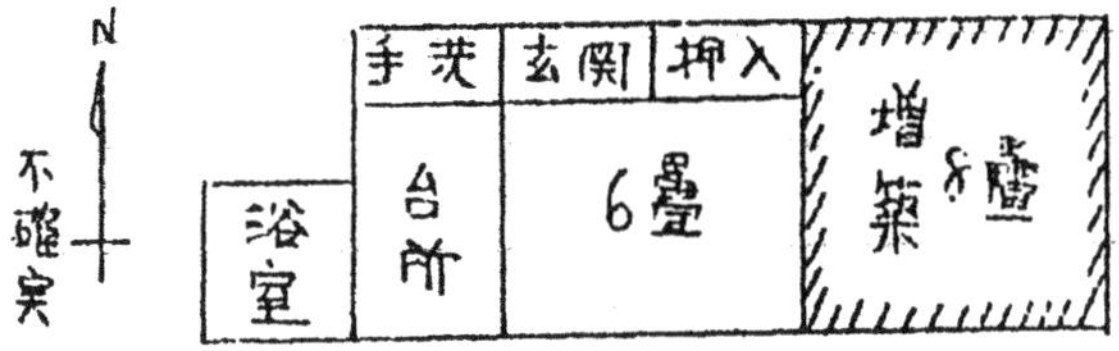

（新聞紙上にのった図）

(ロ) 大正十年十月十七日（男子）の方が　昭和三十年三月に、東京・世田ヶ谷の上北沢より　東京・北区神谷町に転居したところ、昭和三十四年に事業に失敗した。但し現在はどうにかやっております。

立向盤

昭和三十年（乙未九紫）

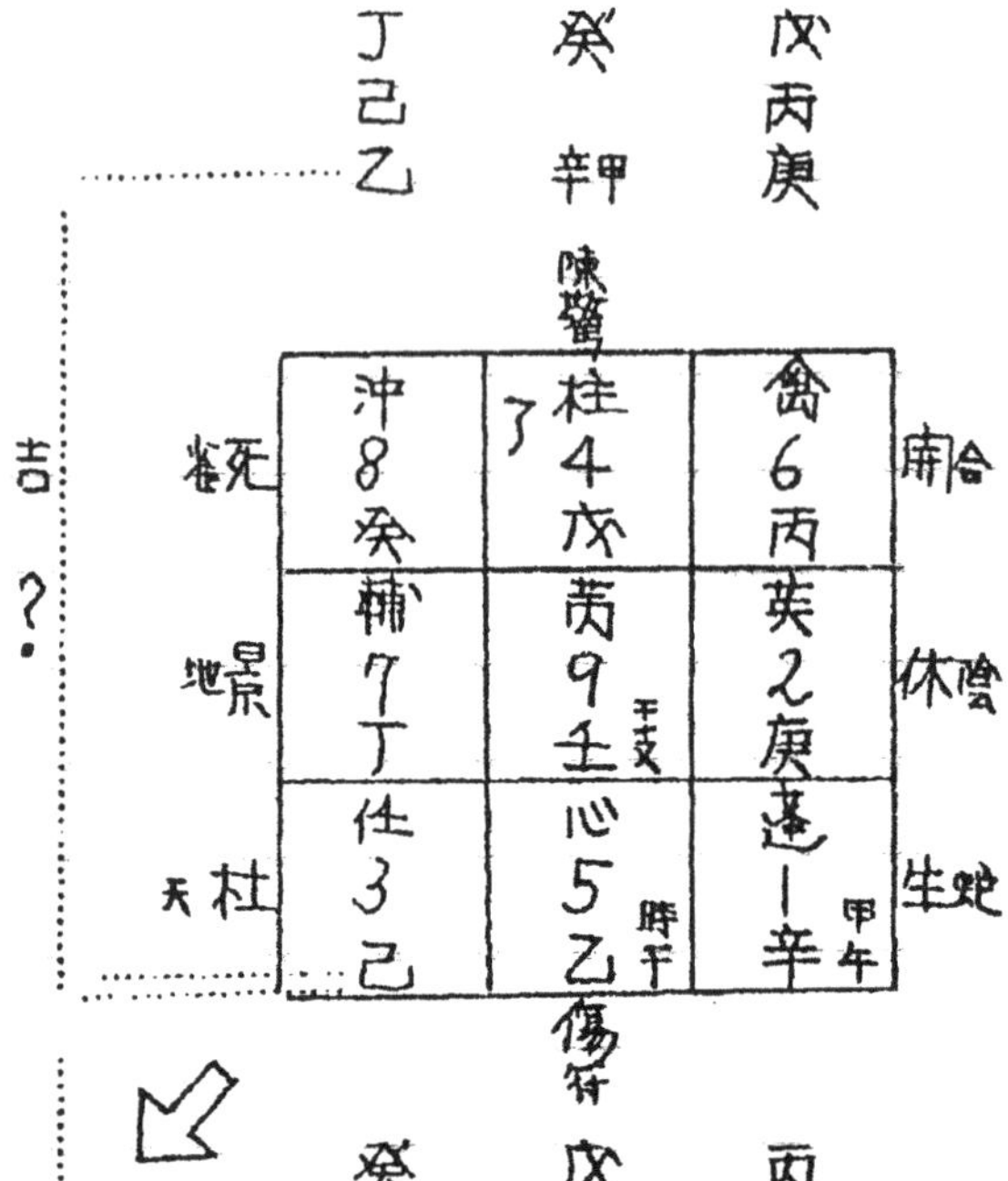

三月（己卯四緑）

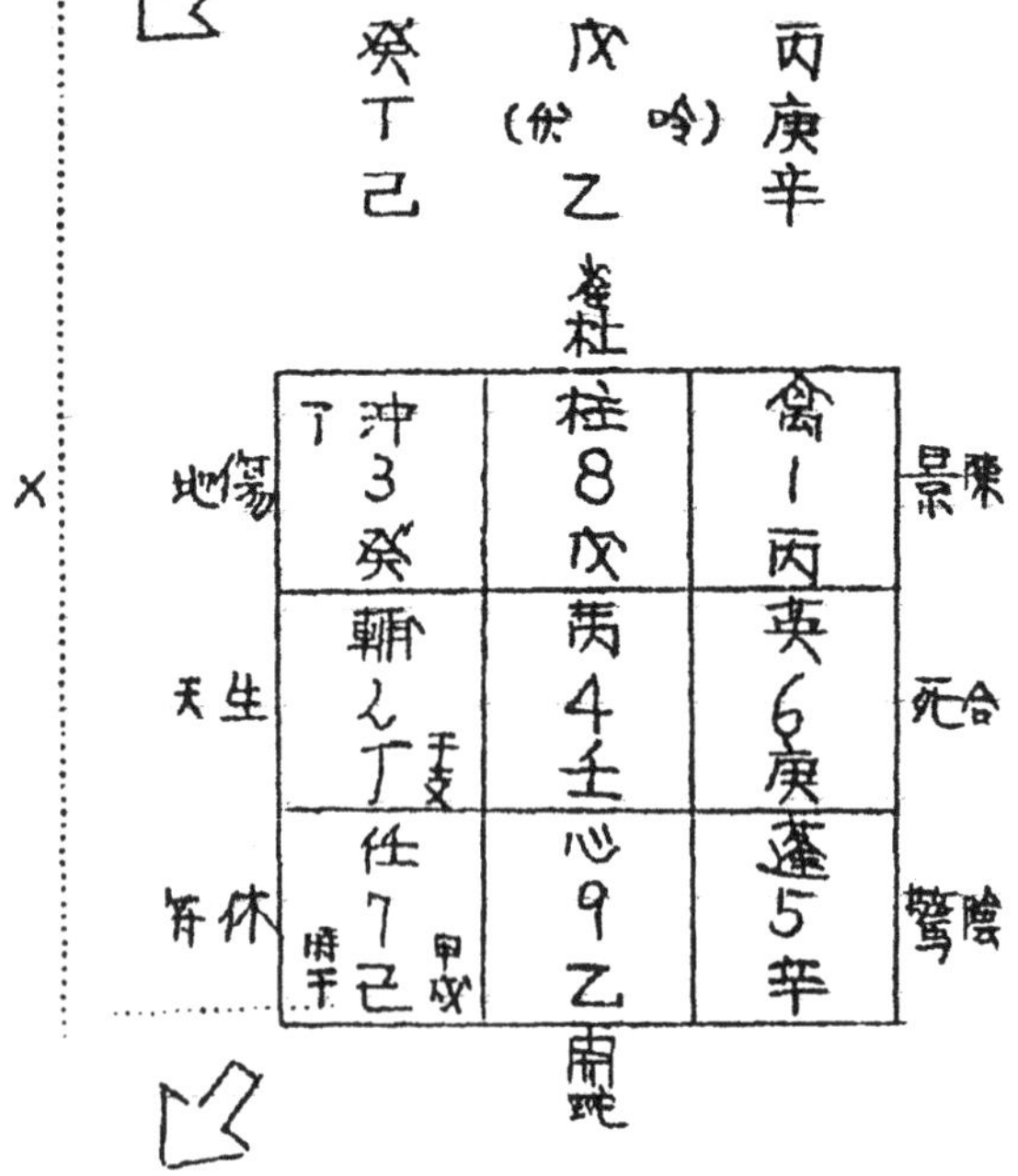

U氏　大正十年十月十七日生

辛酉⑦　戊戌⑨　癸丑⑧

生月盤

		天 死		
符 景	蓬 8 戊 時干	了 禽 4 壬	沖 6 庚	驚 地
蛇 杜	芮 7 己	英 9 乙	柱 2 丁	開 雀
陰 傷	心 3 癸	輔 5 辛 甲午	任 1 丙 干支	休 陳
		生 合		

生日盤

		地 景		
天 杜	沖 7 壬 干支 甲辰	柱 3 乙	禽 5 丁	死 雀
符 傷	輔 6 癸 時干	芮 8 辛	英 1 己	驚 陳
蛇 生	任 2 戊 了	心 4 丙	蓬 9 庚	開 合
		休 陰		

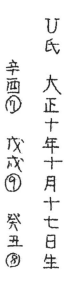

昭和三十年、八門の配置は干支中宮で伏吟とし定位でありますが、少し毛色かえてみました。年盤では天地盤が乙と己で吉であります。干支中宮にて八門定位なら生門で、じれつたいぐらいで、まずは虎遁と申してもよいでしょう。月盤も休門直符だし、伏吟といえ、甲と甲と考えれば吉方と申せます。

ところで、この方は年盤の己（地盤）の方位を用いました。事業失敗が昭和三十四年で己亥年であります。年の地盤の己と月盤の地盤甲（己）で格をつくれば凶となります。

中宮の干の壬が、使用方位の艮にまわつた昭和三十六年、辛丑三碧の年に、この方の家内へ（大正十五年二月二日生）が子宮病を患つておりますのも興味があります。

しかし、昭和三十年三月に艮方に移転したり、改築したりした人は沢出いたことでありましょう。その総ての方が方位の示すように凶が出たとは考えられません。
生年月日時で、生月を天、生日を人、生時を地とし、昭和三十年の盤と生月盤をかさねてみます。そうすると艮方は
昭和三十年盤　艮　己　と　生月盤　艮　癸　で　地刑玄武の囚獄となります。また
昭和三十年三月盤　艮　甲（己）　と　生日盤　戊　で　吉格となり、身体的には問題なかつたのであります。
尚、この方の家内は生月盤艮　戊、生日盤艮　辛　で　身体にひびくことになつたものと思います。
この地盤の干による格、生年月日時盤と使用方位との格の見方は、根底は張耀文先生の御教授によるものでありますが、大半私の独特なもの

であります。（これは当舎の生徒の父兄のことに付　正確な事件と思います）

(ハ)　大田区　久ヶ原

S氏　明治四十年十二月十日生　昭和三十七年没

S氏家内　明治四十四年一月一日生　戸籍で正確には十二月いく日からしく不正確　健在

T氏　明治三十六年四月十六日生　昭和三十九年没

昭和二十九年四月、乾方に浴室を増築してより身体その他よくなく、相ついで死亡す。

S氏の発病は、昭和三十三年戊戌六白年、中風の軽いもの。昭和三十五年庚子四緑年にたおれ、昭和三十七年壬寅二黒年に亡くなりました。

T氏は昭和三十九年六月に不快を思い、入院し秋に脳腫瘍のような病気で亡くなりました。S氏夫人のみ健在で今もおられます。

S氏　明治四十年十二月十日生

丁未③　壬子④　癸巳④

生月

		雀 生		
地休	ア 沖 3 乙	ハ 柱 8 辛 壬子	禽 1 己	傷陳
天開	輔 2 戊	芮 4 丙	英 6 癸	杜合
符驚	任 7 時干 壬 甲辰	心 9 庚	蓬 5 丁	景陰
		死 蛇		

生日

		雀 景		
地杜	ア 心 3 戊	蓬 8 壬	任 1 庚 甲申	死陳
天傷	柱 2 己	禽 4 乙	沖 6 丁	驚合
符生	芮 7 癸	英 9 辛	輔 5 丙 ハ	開陰
		休 蛇		

丁氏　明治三十六年四月十六日生

癸卯⑦　丙辰⑥　甲戌⑧

	陳 驚			
雀死	英 5 壬	輔 1 乙	芮 3 丁	開合
地景	蓬 4 癸 甲寅	任 6 辛	心 8 己	休陰
天杜	禽 9 戊	沖 2 時干 丙 干支	柱 7 庚 了	生蛇
		傷 符		

		符 景		
天杜	輔 7 癸	英 3 時干 己 甲戌	芮 5 辛	死蛇
地傷	沖 6 壬	禽 8 丁	柱 1 乙	驚陰
雀生	任 2 了 戊	蓬 4 庚	心 9 丙	開合
		休 陳		

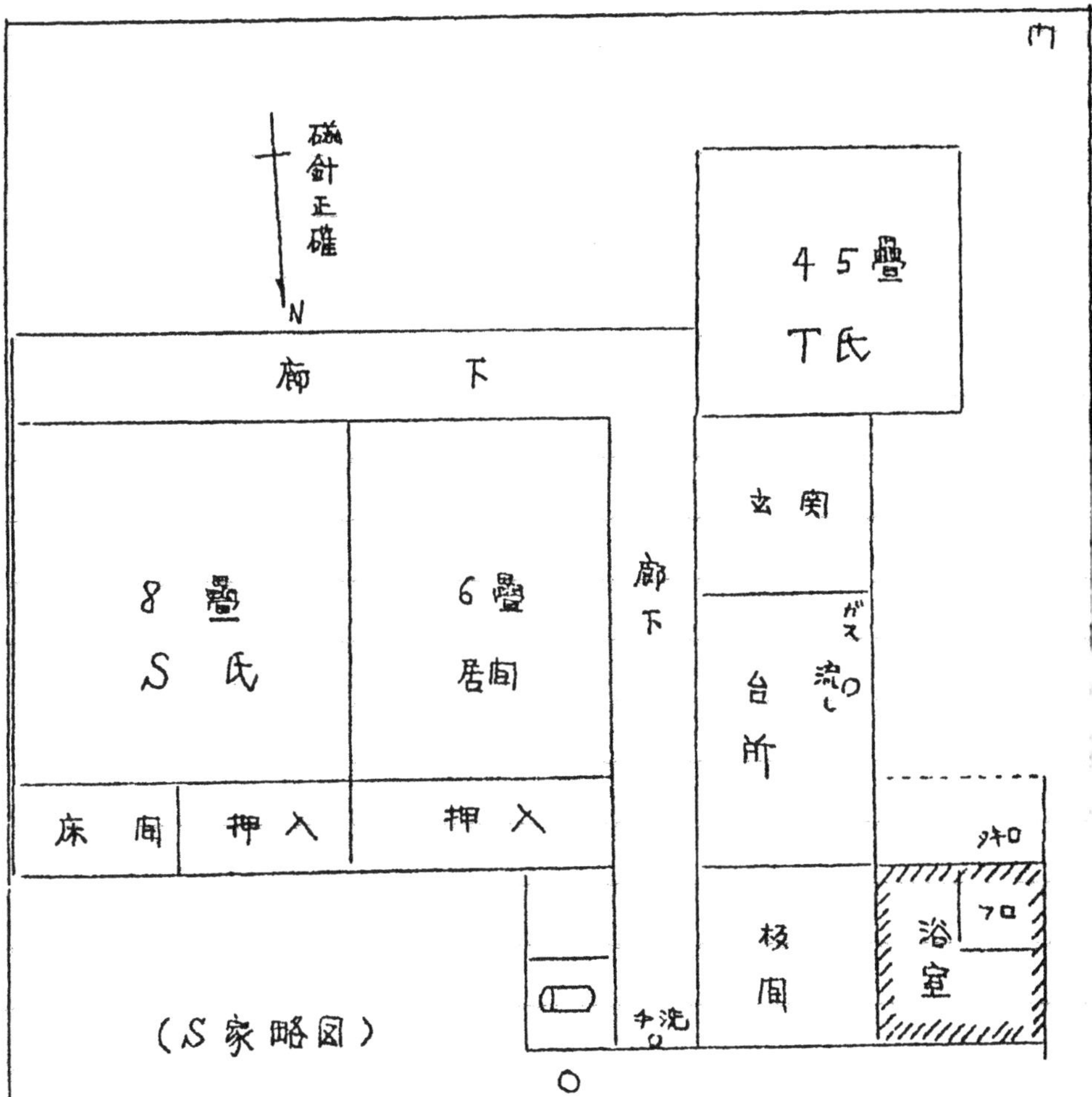

（S家略図）

気学で申しますれば、月の暗剣殺と申せますが、年の方はあまりピンとしません。

昭和二十九年盤の乾は壬であります。S氏の亡くなられしが壬の年、T氏の亡くなられしが甲辰へ壬）の年となっております。

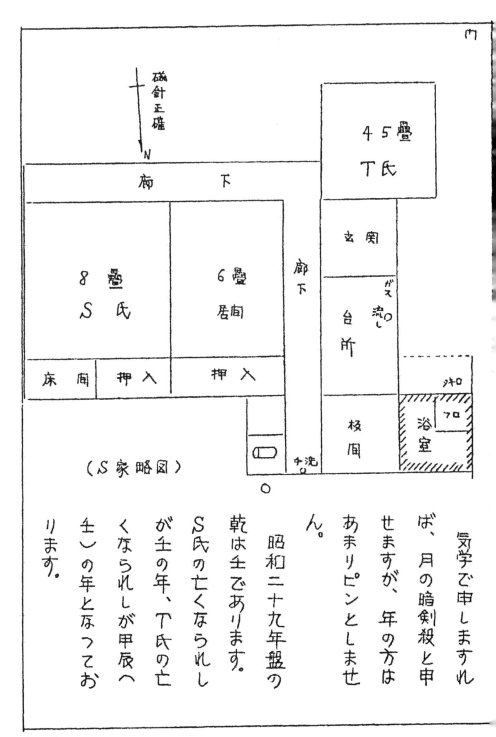

立向盤

昭和二十九年（甲午一白）

四月（戊辰六白）

時干中宮入れた天盤

壬	乙	丁
癸	辛	己
戊	丙	㊖

	丁丙庚	己（伏吟）戊	乙辛壬	
		陰景		
合杜	蓬 9 丁	禽 5 己	沖 7 乙	死蛇
陳傷	芮 8 丙	英 1 癸	柱 3 時干 辛 甲午	驚符
雀生	心 4 庚	輔 6 了八 戊	任 2 壬	開天
		休地		

	丁丙庚	己（伏吟）戊	乙辛壬	
		陳死		
雀驚	柱 5 丁	芮 1 己	英 3 乙	驚合
地杜	任 4 丙	心 6 癸	輔 8 辛	開陰
天傷	沖 9 庚	蓬 2 時干 戊 甲子	禽 7 壬支 壬 了	休蛇
		生符		

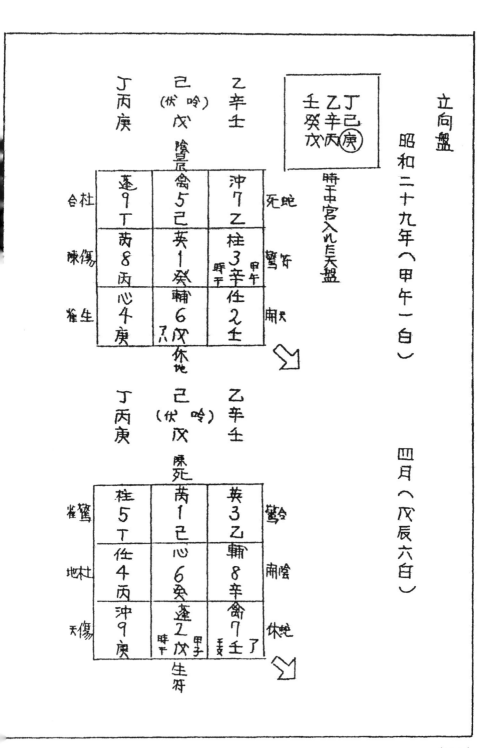

中宮に時干を入れて配置した天盤では乾は庚で、これが応期という説もあります。たしかにS氏のたおれた年は庚でありますが、S氏もT氏も壬に没すし、前例の(ロ)でも己を使い己年にでるということの方がよいように思います。

昭和二十九年盤の乾地盤壬、月盤地盤壬で伏吟のほか、S氏、T氏とも生日盤の身体が乾方丙にて、壬と丙で水蛇入火宮凶となります。

はじめに　脳や血液のめぐり(天盤)をこわし(壬)　立向月盤

次第に　脾臓全般(天任)を破ります(壬)　立向年盤

大自然からみれば距離小にて、中宮も参考にします。年盤癸、月盤癸天網四張であります。

(これはS氏もT氏もよく知ってる間柄で、S氏夫人以外生年月日も正確と思います。尚三十四年にも動土していますが、直接はじめからでなく発病後で略しました。)

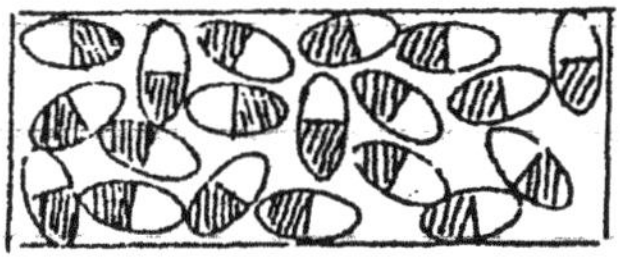

A

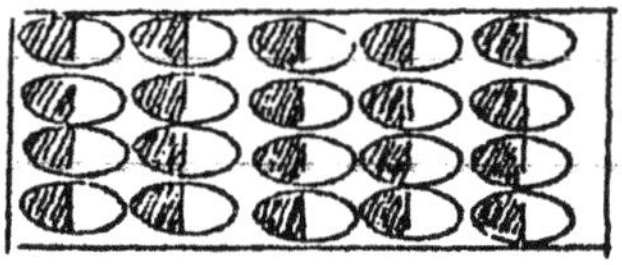

B

人間が生年月日時によって、その時の宇宙線等に感応した分子配列をなし、吉方に向えば、分子配列A図の如き人も、瞬時B図の如くなって吸収力を増し、凶方に向えばA図の人は更に乱れた配列とし、時に分裂することもあると思います。吉方でB図の如くなっても、しばらくすればもとのA図にもどります。分子配列力の強い人は動きも少く、分子配列力の弱い人は吉方凶方にかかわらず動くたびにゆれうごいて、吉方の効もないでしょう。方位が距離、時間、速度の運動とすれば、分子運動のワク内ではやはり命の関わり強く、その運動がワク外のときは、生年月日時にかかわらず吉凶を示すと思います。奇門遁甲真義では、ワク外の航空機事故を例とし、今度はワク内の例をあげました。

命理

1　命理盤

『命理の盤は、改良奇門遁甲統宗大全には時盤を以て、生年干のところを命主としてみるとか、或いは日盤のみにてみるとする書もあるが、生年干と日盤、あるいは時盤とだけとすると、生月については全く無視するのか。』

「日盤のみ、時盤のみで、生年干のみでは生月どうしたと申されましょう。ごもっともであります。私はそれで生年月日時を全部用います。

天　生月盤　　人　生日盤　　地　生時盤

生年九宮の生月盤のおちるところが命宮で、生年干の生月盤のいるところを私の発案で原宮としております。生年九宮の生日盤のおちるところを身宮とします。この見方も基本は張耀文先生に教示うけ、私が肉付けしたものであります。これなら全部そろっているはずであります。」

2　命理の天盤、格

『命理に天盤使うのか、否か、格はどうか。』

「張耀文先生の奇門命理は使っておりません。私も天盤用いません。天盤は四十九・五十頁で申し上げましたように、種別多く、極端に申せば不安定であり、継続進行方位現象以外は用いません。格は方位のところで申し上げましたような地盤干どうしで命宮等のところでつくります。

」

3　十二宮

『奇門命理は十二宮を配しているが、奇門遁甲真義ではやらぬが。』

「奇門遁甲は太陽系なので、太陽系十二宮を配しておりますが、私は張耀文先生が気学的に教えて下さったのでやりません。八卦に十二だと浅学な私には判断の苦しさがあると思われたのかもしれません。」

4　大運

『大運は十年毎にやってるが、オ前のは妙だが。』

「九宮が現象でありますので、奇門遁甲でも九宮を重視することから遁甲らしく、生月九宮の数を用いました。生年干の陰陽で、男子陽順、陰逆、女子は陰順陽逆、九宮の数のうち、数の大きい方の用の数を大限としました。私の独特の方法であります。」

5、命理判断

『奇門遁甲秘笈全書で、人生貴賎は、太白　入災　身宮　入垣などの見方あるが、これは何か。』

「太白は金星、入災は火星、身宮は個人の身宮、入垣は入っている意で七政四余からの応用であります。奇門遁甲で無理なので、七政四余をもってきたものと思います。」

『寿命の計算で、男子は天沖星、女子は天柱星としているのは理あるのか。』

「天沖星は震が定位ということからで、天柱は兌ということから男女別としたのでしょうが、私はやりません。」

「易を分解し、結婚は風山漸から巽と艮をみるというのはどうなのか。」

「盤によって当否があると思います。八卦の盤ならよいでしょうが、局を中心にした盤などではどうでしょう。」

6．実例

なるべく特徴のあるものを選びました。そのために本来は、生月　生日　生時盤を天人地と出すところを特徴点にしぼって、一部をかかげて申し上げることがありますので御承知下さい。

(イ)　塾生女子　昭和三十年十一月十一日午後一時十分生

乙未⑨　丁亥⑤　丙子③　乙未②　立冬上元

特徴　生れつき心臓に指の頭大の穴があいていて、心臓手術す。

現在は健康。成績　家庭ともに良。

生月

生日

生時

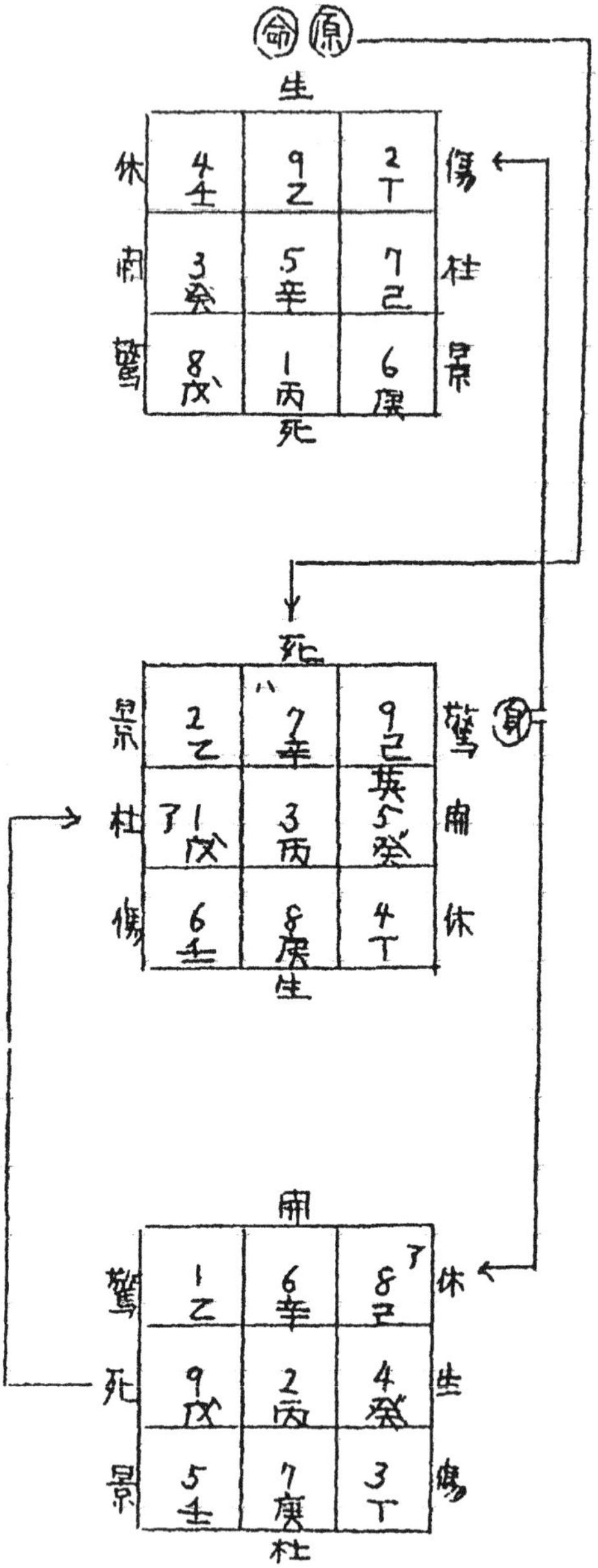

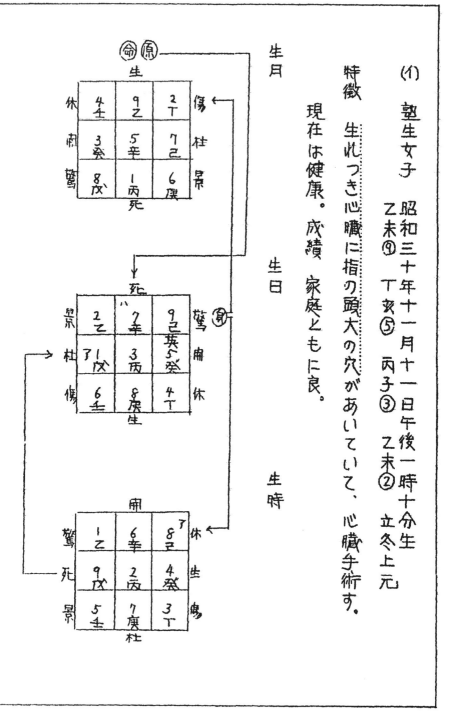

生年九宮の生月盤のおちるところが命宮、即ち傾斜宮であり、生年干の生月盤（地盤）におちるところが原宮、生日盤の生年九宮を身宮、生時盤での生年九宮のところ、これは名なしで、私はこれをむしろ身宮としたいところでありますが、名称はそう教わり、原宮は私の独特のものであります。

さて、原宮　命宮とも離で、生日盤では死門であります。生時盤で生年九宮のところ震は死門で、暗剣に同会し、戊の医術にあっております。身体の生日盤で心臓示す天英は兌にあり、癸で五黄であります。医学の進歩のない時代であれば死亡していたと思います。

(ロ)　男子　昭和二十二年三月四日生
丁亥⑧　壬寅②　壬午⑦

特徴　白痴

生月

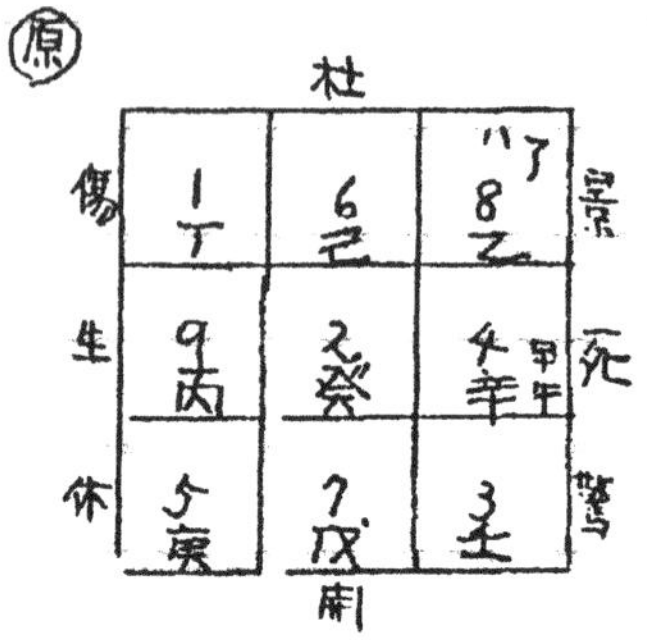

生日

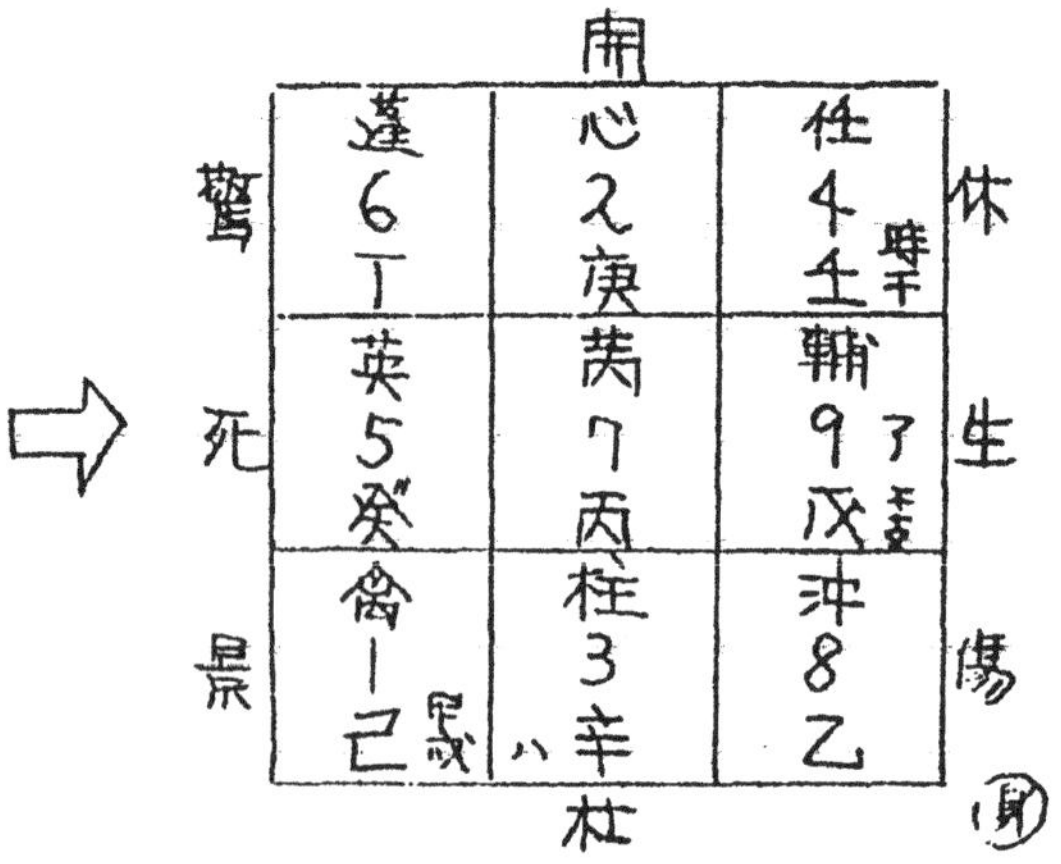

生日盤は天人地の人で、頭脳の天英が震にあつて、五黄で、癸で、死門ではどうにも頭脳はなりません。九紫は暗剣であり、智の離は庚で、総て悪いことを示しております。

一方頭脳の良い人は、天英、九紫、離などのところが生日盤で大変よいのであります。一例を示せば

ノーベル物理学賞　理学博士　朝永振一郎先生

明治三十九年三月三十一日生

丙午④　辛卯⑦　甲戌⑧

生日

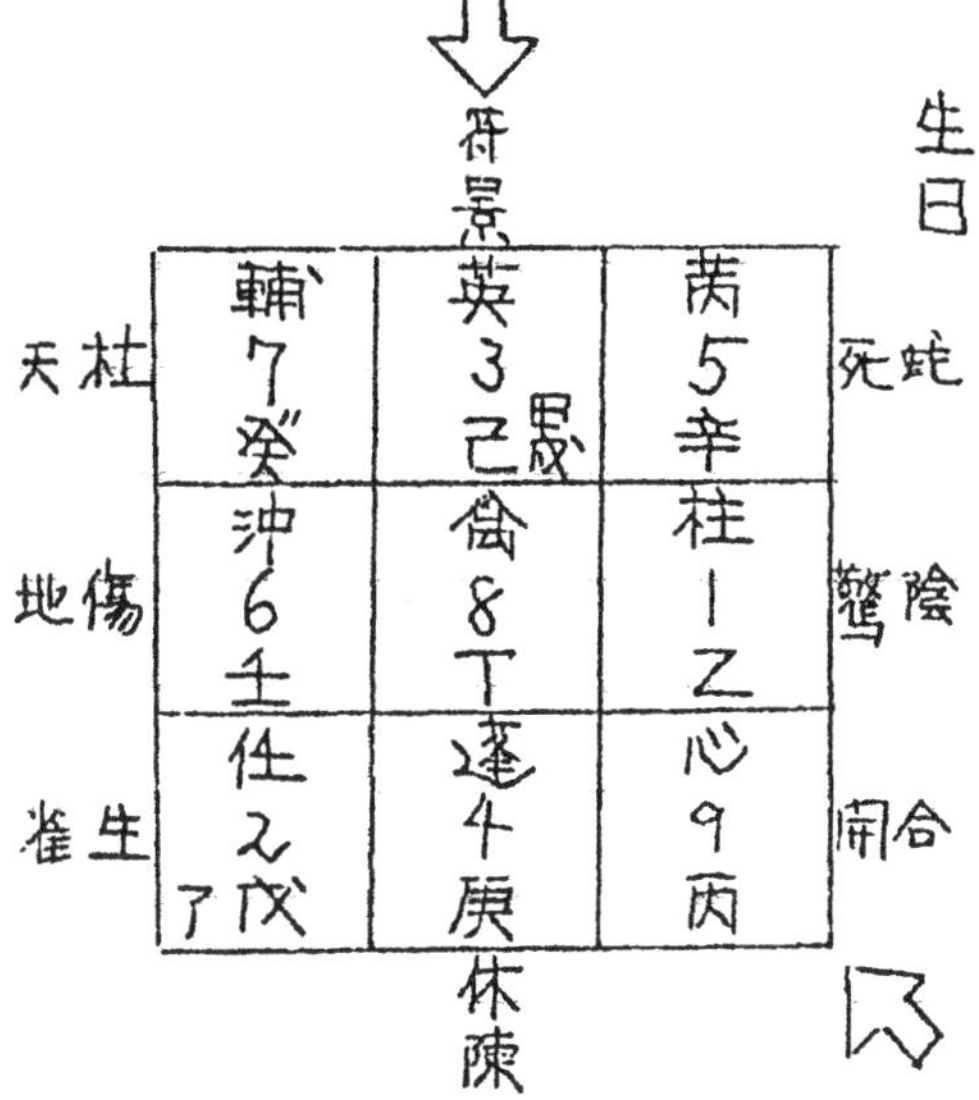

天英のところ、離のところは

天英　甲、景門。

九紫のところは乾で、天心、

丙と入っております。

(ハ)　元　塾生男子　昭和二十三年九月二十五日午後九時生
戊子⑦　辛酉①　癸丑⑤　癸亥④　秋分上元

特徴　幼時より中学三年生にいたるまで、毎晩夜尿す。（張耀文先生の処方　漢方薬でなおりました。）

生月

㊍

9 壬	5 乙	7 丁
8 癸 甲寅	1 辛	3 己 ハ
4 戊	6 丙	2 庚

㊌

乙とあうも五黄あり、なかなかなおらない　乙と癸　華蓋

生日

景 蓬

4 己	9 癸	2 辛
3 庚	5 戊	7 丙
8 丁	1 壬 甲辰	6 乙

幼時庚とあってなかなかなおらず　癸と庚　太白入網

腎臓、膀胱　天蓬　癸（死んでる）

生時

ハ 3 丙	8 庚	蓬 1 戊
2 乙	4 丁	6 壬
7 辛	9 己	5 癸

死

生時命宮、天蓬　死門

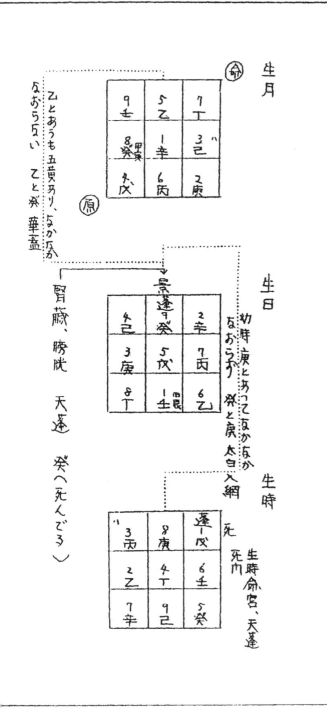

(二)　女子　昭和四年二月五日生

己巳⑧　丙寅②　戊寅⑥

特徴　夫運不良、最初嫁入るも、結婚式当日相手男来らず。次に警官と結婚すも離別、三度目の結婚は、夫逃亡。（私の姻戚の者）本人真実目。身体欠陥等なし。旧制高女卒。

生月　㊞命

合傷

陳生	心 1 戊 甲子	蓬 6 壬	任 八 了 8 庚 壬支	杜陰
㊉原 雀休	柱 9 己	禽 2 乙	沖 4 丁	景蛇
地開	芮 5 癸	英 7 辛	輔 3 丙 時干	死符

驚天

生日　㊊身

雀死

陳景	禽 5 丙	蓬 1 辛	沖 八 3 癸 壬支	驚地
合杜	輔 4 丁	心 6 乙	任 8 己 甲戌	開天
陰傷	英 9 庚	芮 2 壬	柱 7 戊 了 時干	休符

生蛇

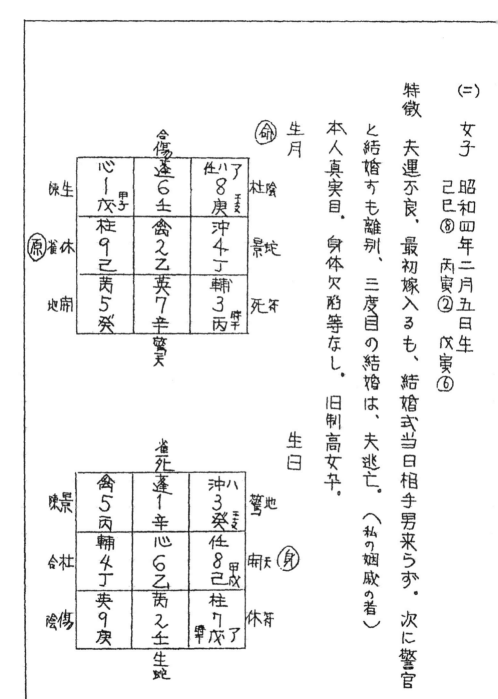

原宮、別れ（九紫）て、整う（四緑）力遅く、はじめに別れが出て、あとで整う。（震宮　月　己、日　丁　先曲後直）

命宮　運は大荒れ、（暗剣持つ）形のみで充実ない（三碧破れ）とにかく不安流浪（坤宮　月　庚、日　癸　大格）

身宮　自らの努力で、なんとか、一応のおさまりをみます。（兌宮月四緑、丁、日　甲）　六白、乾の夫もごらん下さい。

(ホ)　男子　明治二十五年十二月九日生　（先年物故）
　　　壬辰⑨　壬子④　乙亥④

特徴　昔のプレーボーイ。あまりの遊蕩にあきれ、妻妾何人も出ていく。最後に心改めんと信仰の道に入るも、信仰中にねんごろになりし女子をつれてかえる如き人でした。（私の知合い、麹生祖父）

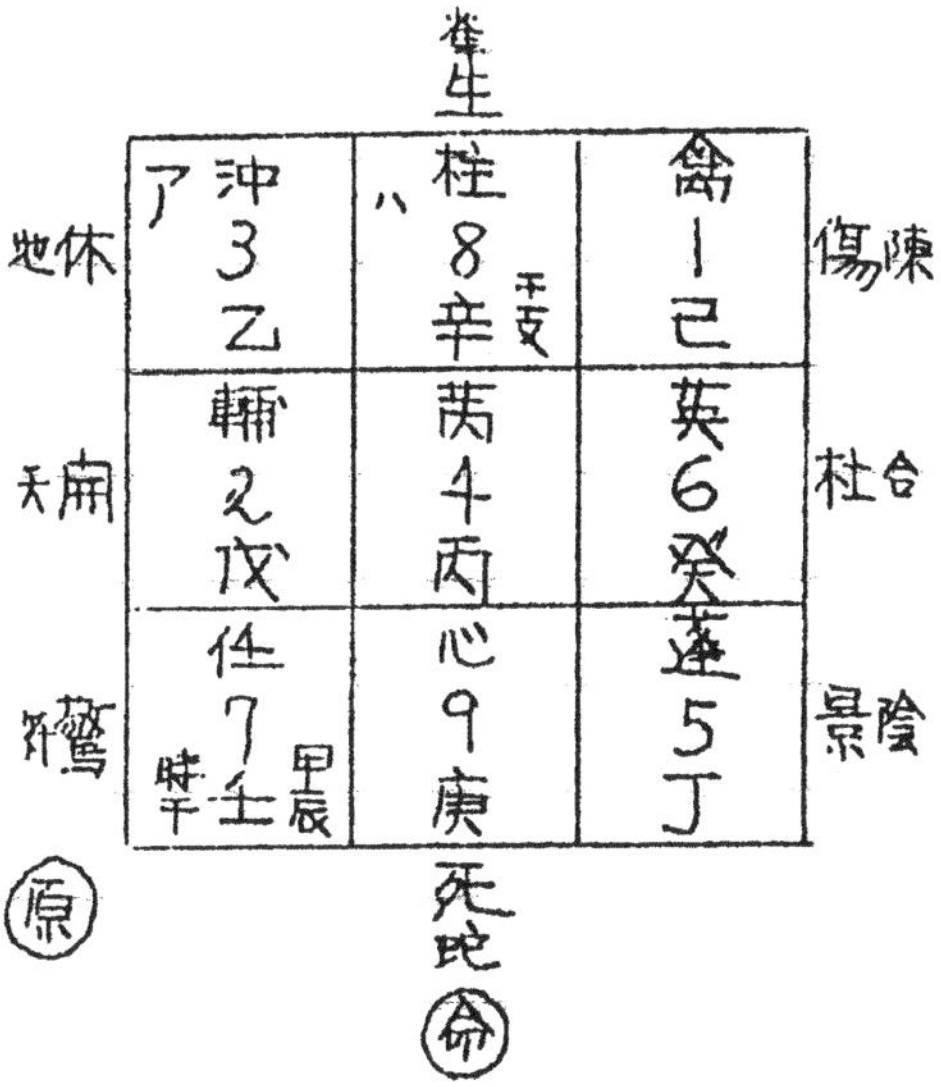

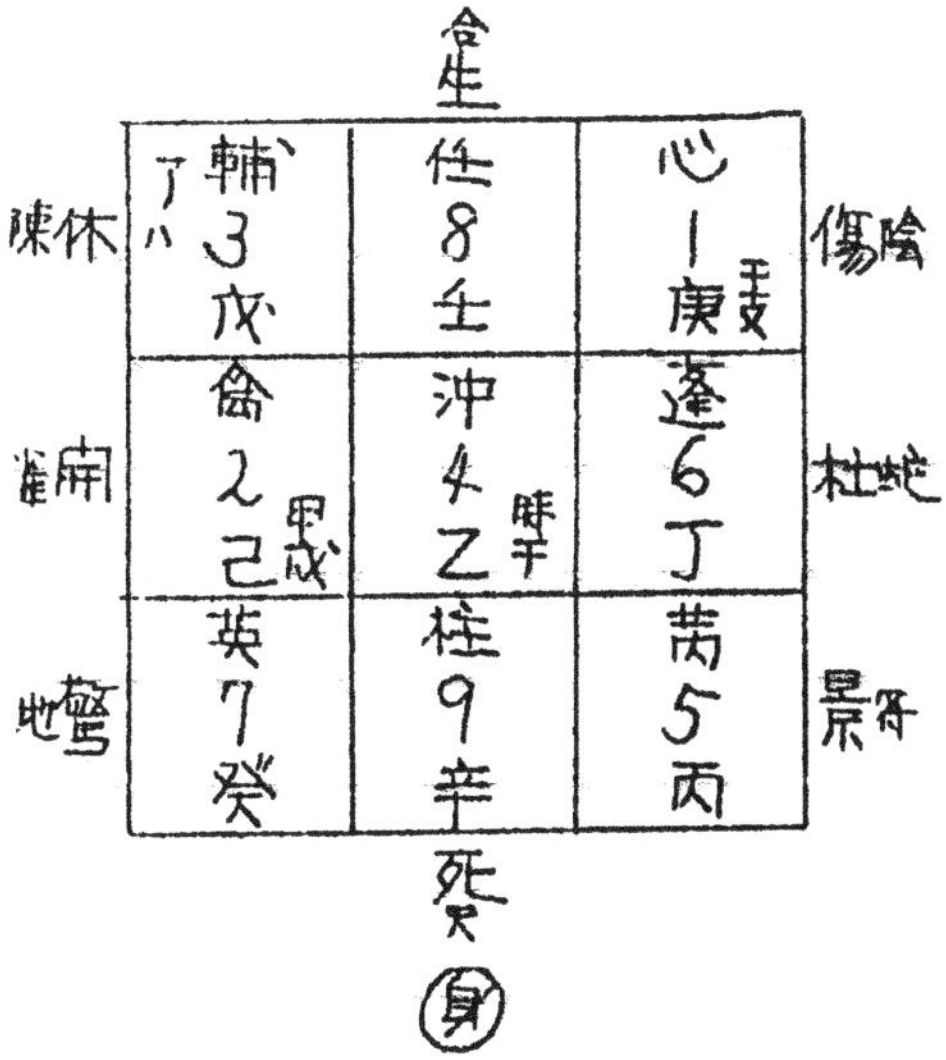

原宮　艮、生れつき大変遊びずき、（月日とも七赤）それで苦しむ（月
壬（甲）と　日の癸　奸淫）
命宮、身宮とも坎・坎宮の意味強まります。坎の酒色、生月庚で　生

日辛では、身を亡ぼすのはあたりまえであります（死門）妻がそのためにあきれて（坤一白）かえった（坤宮月　己、日　庚、利格返名）のもやむおえません。

（ヘ）　元　塾生男子、　昭和十七年十月二十五日生
壬午④　庚戌⑨　辛亥①

特徴、親縁なし。幼時　父　戦死。母　病死、祖父母に育てらる。兄弟もなし。酒商営み、旧家資産有生活は困らず。

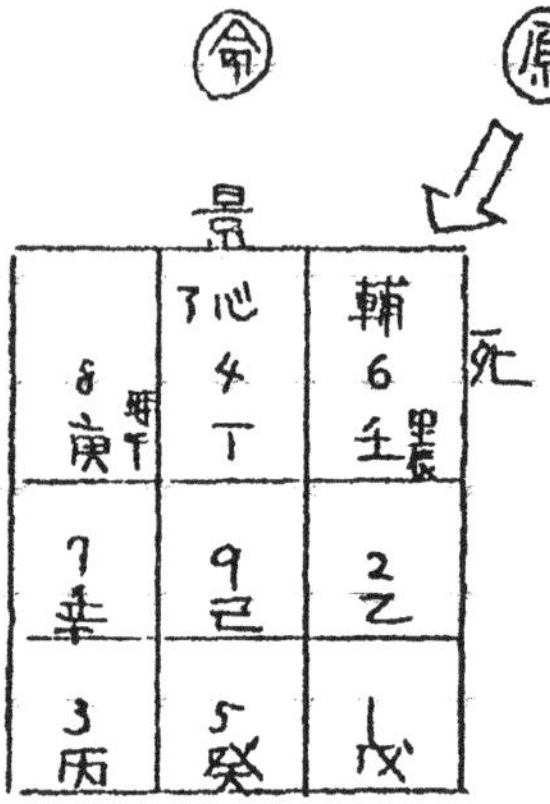

生月盤

ズバリ一言で申すならば、原宮の坤、親の六白、死門。

原宮は生年干の生月盤（地盤）のあるところを申しますが、大変先天的、宿命的な様相を示します。原宮は生月盤（地盤）のために十ヶ月かわりませんので、十ヶ月も同じとは、というような疑問も出られましょうが、原宮の場所は同じでも九宮は変化しますから、九宮の象意で考えそういう現象を考えます。そのことになった結果、自分の運はどうなるかは生日の原宮のところ、ついには生時の原宮のところのようになっていくとします。

命宮は現実的、現在的で、主運であります。定位も考えに入れます。性質などは定位でみます。

身宮は、生日盤の生年九宮のあるところでありますが、身体というより私は、生れてから後の、後天的な作用を多く示すとみます。

身体はむしろ生時盤でみる方が、身宮らしく思います。

今一つ同じようになりますが申し上げます

女子　大正十五年三月二十三日生

丙寅②　辛卯①　辛亥⑨

幼時、両親と生別・伯母に育てられ、自殺未遂

生月

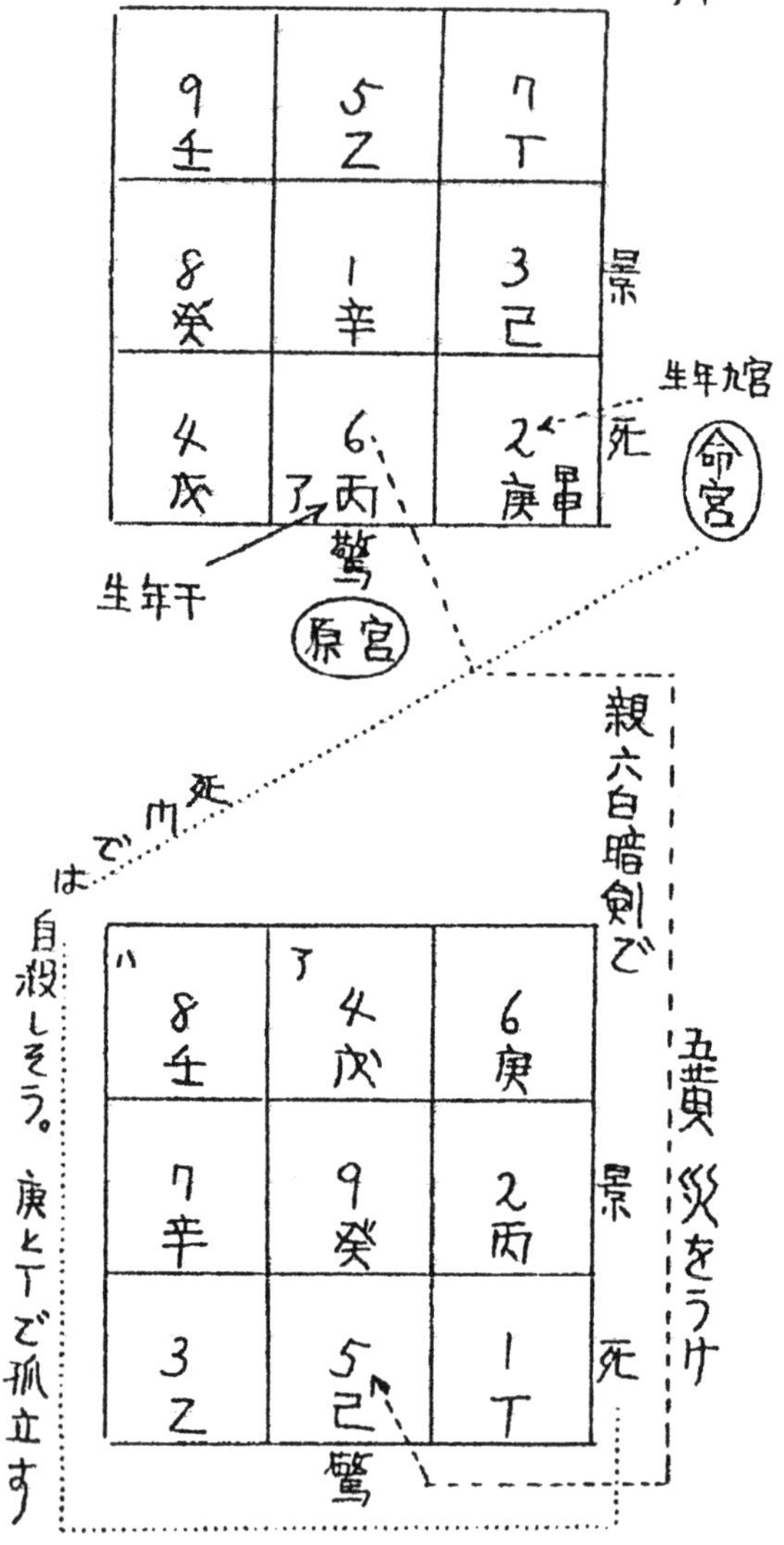

原宮に結婚示す四緑が生月盤で入れば、吉凶何れにかかわらず、他の夫運、妻運より強く出ます。吉か凶かは生日盤の原宮をみて断じます。

例えば　女子　昭和六年六月二十七日午後八時生
　　　　　　　辛未⑥　甲午①　癸丑⑧　壬戌⑤

原宮　艮　生月盤四緑　生日盤　二黒暗剣　結婚なし。

　　　　女子　昭和九年一月二十二日生
　　　　　　　癸酉④　乙丑⑥　癸巳③

原宮　震　生月盤四緑　生日盤　一白暗剣　結婚なし

　　　　男子　昭和六年七月六日生
　　　　　　　辛未⑥　甲午①　壬戌⑤

原宮　艮　生月盤四緑　生日盤　八白死門　十三才年上女性と内縁

いくつ例をあげてもきりがありませんので、簡略にきりあげて、大運流運を例で申し上げます。

（ト）

元、国務大臣（故）河野一郎 先生

明治三十一年六月十日

戊戌③ 戊午① 甲辰⑧

（昭和四十年亡くなられる。）

大運 順

1—6 午①
7－12 未⑨
13→18 申⑧
19—24 酉⑦
25—30 戌⑥
31—36 亥⑤
37—42 子④
43—48 丑③
49—54 寅②
55—60 卯①
61—66 辰⑨
67—72 巳⑧

天景

符杜	蓬 9 己	禽 5 癸 甲寅	沖 7 辛	死地
蛇傷	芮 8 庚	原 英 1 戊 時干 干支	柱 3 丙	驚雀 命
陰生	心 4 丁	輔 6 壬 アハ	任 2 乙	開陳

休合

身

陰景

蛇杜	輔 7 癸	英 3 己	芮 5 辛	死合
符傷	沖 6 壬 時干 甲辰	禽 8 丁	柱 1 乙	驚陳
天生	任 2 了戊	蓬 4 庚	心 9 丙	開雀

休地

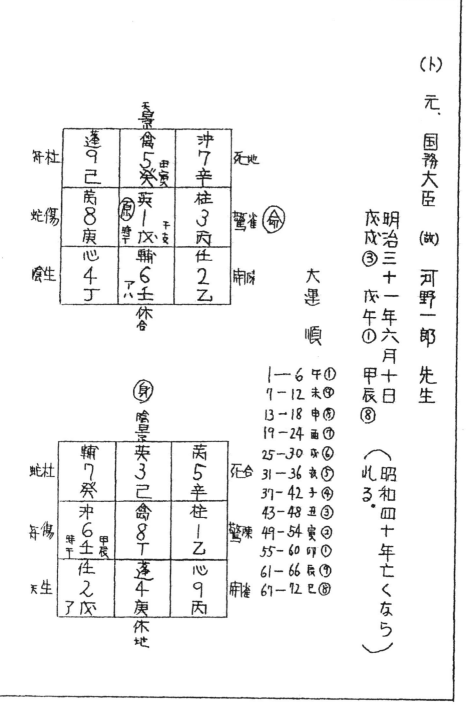

大運　生年干　丙で陽、男で順

生月の九宮　一白、一白の数　一と六、六をとり六年毎

（前頁参照）

大運の九宮盤で、原宮　命宮　身宮のところをみます。　また

亡くなられた時が数え六十八才で、六十七から七十二のところに

あたり　大運は、八白であります。

7	3	5
6	8	1
2	4	9

大運

		死
生		

（生日盤八門）

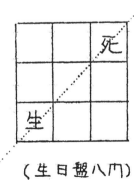

大運の八白は、坤艮の方が五黄　暗剣殺にて、この坤艮線が生日盤でゆれ動きます。生日盤では坤、艮が死門生門で、生死線がゆれ動きます。昭和四十年に亡くなられましたが、八白の年で坤艮がやはり五黄　暗剣でゆれうごきます。生日盤と同じ九宮盤の大運、年運は芳しくありません。

年運でも、大運でも、原宮　命宮　身宮みるのは　九宮で、昭和二年結婚式をあげておられますが、話のまとまりは前年の大正十五年で、二黒年にて命宮の兌には四緑が入ったわけであります。

一方、金函玉鏡の八門も年運はよく出ます。

生日は甲辰で、陽遁でありますから、四十四頁の上の甲と右側の辰の交るところみて休門　兌宮　とわかります。年は十二支のところをみればわかりますので、この金函玉鏡八門図で昭和四十年は巳年にて、死門

八門の配布は、日干が陽のときは上図の如く右回りでありますが、日干が陰のときは左回りで休生傷杜景死驚開を配布しますので間違わぬようにして下さい。

よい年は、休生開の三吉門にあたる年であります。

昭和40年
⇩

	巳	午	未	
辰	死	驚	開	申
卯	景		休	酉
寅	杜	傷	生	戌
	丑	子	亥	

(チ)　もう少し年月運を申し上げます。

女子　昭和十五年四月三十日午前八時半生

庚辰⑥　庚辰③　癸卯①　丙辰⑤　穀雨中元

昭和三十六年十二月二十三日　丸の内のホテルで、電気洗濯機で

辛丑③　庚子④　乙酉④

あやまって右手指三本切断す。

昭和三十六年

生月 ㊝

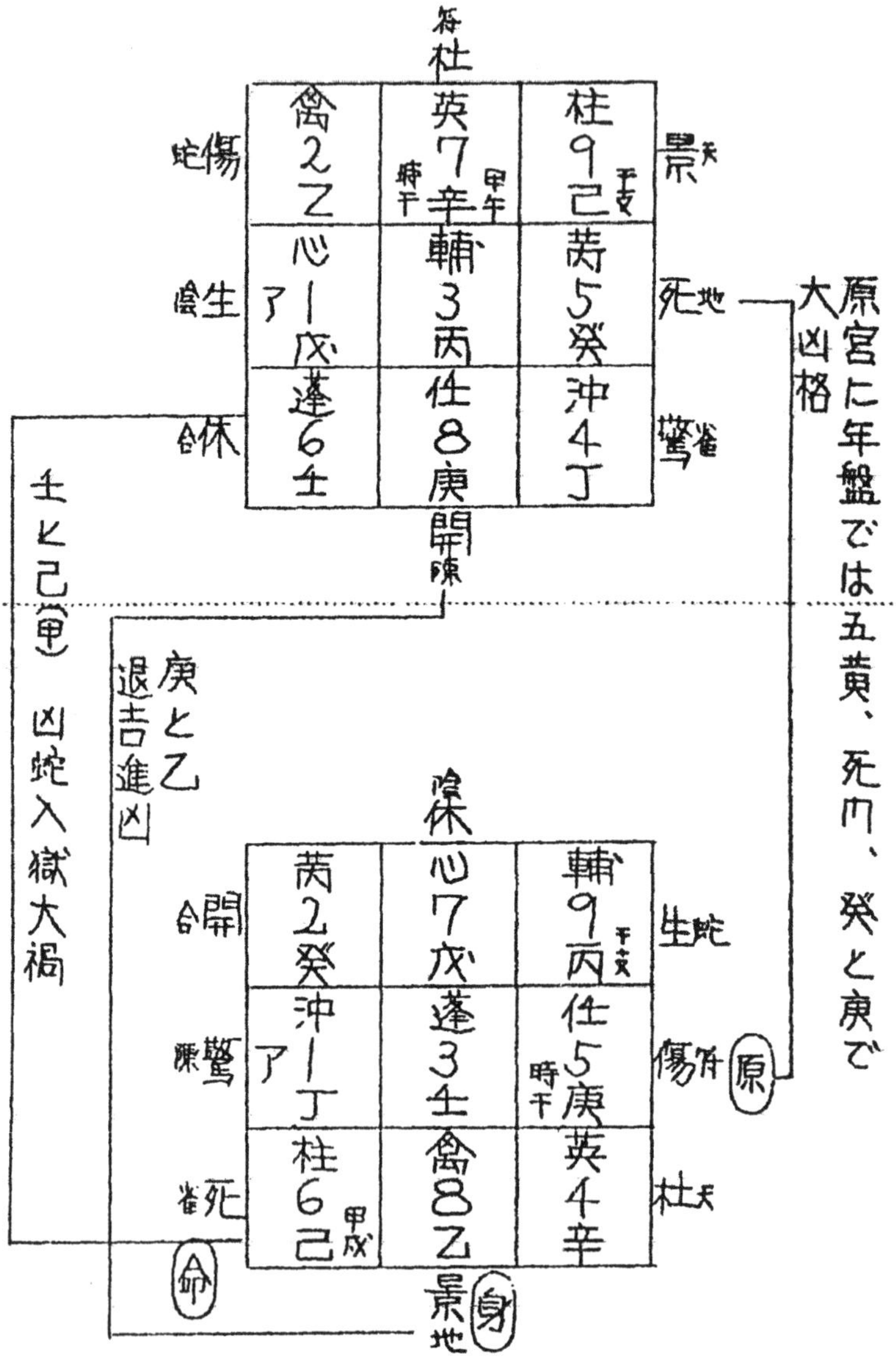
原宮に年盤では五黄、死門、癸と庚で大凶格
符 杜
禽 2 乙
英 7 辛 時干 甲午
柱 9 己 干支
芮 5 癸
輔 3 丙
心 1 戊
蓬 6 壬
任 8 庚
沖 4 丁
蛇 傷
陰 生
合 休
景 天
死 地
驚 雀
開 陳
アア
壬と己(軍) 凶蛇入獄大禍
庚と乙 退吉進凶
陰 休
芮 2 癸
心 7 戊
輔 9 丙 干支
沖 1 丁
蓬 3 壬
任 5 庚 時干
柱 6 己 甲戌
禽 8 乙
英 4 辛
合 開
陳 驚
雀 死
生 蛇
傷 符
杜 天
景 地
原
命
身

昭和三十六年十二月

生日 人

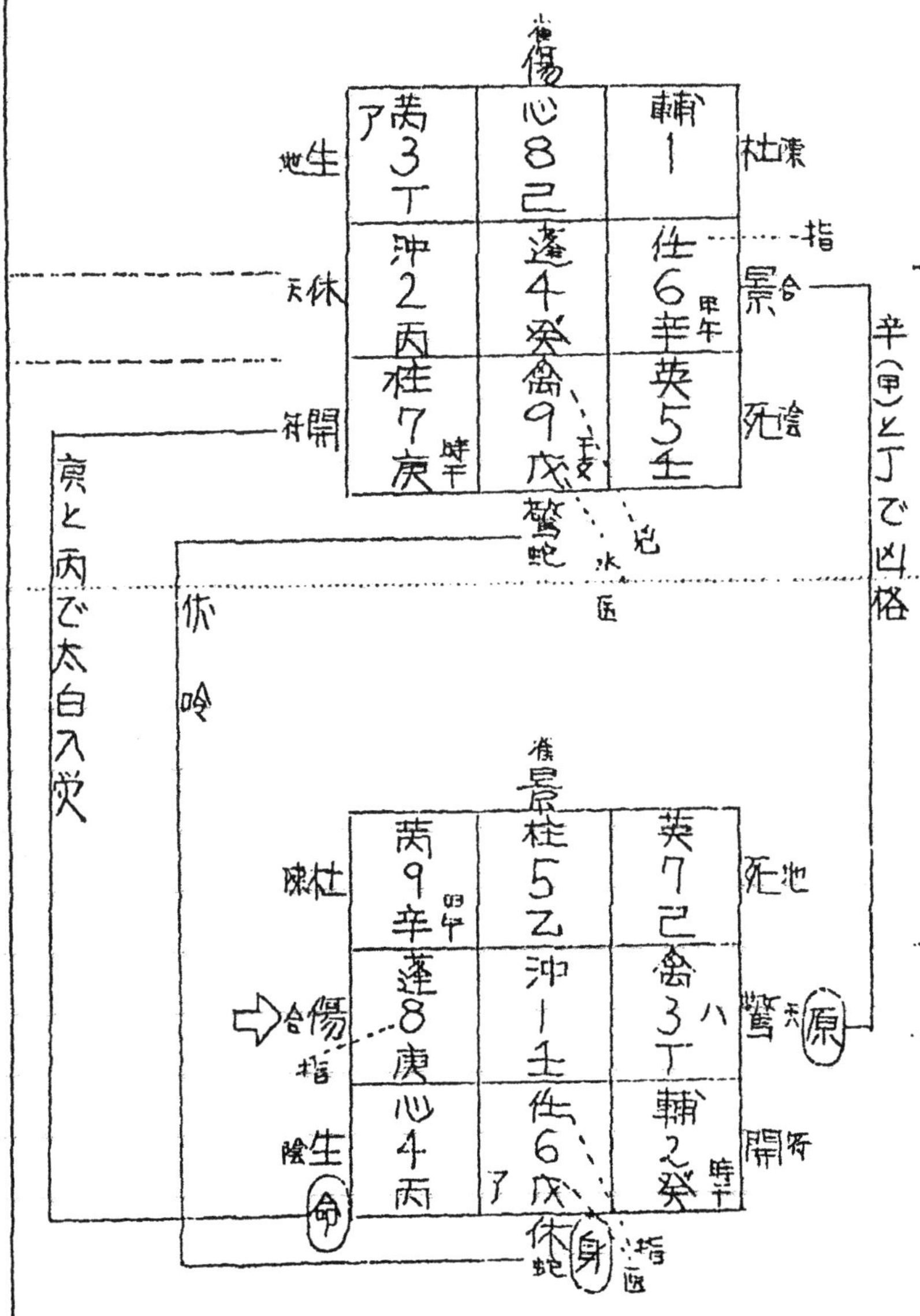

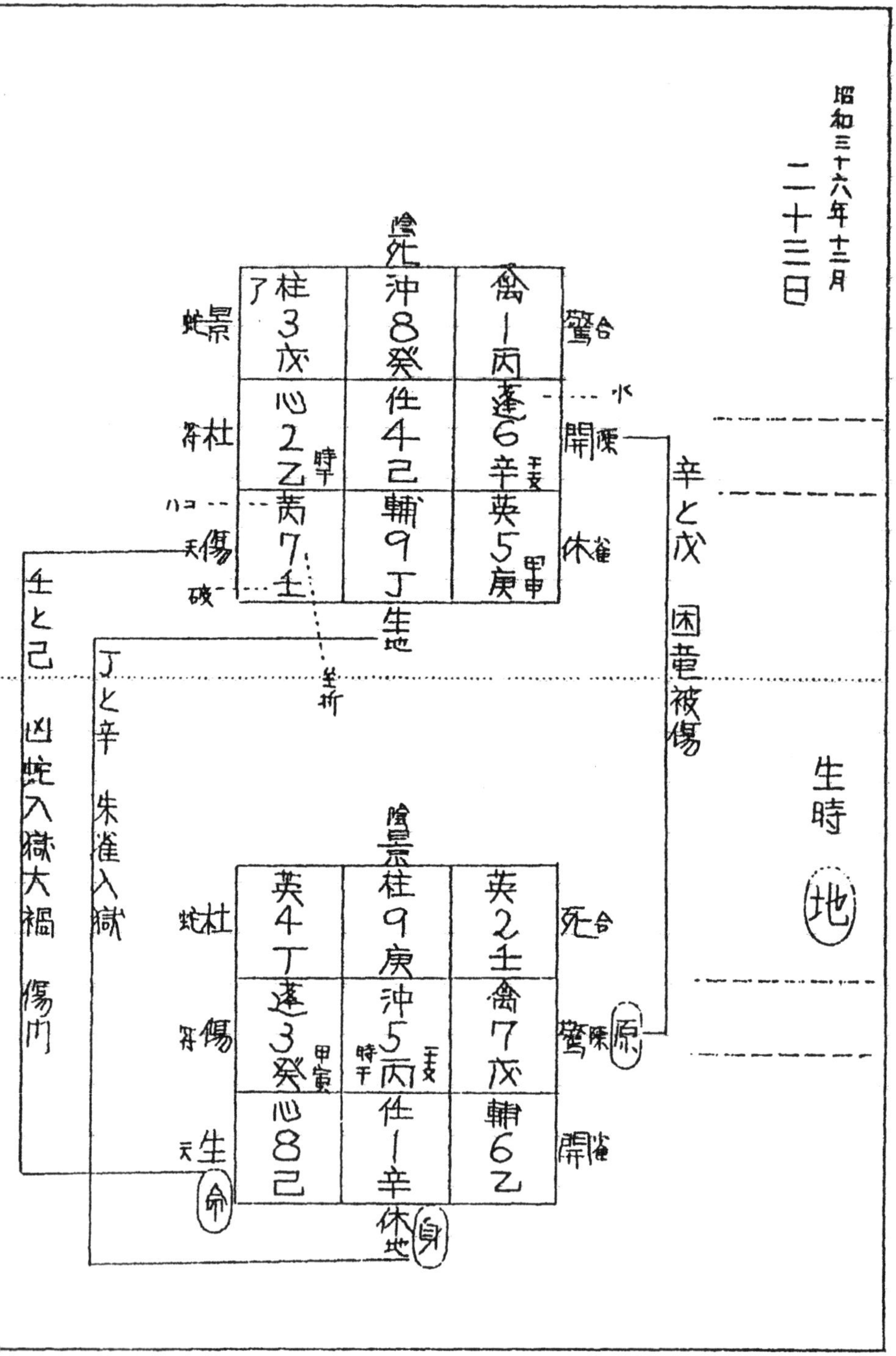
昭和三十六年十二月
二十三日
生時
地
陰
死
柱 3 戊
沖 8 癸
禽 1 丙
心 2 乙
任 4 己
蓬 6 辛
芮 7 壬
輔 9 丁
英 5 庚
蛇景
符杜
天傷
驚合
開陳
休雀
生地
破
辛と戊 困竜被傷
壬と己 凶蛇入獄大禍 傷門
丁と辛 朱雀入獄
陰
景
英 4 丁
柱 9 庚
英 2 壬
蓬 3 癸
沖 5 丙
禽 7 戊
心 8 己
任 1 辛
輔 6 乙
蛇杜
符傷
天生
死合
驚陳
開雀
休地
原
命
身

生月を天、生日を人、生時を地とし、生年の干、九宮にて　原宮　命宮　身宮をきめます。

そこで、昭和三十六年盤を天盤とし、生月盤を地盤とし、百十頁の如くかさねます。

原宮　兑　昭和三十六年盤では、五黄で災、天芮の肌肉が兑の癸で、死門、癸と生月盤の庚で、太白入網

命宮　艮　昭和三十六年盤では、六白で闘、天蓬の水、船（電気洗濯機）を　破る壬。休門、六合の旅館。　壬と生月盤の己で、凶蛇入獄大禍

身宮　坎　昭和三十六年盤では、八白、天任の指、庚の刃、開門で断、勾陳の刀剣猛烈

（八門のかさねてみるのは奇門遁甲秘笈全書巻四、巻五をみると参考になります）

昭和三十六年十二月盤を天とし、生日盤を地盤として百十一頁の如くかさねます。
原宮　兑　六白で鬪う、天任の指、辛で墓、景门六合は旅館、辛と生日盤の丁で凶（甲は殆ど六儀とみます）
命宮　艮　七赤で破厄、天柱の　おけ、洗濯機、庚の刀刃、開門の断、庚と生日盤の丙で太白入熒の大凶格、
身宮　坎　九紫ではなれる。天禽の兑、戊の医、驚門螣蛇のおどろき、戊と生日盤の戊で伏吟

昭和三十六年十二月二十三日盤と生時盤をかさねます。百十二頁のようになります。
原宮　兑　六白で鬪う。天蓬の水、船が　辛、辛と生時盤の戊で困竜

被傷、開門の断、勾陳の猛烈
命宮　艮、七赤の災厄、刀針。天芮の箱、洗濯槽。壬の破。傷門で傷つく、九天の医。壬と生時盤の己とで凶蛇入獄大禍
身宮　坎　九紫で離れ。天輔の針、丁の暴燥　生門で狂う。丁と生時盤の辛で凶格。

百十頁から百十二頁の間の上の方の盤の昭和三十六年十二月二十三日を、生月日時の盤とかさねず、原宮、命宮　身宮をみますと、

原宮　(年)　癸　(月)　辛(甲)　(日)　辛
網蓋天牢　伏吟
病は死、←逃げしかなし。

命宮 (年) 壬 (月) 庚 (日) 壬
　　　　　太白擒蛇　　失迷

身宮 (年) 庚 (月) 戊 (日) 丁
　　　　　太白天乙伏宮　青竜燿明
　　　　　百事凶 ←　　傷はなおり ←

こういうみかたもありますが、大変複雑で、その割に巧みなものではありません。命理では生日盤の自身に当る盤で指にあたる震宮八白のところは傷門で、天の生月盤では震は一白暗剣、生時の震宮は三碧の傷門と水で電気でやられる人ではありますが、それを運的にいつかを面倒くさくかさねてみました。

張耀文先生は、年盤と生年、月盤と生月、日盤と生日、時盤と生時の盤をかさねると申されましたが、私は年盤と生月というようにおらしました。そうすると、年と生月、月と生日、日と生時となれば、時はどうかということになります。時こそ　株の先見　なのではないでしょうか。

従って、後述の稚占に於ても、時が予見を示すものと思います。

(リ)　大難を防ぐ

昭和四十三年一月、私の親戚筋より住居新築の相談をうけました。
主人は　大正八年十一月十八日生（原宮乾　命身宮離）
そこで、昭和四十三年は五黄中宮にて芳しくなく、延期を進言するも、諸種の事情やむなく、ここが奇門遁甲の応用すべきところと、原命身宮をみますと、次頁のようで、勿論地盤でありますが、三月一杯に逃げるのがよかろうと、早く別宅（従業員宿舎、倉庫）に移り、空家にして、気をぬくように申しました。そして三月末までに全部移転しました。

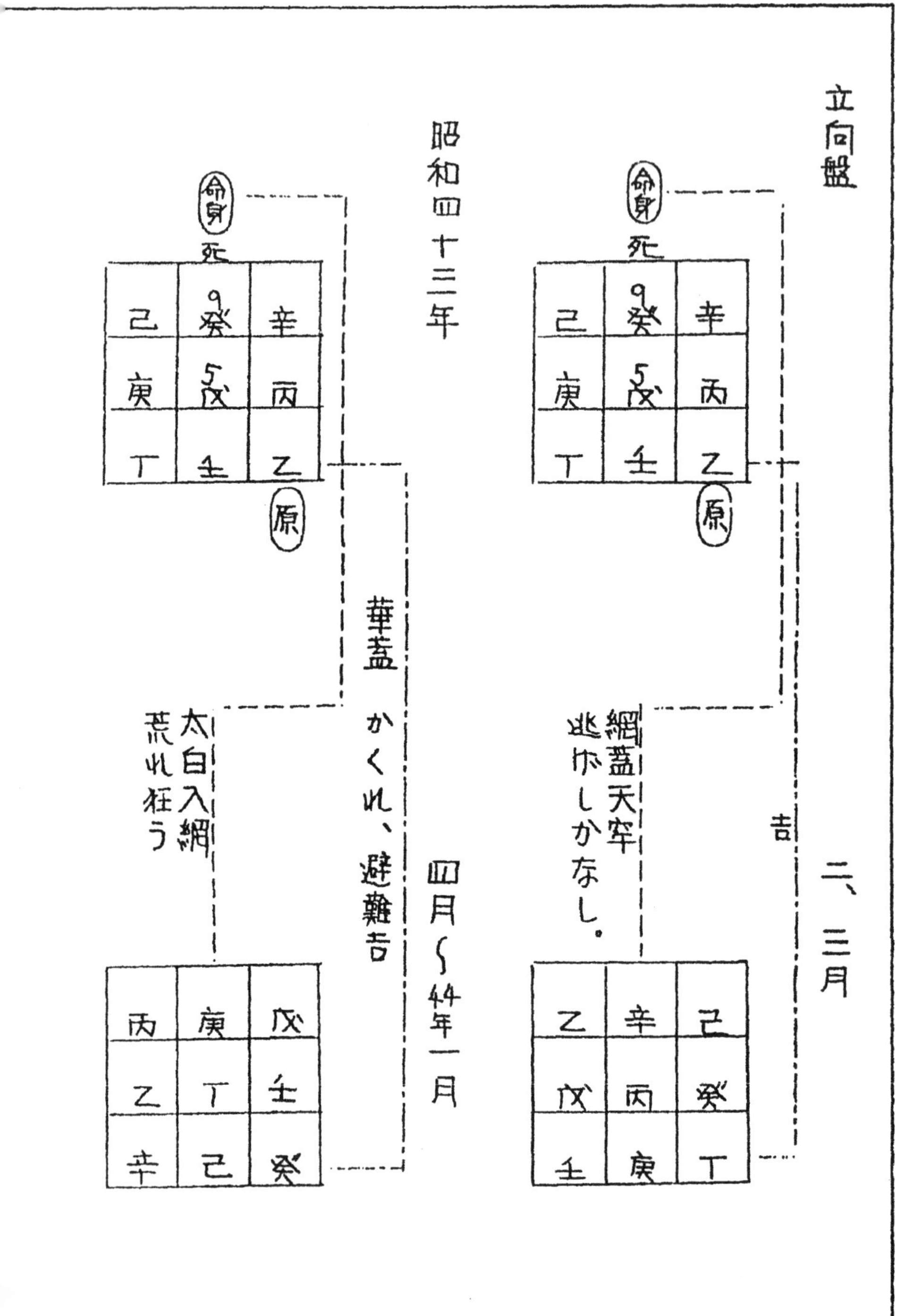
立向盤
命身
死
己 9癸 辛
庚 5戊 丙
丁 壬 乙
原
吉
二、三月
綱蓋天牢
逃がしかなし。
乙 辛 己
戊 丙 癸
壬 庚 丁
昭和四十三年
命身
死
己 9癸 辛
庚 5戊 丙
丁 壬 乙
原
華蓋 かくれ、避難吉
四月〜44年一月
太白入網
荒れ狂う
丙 庚 戊
乙 丁 壬
辛 己 癸

坐山盤

昭和四十三年　二月〜44年一月

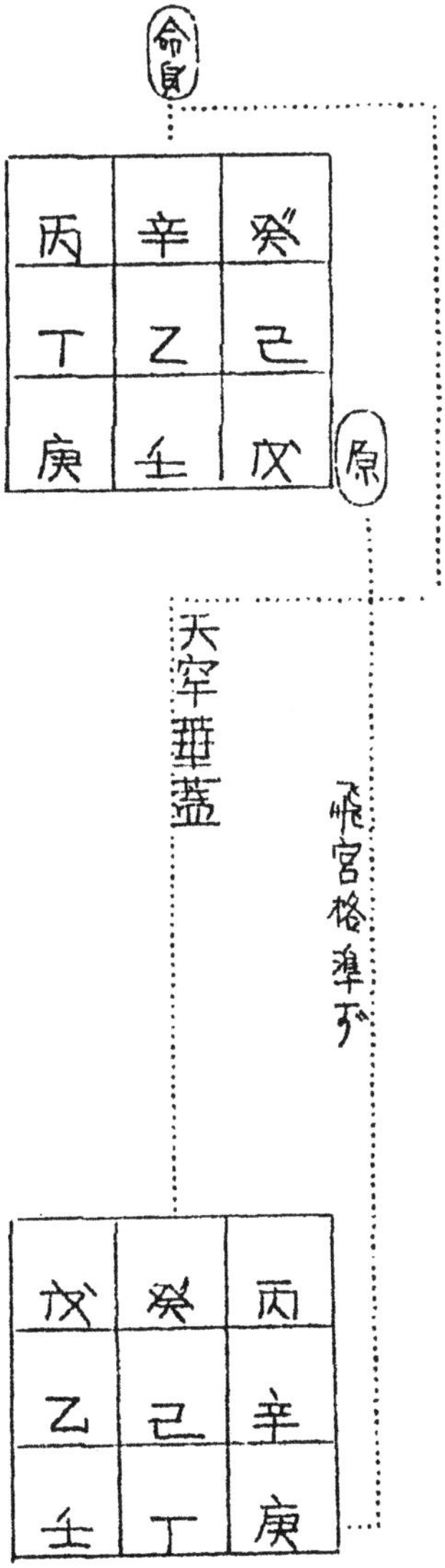

すると、昭和四十三年四月十九日辰刻、隣家より出火（以前南部を増築した家より）類焼するも、家財は何もなく、畳もなくて無事。むしろ焼けブトル。

原宮、命宮、身宮等と、年月日時を個々別々でなく、かさねてみていくということが、他で全くみない方法であります。説明をながたらしくせず、高度の知識をもたれていられる方々には簡潔がよかろうと思いまして、大変短くいたしました。御明察下さることをお願い致します。

では 次に 雑占に入ります。

雑　占

「奇門遁甲秘笈全書では、日干　時干或は直使、直符、又は九星を応用してみているが、奇門遁甲真義では　原宮　命宮　身宮でみているが、どうしてか。」

「日干や時干などで判断するのは、大きい社会問題などはよいでしょうが、個人差は期待できません。それで生年月日より原宮、命宮、身宮のところで判断します。生年月日のわからぬようなときは、中宮や方向などでみます。

例えば　横須賀線爆破事件

昭和四十三年六月十六日午後三時二十八分頃

(日)丁巳③　(時)戊申⑥　芒種中元

横須賀発　東京行　電車が大船近くで、車内にしかけられた時限爆弾にて、一名死亡　二十余名けが。

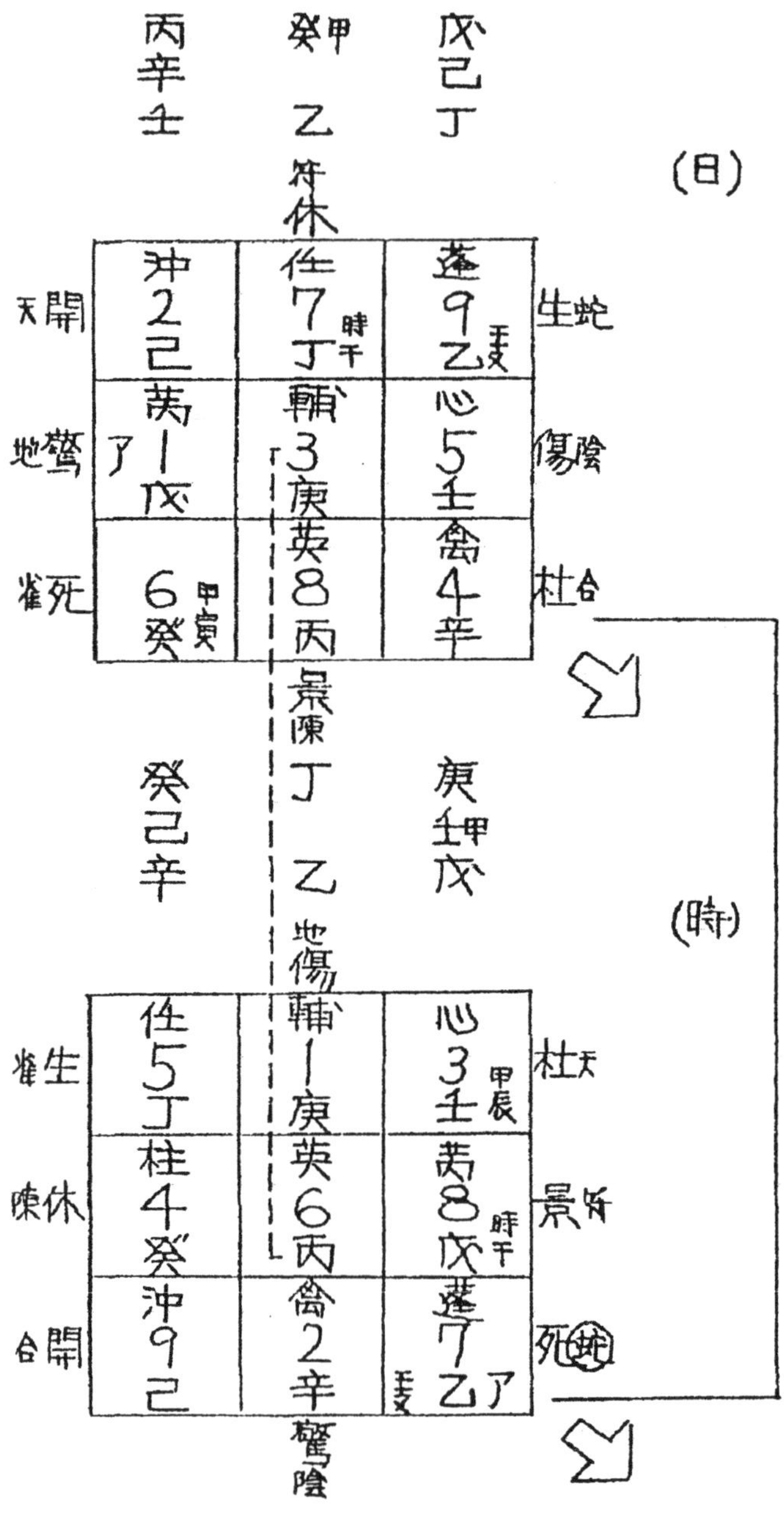

日の　三碧　雷炮、天輔　虹霓、庚　粛殺

時の　六白　交通、天英　烈日、丙　烈

中宮庚と丙　太白入熒

方向　乾とみて、晒剣、時盤　死門。日の辛と時の乙で、白虎猖狂

（天盤、地盤の格は出ないこともないが、ぴんとしません。）

犯人は　噬蛇で、時盤で乾、犯人は乾方（日野市）

次に　乾方の日盤から、ひねくれた（天禽）若い（杜門）おとなしい

（辛）大工さん（辛、六合）　となります。」

2、「雑占するには、発生時をもって断ずるがよいというが、発生時

忘れたりしたらどうするか。」

「その件について聞いたときを以て判断します。その時の答は、後日

その件について、その時の答のような報告をうけると致します。大きな事件は発生時がよいようでありますが、個人のことは聞いた時のほうがよいようであります。」

3　来情法

「来情法はどうみるか。」

「私は　原宮の九宮　をみます。日盤の原宮の九宮のことが、時盤の原宮の九宮のようになっているとみます。原宮とは多分に先天的、原因的なものを示すので、原宮と私は名付けました。」

4、同一命宮

「命宮のところでみるとして、同一日時に、同一命宮なら同一とはおかしいのではないか。」

「他に原宮、身宮でわけてみます。それも同じなら、生年月日盤とかさねてみます。」

4　陰陽時

「陽時吉、陰時凶。こういうこと述べてる書あるが、そういうことといえるか。」

「張耀文先生は、そういう傾向はあると申されます。大凶日は陰日、陰時としているそうであります。」

5、動と静

『改良奇門遁甲統宗大全には、動は方向、静は直符直使時干をみようとしてあるか、動と静とは見方ちがうか。』

「動は方位、静は命理、稚古で今まで申し上げたので見方は別にかわりありません。」

6、遁甲立卦

『遁甲で易卦を立てるのに、八門と定位、或いは直使の宮と地盤の干とか種々述べているが、どれがよいか。』

「八門と定位と申されておりますが。干でありますと、九干の九つということが八卦の八つには苦しさがあると申されております。」

7、九星と九干

『占断に九星とってみる方法だの九干でみるのとかあるが、どっちなのか。』

「種々ありますので、どうとも申せませんが、例えて申しますと、病気ならば、九星は病種で、九干はその軽重とみます。

奇門遁甲は、この判断法でなければならぬというものはありません。易卦でみた方がわかり易ければ、それでよろしいのでありますし、私のような命宮等の方法によったほうがわかり易ければ、それでもよろしいので、古書に出ているから、それが正しい方法というのでなく、そういう方法もあり、そういう判断方法が得意な人が書いたものと解釈すべきであります。

8　実　例

(イ)　大正十年七月二日生　　男子
辛酉⑦　甲午④　丙寅⑦　原宮坤　命宮艮　身宮中
昭和四十年八月九日午前九時来る。
(日)　乙未五黄　(時)　辛巳一白　立秋上元

自転車部品のメーカーでありますが、自転車時代でなくなり、営業面で苦労し、建売り住宅や、金融業を兼業し、急場をしのいでいる。今後どうしたらよかろう。

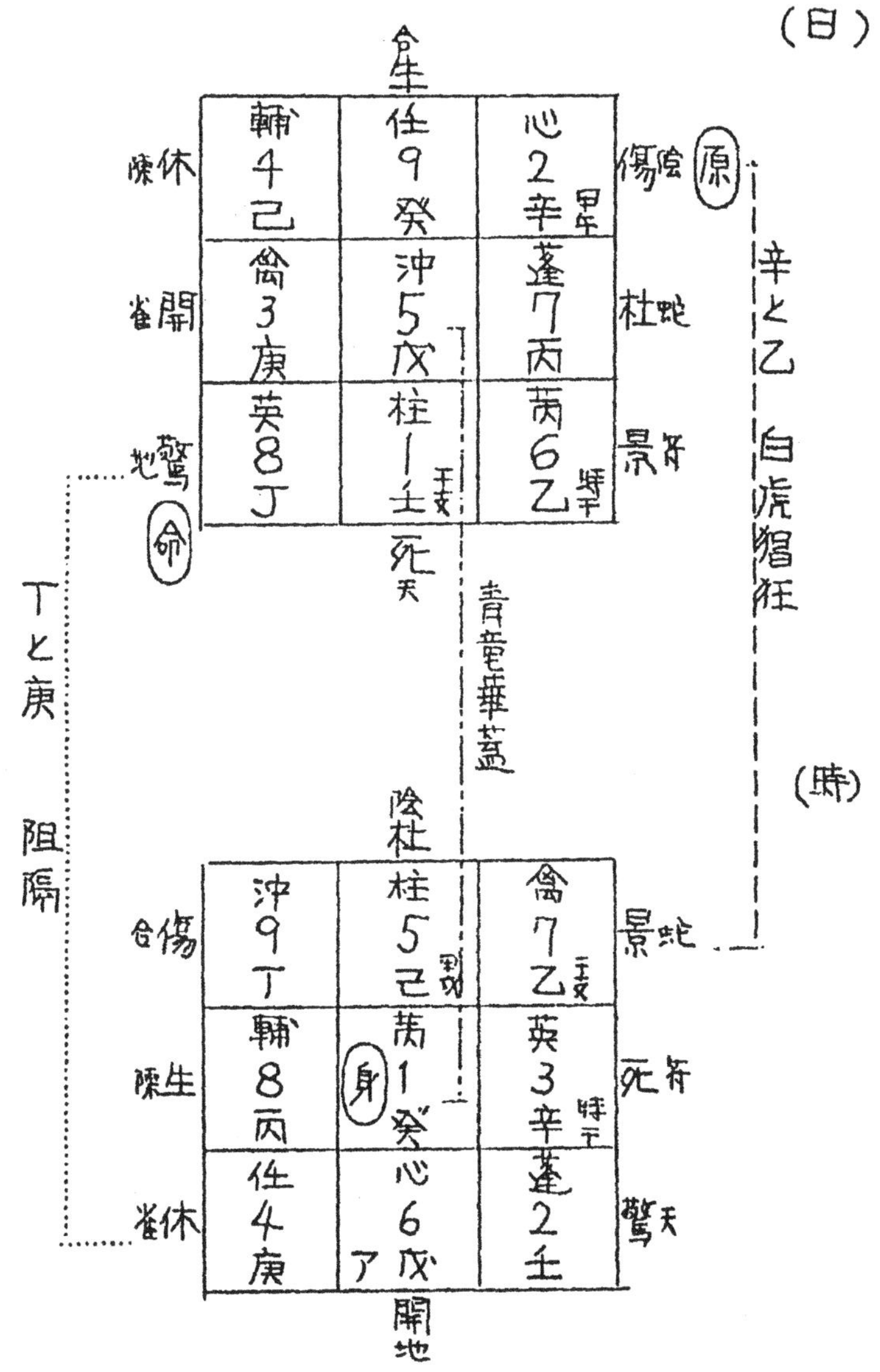
(日)
辛と乙 白虎猖狂
青竜華蓋
丁と庚 阻隔
(時)
原
命
身

原宮　時盤　金銭（七赤）が大変（天禽）
　　　日盤　営業（二黒）が元気（天心）ない。傷ついてる（傷門）
　　　日盤と時盤　大分ひどい（白虎猖狂）
命宮　日盤　考えて（天英）改革（丁）変化（八白）して、
　　　時盤　沈滞（天蓬）の不安（庚）を整えたいと思っている。
　　　日盤と時盤　丁と庚で、考えと現実とあわぬ。
　　　　　よい知恵も出てこない（休門が驚門にておされる）
身宮　日盤　よくなく（五黄）あせる（天沖、戊）
　　　時盤　悩み（一白）暗い（天芮、癸）
　　　日盤と時盤　戊と癸、ふさがれている状態。
さて、そこで命理の上から、昭和四十年は原宮五黄であるし、命宮は
暗剣なので、対外変化やめて、内部の充実をはからせ、昭和四十一年よ

り断行するよう指示しました。後日新製品の特許をとり大変もち直しました。

(ロ)　昭和三十九年一月二十四日午後十時半
(日)　壬申九紫　(時)　辛亥九紫　大寒上元

明治四十五年二月二十二日生　男子　家出に付
壬子⑦　壬寅⑧　戊辰⑤

原宮　震、　命宮　巽、　身宮　兌　家族来る

これは、後に新聞にてさがしましたが、自宅より南西方向の玉川上水にて死体となり三月はじめに発見されました。

原宮　時盤は現在でありますが、時がたつと日盤のように移ります。

時盤　坐折（七赤）し、心くさり（天輔）死（癸）思い、悩む（杜門）

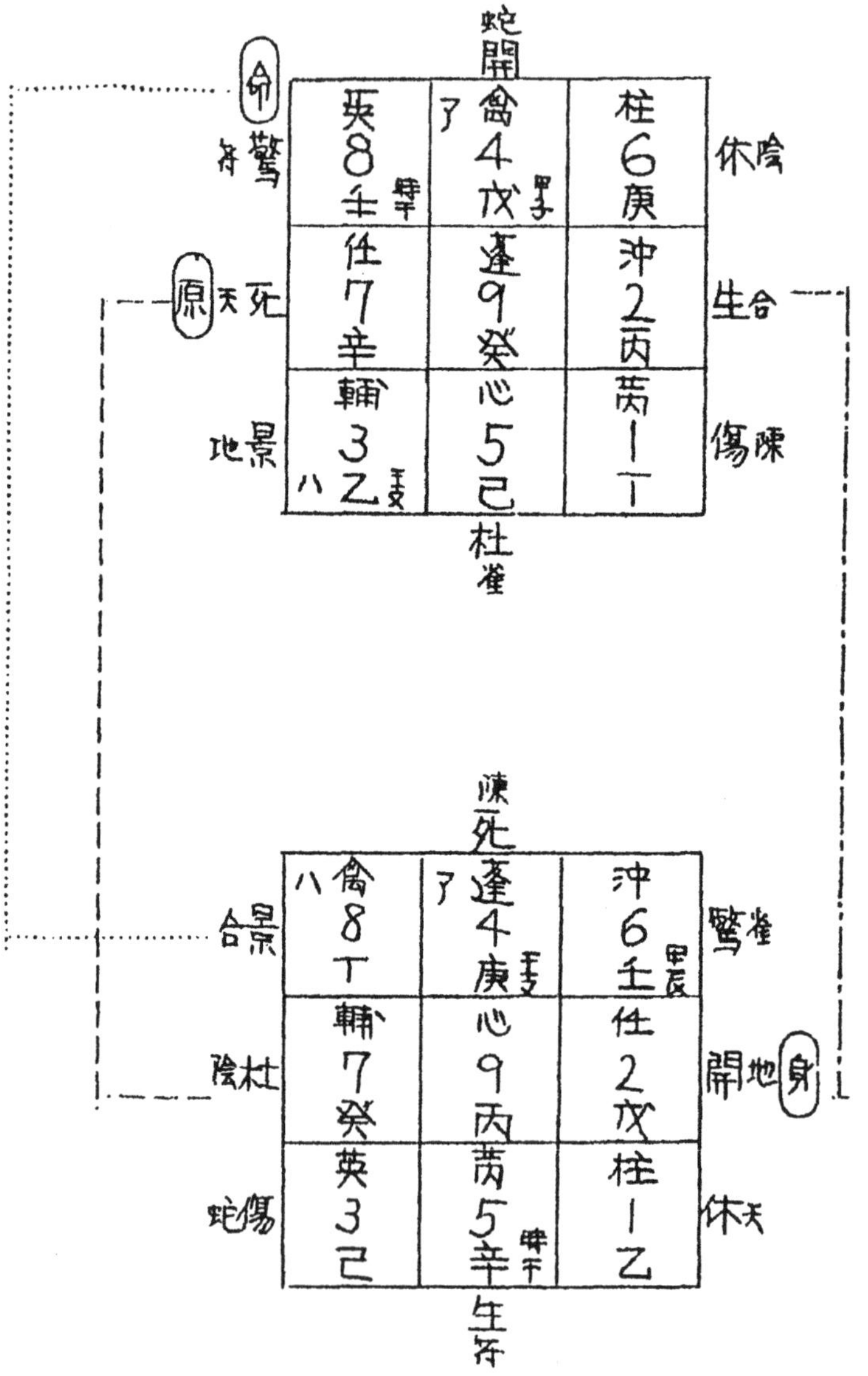
蛇
開
命
符 驚
英 8 壬 時干
了 禽 4 戊 日干
柱 6 庚
休 陰
原 天 死
任 7 辛
蓬 9 癸
沖 2 丙
生 合
地 景
輔 3 八 乙 年支
心 5 己
芮 1 丁
傷 陳
杜
雀
陳
死
合 景
八 禽 8 丁
了 蓬 4 庚 年支
沖 6 壬 甲辰
驚 雀
陰 杜
輔 7 癸
心 9 丙
任 2 戊
開 地 身
蛇 傷
英 3 己
芮 5 辛 時干
柱 1 乙
休 天
生
符

日盤　川、低地（七赤）で、さくめぐらす（天任）ところで死

（辛、死門）

日盤と時盤　天牢華蓋

命宮　現在は　生きています（八門）

時盤　心は霧につつまれ（八白）荒れ（天禽）孤立（丁）

日盤　心にぶり（天英、八白）破たんに進みます（壬　驚門）

身宮　南西（二黒）方向をさがし、はやければなんとかなりましょう。

平地（開門）の土手（戊）のあるところ

節分までに、少しでも早くみつけぬといけませんと申しました。簡単に申しますと、金函玉鏡で昭和三十九年の節分まで卯年で死門だつた為であります。

雑占はよく命理とあわせてみるべきと思います。その件や、来た方の方向を以て判断するのが奇門遁甲の雑占といわれますが、方向よりも、原宮　命宮　身宮で判断したほうが、よいように思います。

生年月日のわからない時は、方向や中宮でみますが、詳細に得ません。

造作法

一　効果

「穴堀り、クイ打ち、玉うめの造作法は効果あるのか。」

「ないと申しても、あると申しても問題になることであります。

奇門遁甲は、奇門活盤詳解　に述べられてるように、兵術で小事のことのものでなく、まして造葬修方利用のものでなかったということであります。貪技竈卦選要　には造作法として、家をいじることとしてあります。家をいじるのを一段と簡便化したのが、穴堀り　クイ打ちと申せましょう。」

「どの程度の効力か。」

「張　耀文先生のお話では、選挙のとき打つと、その方向の票は多くなるが、当落を決定するほどのものではないと申されます。

生時命帯骨　用刀削不落　といって、命の強さを申されます。」

『それでは金持になる方法ないのか。』

「中国では、運命術をすると大金持になれぬと申されている由であります。しかし、運命術をする者は、生活に困ることもないといわれるそうで、中庸至徳の考えであります。」

『現世利益がないのならば、運命術の価値ないが。』

「張　耀文先生は、経済学を学んだからとて金持にはならない。しかし、経済学はある　と申しております。

私の近所にも、造作法で長者になれたと豪語している方がおります。それが命であつたかは全く知らぬ片手落で、そう信じているのかもしれません。入学試験に勉強もせず、造作法のみして、合格するわけがありません。では、効ないか　と申すと、そうでもありません。不本意な転任を穴ほりで中止になつたり、裁判の解決をはやめたりすることは出来ました。」

2　方法

『吉方なら　どつちでもいいか。そのやつた方向がよくなるわけだな。』

「吉方なら良いのではありますが、私は原宮、命宮、身宮、特に原宮に効ありとみます。

造作した方向が良くなるというのが理でありますが、そうでもなく、全体的に申せるように思います。

また、或る時　実験に（私は坐山盤でなく、立向盤で行ってみます）坤方にクイを打ってみたところ、坤方より多くの生徒が来塾しますが、命宮の坤の者だけが去りました。勉強ぎらいの子だろうといえぬこともありませんが、全5の抜群の気力の者も含んでおります。一寸面白かったので申し上げます。」（吉凶にかかわらず効く人と否とか、こういう点でもあるのがわかります）

「クイの太さ、長さはどうか。材質、それにぬかなくてよいか。」

「張　耀文先生のお話では　太いクイがよく、長さは長いほどよいと申されます。材質は、いろく〜申されますが、新しい、かたい木がよろしいと思います。ぬくときは別にかまわぬといわれております。」

『磁石を井戸につるすのがあるが、井戸なくばどうするか。』

「家出人、求婚によしとありますが、人道などがよく、鬼道などだと死んでももどることも考えられます。井戸がなければ、うめます。」

『玉うめ　とは何か』

「盗賊の足止めに鉛線などうめるものであります。」

「人形というか、紙に人の形きってうめるのは、どういう紙か。」

「黄色の紙をつかうといわれます。穴堀り、クイ打ちが一般的であります。」

「男の子がいないときは、雀の卵をうめて、今度それをとり出してのむというのあるそうだが。」

「漢方薬の利用で　医心方　にも　玉房秘訣に雀卵が述べられており、造作法より薬のことと思います。」

家相
風水

1、遁甲家相

「陽宅遁甲図　などみると、門と家の向きなどで家相みてるが、これはどうした理か。」

「人が行動するのに、出入口などが　東　にむいていたならば、東にいやでも向くように制限されます。そういう人の運動の制約からきております。」

「日本の家と中国の家との相違があって、遁甲家相いえるか。」

「中国の家は口の字型で、屋向もはっきりしているようでありますが日本の家では秩然としない例が多いようであります。」

「東四宅、西四宅など書いてあるが、これは必要か。」

「日本では特にいらぬだろうと云われております。」

「日本の家相のように、こまかい点はいわぬのか。」

「細かく云えば大変で、寝るにも天井の梁に平行にねるとよく、梁の方向と垂直にねるのは良くないとか、入口に向って勉強するとよいが、背中を出入口にむけると　背門無秀才といって勉強によくないというようなこまかいのもあります。」

2 風水

『竜の穴　とかあるのか。』

「井戸屋なども、玉のようなものが出るところあるし、磁石ですいつけられるようなところあるということであります。私は水成岩の結核の類かと思い、地形学の岡山俊雄先生（明大教授）におたずねすると、たしかにあるが、どうして出来るのか、どこにあるのかわからないと申します。砂よりかたく、土よりやわらかの玉のようと云われますが、こういうものが出るといわれるところが竜の穴で、私も知りません。」

「風水については、大地を母とし、性的信仰も私はあるとみております。

風水之研究　の台湾　唐正一先生は、風水と奇門遁甲とは、使用する盤が同じなので似てるように思うが、全く異なるものであると申されております。」

「昔の国府をみますと、例えば伊豆の国府の三島、常陸の国府の石岡或は大きいところで京都など、風水でいう国府の相をしております。しかし、気が失せていることも感じます。私は東京・北区赤羽に代々住しておりますが、この土地の旧家にして問題のなかった家は一軒もないのであります。気学的な地相にしては誠に割切れません。大きな地相たる風水は認めねばなりませんが、どうも命運の悪い人は、自然に悪いところに集まり、良い人は自然に良いところに集まるように見えます。」

奇門遁甲書

○　張　耀文先生著

活盤奇門遁甲天書

天書の作盤、判断を細かく述べてある本で、他にこれだけ丁寧に作盤や判断法の基本を教えてくれるものはありません。

但し、本書は、天盤と四十格は全く出ておりません。

避干、避宮という、日本式に申せば吉方転居のようなのもありますが、干は干で剋しても、門や其の他があって、思うようには遁甲ではいかず理論で実際には苦しいものであります。

奇門遁甲の研究には必要な本であります。

○　張　耀文先生著

奇門命理

命宮などでみるのほか、十二宮を用い、特徴は中宮をみることと私は思います。張　耀文先生は満足したものでないよう謙虚に申されておりますが、研究の基本になるものであります。

○張　耀文先生著

透派奇門大法和訳

透派に伝わる秘伝書を公開したものでありますが、透派をつぐところの張　耀文先生はこれの通りに行ってはおりません。八門にしたところで金函玉鏡のようなものでありますし、参考にはなりますが、透派伝書として尊重しておくものと思います。

この本には最初にのべてあるように、造作法は書いてありません。造作法の内容は、張耀文先生のお考えにより全公開できませんが、この奇門遁甲與義の造作法をごらん下されば、大体同じでありますから御推察できましょう。

○ 張 耀文先生著
奇門天書

天書の標準をのべたもので、活盤奇門遁甲天書と同じであります。

○ 張 耀文先生著
奇門地書

地書にもいろいろありますが、その一つと解釈すべきであります。

○ 張 耀文先生著

陽宅遁甲図

遁甲家相で、他に類なく、大体が中国には家相の本が少いように思います。ただ日本と中国の家の相異が問題となります。

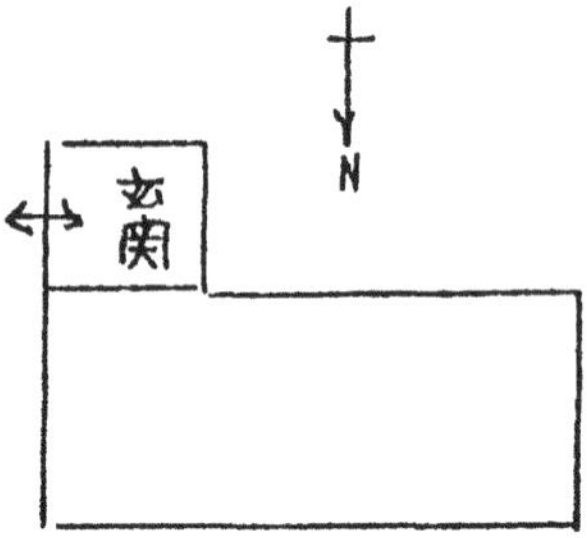

例えば上図で、南にむけて家を建ててあるのに、出入口は東に向って出るようになっているとき、屋向は東とは申しにくく、南であるというように日本では違います。

中国では出入口と屋向が一致するし、日本のように　東西南北どこからも入れそうなのと違うので、むずかしさがあります。

動の家相、二十年毎に吉凶のかわる点、従来の日本の家相にみられぬ一面を示した参考書と申せます。

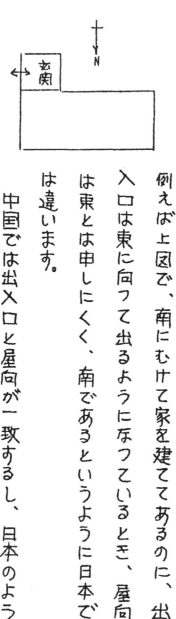

○　松下文洲先生著（中国透派免許、透派日本奇門遁甲研究会長）

奇門遁甲便覧

小型本で携帯によく、よくまとめてあります。先生の人格の如く、大変忠実に、正確に述べられている。作盤上はこれ一冊と申してよい本であります。

○　松下文洲先生
西村月秀先生　共著（中国透派免許）

奇門遁甲推命術

両先生の深い御研究の成果にて、奇門命理の中核がわかるものであります。本来の奇門命理はこういうものであります。

○ 犬山竜叟先生著

陰陽発秘

大変理論的にのべてあり、参考になりますが、天盤が説明不足にて、旬首を時干のところにもっていって、再び陰陽局に九干を配置しております。

○ 多田鳴鳳先生著

造命宝典

奇門派のものでありません。この中で、葬は亡主の命をみてますが、中国では百日の間家においたそうで、日本のようにすぐ火葬して葬るのではといわれます。

○　立川小兵征先生著

遁甲奇門

早見回転盤でありますが、九干八門等以外は、節の上中下元とか、四季の旺衰で、これを応用して作られるときはいらないでしょう。九宮、九干、九星の盤が一つに、八門、八神の盤一つで一組となり、陰陽局二組いります。九宮　九干　九星の盤は　一番下を九宮、その上に九干、その上に九星がよく、八門　八神は、八門が下で上に八神をおいた方が、まわしますと、上からきめていくと、下をきめるときに、まわりだして狂い易くなります。

○　柄沢正覚先生著

八門遁甲秘伝

この本も一般論的な見方で、時干とか、九干、九星などで判断していくものでありますが、私が目をひいたのは、唐以後のものは謬説で用に適さぬというところでありました。

○　欽定　協　紀　辨　方

巻三十五付録にわずかに出ておりますが、天盤は犬山竜叟先生の陰陽発秘のように、時干のところた旬首をもっていって、再び陰陽局にしたがって九干を配置しております。

○　奇門遁甲秘笈全書

雑占を中心としたような書であります。

生年月日のわからぬような時に、こういう日干や時干等でみるのに参考になります。奇門遁甲の判断では生年月日時による方法でなく、この本のようなのが正統なのではないでしょうか。

巻四、巻五に八門と定位との関わり、八門と九干の関わりが出ておりますが、私はこれを利用して、この奇門遁甲奥義でも判断にしておりま す。巻十五あたりまでの九星や八神、或いは時干などを実際に応用してみますと、必ずしもうまくいくとは申しかねます。巻十六あたりからは他術が入り、天門地戸とか、占迷路法、亭々方　などのように六壬から出されているもの、或いは　五音風占（ドレミファ　の音で吉凶みる）、歩斗法（九宮盤のようにふんで祈る法。禹は治水で、あかぎれで、足をひきずって歩き禹歩ともいいます。）　符咒などが入っております。

○　改良奇門遁甲統宗大全

なかくまとまっておるもので、前の部分、後の方の部分が役に立ちます。年盤は一七四の三つで六十年のものであります。この本に出ている盤は、何か聞くところによると、印刷屋の小僧が、勝手にまわしてしまったので、甲子時か乙丑時か、でたらめになっているから注意することといわれております。

この本の命理では、時盤に生年干のおちる宮を命主としておりますが、生月生日なく、問題があります。

奇門遁甲秘笈全書と共にいくらか役に立つ本と申せます。

○　増補　象吉備要通書大全

大変な労作であります。あまり用いないようなものも入り、複雑すぎるように思います。家相図は日本からみると面白く感じます。

○　金函玉鏡全図

図多く、八門と、九星が主で、金函玉鏡の九星は　太乙　摂提　軒轅　招揺　天符　青竜　咸池　太陰　天乙　で、奇門遁甲の九星のようでなく、日によって中宮の九星が一定で、陽遁は順に、陰遁は逆に配します。

中宮九星	日干支						
咸池	甲子	癸酉	壬午	辛卯	庚子	己酉	戊午
青竜	乙丑	甲戌	癸未	壬辰	辛丑	庚戌	己未
天符	丙寅	乙亥	甲申	癸巳	壬寅	辛亥	庚申
招揺	丁卯	丙子	乙酉	甲午	癸卯	壬子	辛酉
軒轅	戊辰	丁丑	丙戌	乙未	甲辰	癸丑	壬戌
摂提	己巳	戊寅	丁亥	丙申	乙巳	甲寅	癸亥

	太乙	天乙	太陰
	庚午	辛未	壬申
	己卯	庚辰	辛巳
	戊子	己丑	庚寅
	丁	戊戌	己亥
	丙午	丁未	戊申
	乙卯	丙辰	丁巳

八門は、四四、四五頁にあります。八門は私は立派なものだし、年運などは大変よく出ますし、研究すべきであります。

○　選択求真

現代台湾で一般的な方位書だそうでありますが、神殺派のものであります。

○　選吉探源

神殺派で、これだけは奇門派も用います。

○ 奇門遁甲統宗

上海版にて、台湾の改良奇門遁甲統宗大全と全く同じであります。

○ 奇門五総亀

面白いことは、上盤　中盤　下盤があり、上盤は時干を中宮に入れて配置したもの、中盤は旬首を時干のところにあわせ円転したもの、下盤は地盤であります。

⊙ 奇門遁甲元霊経

奇門遁甲秘笈全書のようなもので、例えば、天気をみるのに時盤で、天輔（風）、天英（晴）のおちる宮をみよといつたものであります。

修造は、中宮天禽で、生門が良い　など述べてあります。

○ 欽定　四庫全書　のうち

・ 遁甲開山図

大形紙一枚・　周易の理論家の作といわれております。

・遁甲符応経

・遁甲演義

著者は文学者といわれます。

・奇門遁甲啓悟

兵隊の配置図が出ております。例えば坤なら

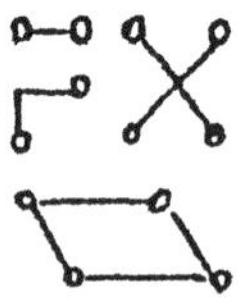

・奇門金章

○選択叢書集要

著者は文学者といわれております。

○欽定　選択暦書

○選択紀要

○五種秘竅全書の奇門一得

○　栗原信充　著（博学だが批難もうけている。明治七年没。）

・遁甲提要

関ヶ原合戦や、大阪夏の陣、冬の陣のことが述べてありますが、説明はひどく簡単で、九千のみを主に盤もありません。

節がえ上元を必ず甲の日としております。

夫妻をみるのに、乙と庚をみて、そのいる宮の五行の相生相尅で良否をみます。

・遁甲儀

面白く感じるのは五日一局でありますが、十時一易とし、十時ずつ一爻としているところであります。

・遁甲譚

・遁甲式附録

平安京などの遷都のことについて述べておりますが、これも栗原式で簡単な説明であります。

○　相宅古義

江戸時代、六典を禁ずと出ていて、その中に奇門大全という書あると本書で申し上げました。

○　奇門遁甲賦

○　九宮八卦遁法秘書

○　黄帝奇門遁甲図

○　奇門要略

○　太乙遁甲専征賦

○　遁甲直指

○　奇門説要

○　古今図書集成　博物彙編　芸術典　術数彙考

占断は奇門遁甲秘笈全書に述べられているような方法であります。

○　夢古介書の中の　奇門賦専攻、付録　奇門数略

○　新鍥煙波釣叟奇門定局

○　武候八門神書

軍旗のようなものが沢山でております。甲子神将などと、ねずみが馬に乗って、横に字のようなものがあります。悪い方に攻撃しなければならぬときの、方除けのものでしょう。

○　参籌秘書

仏教が入っているらしく、悪い方に進むときの　となえ言葉など述べてあります。

○　奇門方位秘訣

○八門遁甲要録
○奇門秘決
○奇門活盤
○奇門活盤諺解
○八門遁甲口訣
格について、吉格は太歳に同じ、凶格は歳破と同じと述べてあります。
○救貧竈卦選要
本書で申し上げましたように、方位は漢のはじめは十二支、二十四山は唐代よりとか、或いは造作法とは家をいじることとか述べております。
○奇門断
○太乙遁局

○遁甲日用涓吉奇門

○五遁隠身術

○遁甲経

○煙波釣叟歌直解

○奇門遁甲秘要

○奇門臆解

○奇門占験

○十八活盤詳註

○遁甲秘要

○奇門遁甲元機

○方鑒秘伝聞書

○欽定　協紀辨方

○　八天鈔

○　八陣械要

この外に沢山ありますが、書名ばかりあげても意味がありませんので、このへんでとどめます。日本には奇門遁甲書よりも、地理風水の書が多くあるように感じます。本当に参考になるような書が殆どないのが、残念で、自ら実験研究する以外にないと思います。

おわりに

不出来な書でありますが、終りまで御静読下さいまして有難うございました。いくかでも御参考になれば幸であります。

私は運命術を学ぶとは夢にも思いませんでした。工業学校機械科より東京工業大学付属養成所を経て、陸軍航空本部東京監督班にいたるまで科学第一でありました。復員後、明治大学にて地理歴史を学んでも、地理風水は勿論、霊的の解釈ですら科学的に考えます。従って、何んとか迷信であることをつきとめんものと思いましたが、たしかに理屈では否であっても、面白く出る点あって、今日に至りました。

張　耀文先生とは、日本運命学会誌上にはじめて姓名学を書かれたときからで、姓名学に付て意見を航空便で送りました。それから文通がはじまり、私は気学が好きだから、更に気学で推命がわからぬかとお聞きすると、気学の上は奇門遁甲であるとて、これなら推命もわかるということでありました。そこで、ぜひ奇門遁甲を教えて下さるようお願い致しますと、基礎として、易　四柱推命　六壬　などを学べと云われました。そうして、最初　金函玉鏡　を教わり、奇門遁甲を教えていただくまで大変でありました。

奇門遁甲には天書、地書というのや、その中でも種々あることを知らず、作盤の課題試験出され、わからないので日本にある地書の盤を丸うつしにして送って、違うと云われたり、質問するにも海をへだて、国を異にするので大変で、今日の如く本があるわけでないので全く盲人の手さぐりでありました。それでも張　耀文先生が最初に来日された時には作盤は出来、本格的質問に入れる状態になっておりました。

来日されてからの質問は各書からとって行いました。この頃　講習も行われ、多くの方が理解に苦しんでいるようでありました。それは、

日本的な方位観でみる

各種の盤のあるのを知らぬことでありました。その後、奇門遁甲の多くの本が世に出て、研究は一段とさかんになりましたが、わかったような、わからない状態が続いているように思われます。

気学は奇門遁甲の十分の一をとり、十分の九の確実性を示すと、最初張　耀文先生に云われましたが、気学は簡単ではあっても、ずばりと示す明確さがあります。奇門遁甲を学べば気学の長所短所がわかると同時に、その簡潔明確さを愛せずにはおれません。更に命の強さを知らされる感がございます。

中国では、一子相伝は、本を写し、もとの本は処分するのだと申されます。诱派に伝わる奇門天書は赤い表紙の本といわれ、私のものは台湾の汪　永傑先生が代理の写本であります。こうした張　耀文先生はじめ他の多くの方、しかも国を異にし、人種を異にする人々の善意、台湾の国立図書館、国立中央研究苑、或いは日本の方々、特に静嘉堂文庫の小松原先生などに大変お世話になりました。

奇門遁甲の書は殆ど歌訣のみと申しても過言でなく、判断やくわしい作盤を述べてもなく、近年　張　耀文先生の著述以来詳細が本で学べるようになりました。そのなかで若輩の私ごときものが毛色のかわったものを残すのもおこがましいところでありますが、多くの人々の善意に答えるには、自らの研究を発表し多くの方の参考に供するほかありません。

しかしながら、とかく善意はふみにじられることがあり、特に運命術の社会では、自らの術力を最高として、他は専ら誹謗することが多いようで残念であります。
このことから、私は本書で申し上げしことは、他に転載、講習　等の一切に利用されることをお断わり申し上げます。
真実目な研究の御質問には、出来る限りの御協力を致しますが、その知識は本書を出ませんので、不明な点は御容赦下さい。

終りに、十年にならんとする張　耀文先生の御指導御交誼に感謝し、何かと御世話をやかし、御迷惑をおかけする佐藤六竜先生、種々御協力を賜りました東京・下北沢、鴨書店主　鴨志田儀三郎氏に厚く御礼を申しあげて終りといたします。

謝　々。

学習個人指導 耕己学舎々長

（元、川村高等学校教諭）

内藤 正

（文穏）

奇門遁甲密義　上

内藤文穏著

上

本書は
奇門遁甲真義（佐藤六竜先生の御尽力にて、昭和四十二年刊行）
奇門遁甲與義（昭和四十四年刊行）
と三部作の予定にて、中国の諸流派をたずねて、内密に研究者にお話するもので、入門のものではございません。既に日本、中国の諸書を一応ごらんになられし方に申し上げるものでございます。今まで全国より御質問をうけましたが、何れも初歩的なものにて、初歩的なことは、多く出版されておりますから、よく他書をごらん下さいませ。本書は、その一部は入門者にも参考になるような基本的なことに及んではおりますが、やはり初歩的なことは説明せず御承知のものとして、核心のみついております。御了承下さいませ。

本書は、上下二巻の予定にて、下巻に付ては本文中にて申し上げます。

本書は、中国側の承諾なく申し上げておりますので、その点は御留意賜りませんと、国際信義にも関わりますので、その点特に申し上げ、御協力下さいますようお願い申し上げます。

昭和４４年１０月　台北にて

著者内藤文穏

緒　言

昭和四十四年秋、皆様の御支援により、私は中華民国を訪れることができました。本業の学習塾を長く休むことができず、大変短い期間でございましたが、

靈星閣主　　　　黄耀德先生
台湾農業試験所　特用作物研究室々長
　　　　　　　　楊永裕先生
医学博士　　　　李秋陽先生

などの多大な御協力により、予期以上の成果を得ることが出来ました。

時に家内の学友の楊松香さんの御主人の楊永裕先生には、連日仕事を放って、影の如くついて、世話をして下さいました。例えば、九六居派門主たる黄南輝先生をたずねるのなど、その住所を知らず、師範学校裏とのみしかわかってなく、師範学校の近くで聞くも全くわからず、高さんという鑑定者が

いたので、その家に入って、いろ〱聞き、师範大学の裏に一人それらしき人がいるとて、师範大学裏にとび、横丁のあちこちで聞き、やっと星学黄南輝の標札をみるまでは、楊先生がとんであるいてさがして下さいました。こうしてお会いできた黄南輝先生は、その後三ケ月で物故され、若し当時わからずに、お会いできねば、生前その術の一片おも知ることはできず、これひとえに楊先生の御力添えと感謝しております。

中国の派の違いは、張耀文先生より、大変違うものと教えられておりました。しかし、予測の範囲を出ませんでした。実際に接すると、全く根底から別で、違うというようなものではなく、その基本の基本から別なので、驚りました。

従って、この各派の結論を出すことは、私の如き浅学非才が簡単に申せず、永い伝統の術を基底より改めて出直さねば、判断もできません。本書では、なるべく批判をさけましたが、それでは勉強にならぬ方もあると思い、私見は申しました。あくまで私見にて、何とぞ結論は皆様で下してくださるよう各派先哲に失礼になるといけませんので、この点も御留意下さるようお願い申し上げます。

中国では、古来秘伝は一子相伝、門外不出がたてまえにて、現在は大分ゆるやかになりましたが、それでも誓約書で発表を禁じられたり、弟子の礼をとり、师に逆うこともできません。九六居派なども、黄南雅先生が亡くなられてから、一切の著書やノートなどは封じて、門外不出とした旨連絡がございました。それらの一部ではございますが、本書では発表するわけで、中国に対しては、良心にはじるものがございます。弟子の礼をとらず、発表を禁じられているわけではございませんが、国際信義にも関わることにて、内密なることは、よくよく心得て下さるようお願い申し上げます。

奇門遁甲には、多くの種類があり、その派の違い、広く知られているものと、秘伝との相違、奇門遁甲の正宗とはどんなものか、そのにおいでも出れば、幸でございます。中国では、秘伝は一子相伝、門外不出と申されておりますが、私は常々、秘伝は秘伝をうけるだけの人に授けるものだし、授かるものと申しております。研究心を忘れ、謙虚さを失い、術の心を離れたのでは秘伝は得られぬと信じております。そういう不心得でなく、自然の姿で、人格をみがく気持で筆をすすめます。永年御指導賜りし、張耀文先生は云うまでもなく、多くのお会いした方、文通した方、御協力下されし諸先生に深く感謝と敬意を申し上げます。

尚、本書は、上巻と下巻にわけ、本書は上巻にて、下巻は今一度中華民国に渡ってから申し上げる予定でございます。場合によっては、下巻は秘密出版とするかもしれません。私は、本書上下二巻にて、その研究の総長を終る心算にて、世の研究者の方々に、何らかのお役になるように、全力をかけて邁進中の結論にする覚悟でございます。

昭和四十七年　冬

東京　奥多摩
秩父多摩国立公園　秋川渓谷
耕己学舎　秋川教室　にて、

内藤文穏　謹白

中国堪輿学会々訊より

右　楊永裕先生

中　著者

左　曽子南先生

目次

一、秘伝と公布伝との相違

中国における方位の標準書の一つの、選択求真には、唐の時代に皇帝が詔して、秘伝を出させ、永く国宝として金の箱に納めしとき、ひそかに一行禅師が偽術を流布し、これがために後世乱れしことが述べてございます。秘伝を知られては、自らがたおれるので、わざと偽術を流したといわれます。

九六居派門主　黄南輝先生は、

「中国にとって、縦の民族と、横の民族がいるよ。だから、わざと偽物も流したよ。」

といっております。

中国堪輿学会理事長　曽子南先生は、

「みな三合偽術。本などみなだめ。」三元派こそ秘術と叫びます。

曽子南先生の一番弟子の張渕量先生は、日本では堪輿（風水、地相墓相）は絶えて、やる人がないと云うのに対して、

「今までのものは総て偽術で、それを日本の人々が知って、それでやらなくなったのではないか。日本の人は偉い。」

と妙なほめ方をしております。

戴金全先生は、大変核心をついたことを申されました。

「現在知られているものは、普通のもので、昔の奇門遁甲の秘伝を知ることは困難である。現在知られているものは、干支八字法　又は九星術にすぎません。本当は、七政四余から躔宮、二十八宿などを計算しなければならず、それは非常に難しいものです。これも各派で異論あり、玄空大卦という占星術が問題で、これも異論多々。秘伝は、九十九%の正確度あるといわれますが、失なわれつつあり、普通の干支、九星術は非常に欠点があります。秘伝は、台湾にはもうないかもしれません。外省人へ大陸から渡ってきた人）で知っている人がいるらしいですが、なかなか教えません。」

これは、秘伝と、一般公布伝との区別を明解したものと思います。

霊星派門主　黄耀徳先生は
「中国では、師匠が、生涯に只一人のみに教え、師没して後に、また一人のみ教え、これがために、術は消えたものが多い。」といっておられますが、これはどの先生も申されることで、その秘伝の一部は完全に消えていることは、時代の流れで容易に想像されます。
日本で、術を研究するとき、普通の公布伝は、ある程度学べます。しかし正宗秘伝は、日本に中国から伝わっているか否か、そこに問題がございます。もし、中国が自国以外に伝えてないと仮定したら　日本で偽術の中から求めることは不可能と申せます。
曽子南先生は、私に　五日一局（時盤）の盤を示し、奇門遁甲も、ここまでは秘密にしないが、これ以上は秘伝で、秘密であると、はっきり申されました。この盤の上に、極端なことを申せば、更に加えてみる盤のようなものがあるとでも解釈するとわかると思います。

日本では、割に派の別もなく、伝えられしものは正宗として、研究もせず他にうけうりすることも多く、もっと根本から考え直す必要を感じます。協紀辨方　などの公布伝に、秘伝は出ておりません。公布伝は秘伝に比べて例外不当が多く、本幹でなく枝葉と申せます。

奇門遁甲正宗秘伝はどこに蔵っているか。これが問題でございます。台湾では、一般に奇門遁甲で方位は判断しておりません。では誰がやとかと申しますと、

黄耀徳先生は、「遁甲　即　風水」と申されます。

堪輿《カンヨ》（地理風水、地相墓相）をする人の中にあるようでございます。

唐正一先生（風水之研究の著者）は

「風水で用いるものに似ているが、全く違う哲学である。」

という方もございます。また、

戴金全先生は、
「地理風水の選吉用にしても、この場合の効は少ない。」とも申します。
奇門遁甲は、堪輿家の中に、いくらか残っていればあり、それをさがすしかございません。日本も中国も同じで、自称の術が最高であり、他は全く不良と申す人が多いので、うかつにはまいりませんが、堪輿家の中に保存してあるか、と思われます。

（余禄）

公布伝が全く間違いというのではございませんで、秘伝は、公布伝の上にたって、公布伝のミスを知るものと解すべきでございます。遁甲の秘伝は、少く、むしろ張耀文先生の奇門天書は、私は秘伝と断言いたします。まだ、張先生が教えて下さらぬ部分があるか、それとも消えた一部があるのか、わかりませんが、使いこなせぬ方もあると思いますが、私は台湾に行って、その感を強めました。また、一般の中国の方と話をしましても、遁甲といってもピンとこず、風水というと、目を輝かす如く、後述いたしますが、値甲を足台に、風水までいかねば意味がないことも強く感じました。

二、日本と中国の暦の相違　（日の九宮の相違）

気学や遁甲の研究者で、案外と暦の基本を研究しない方があって、時折思わぬ基本の質問をうけて、驚きます。日本の暦にも、数種あって、論議されますが、ここでは、きわめて一般的に使われているものを俎上にあげます。

日本と中国の暦を比べますと、年月の干支九宮、日の干支は同じでございますが、日の九宮は違います。中国では九宮を重視しない派が多く、日本では九宮を重視し、それのみの気学があるくらいでございますから、重大なことでございます。

御承知の通り、十干十二支と九宮の組合わせは、百八十となり、陰遁百八十　陽遁百八十　計三百六十となり、一年の三百六十五日五時間余とは、五日余の誤差を生じます。そこで閏をおいて、修正するわけでございますが、この閏のおき方に違いがございます。

日本のは、園田真次郎先生の気学小筌などに、詳しく述べてございますが、冬至や夏至、或いはその前後が、六十干支の中央の甲午日のときに、閏を置きます。即ちまとめて一度に修正するのでございますが、中国は短く、節気ごとに修正していくわけでございます。

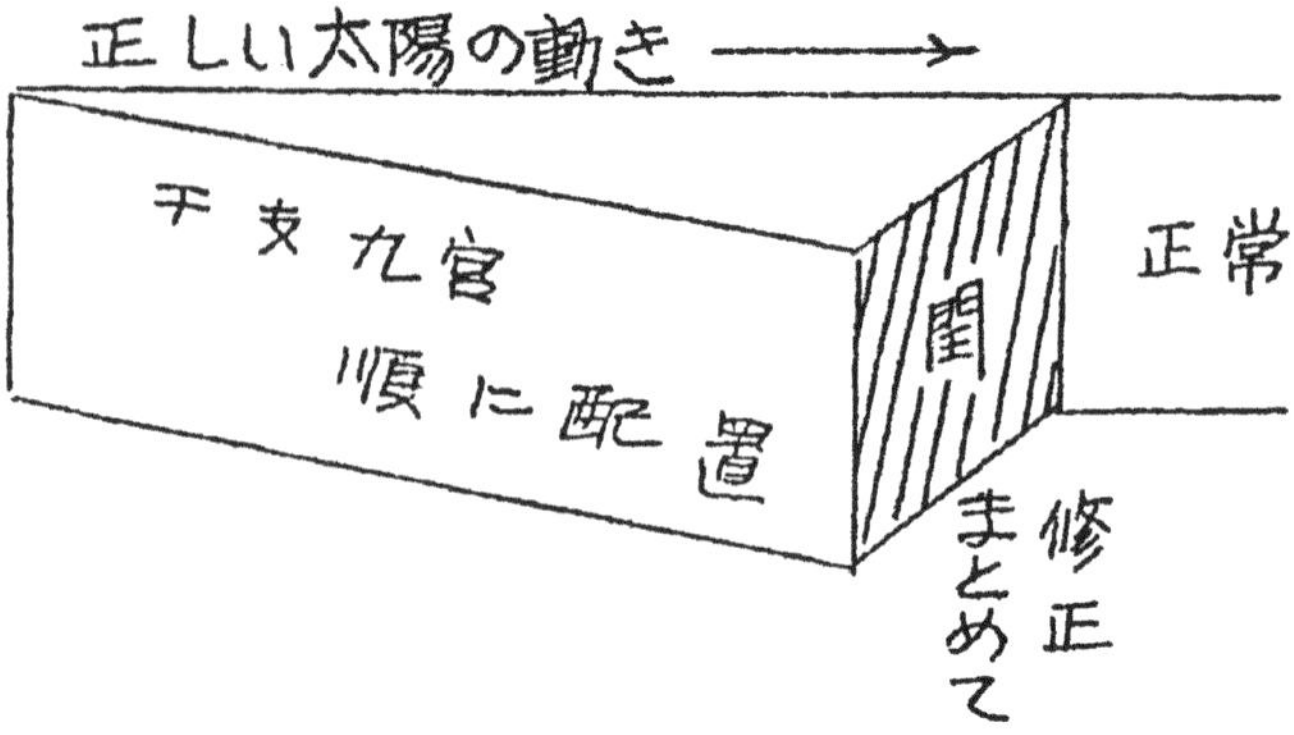

（日本式）

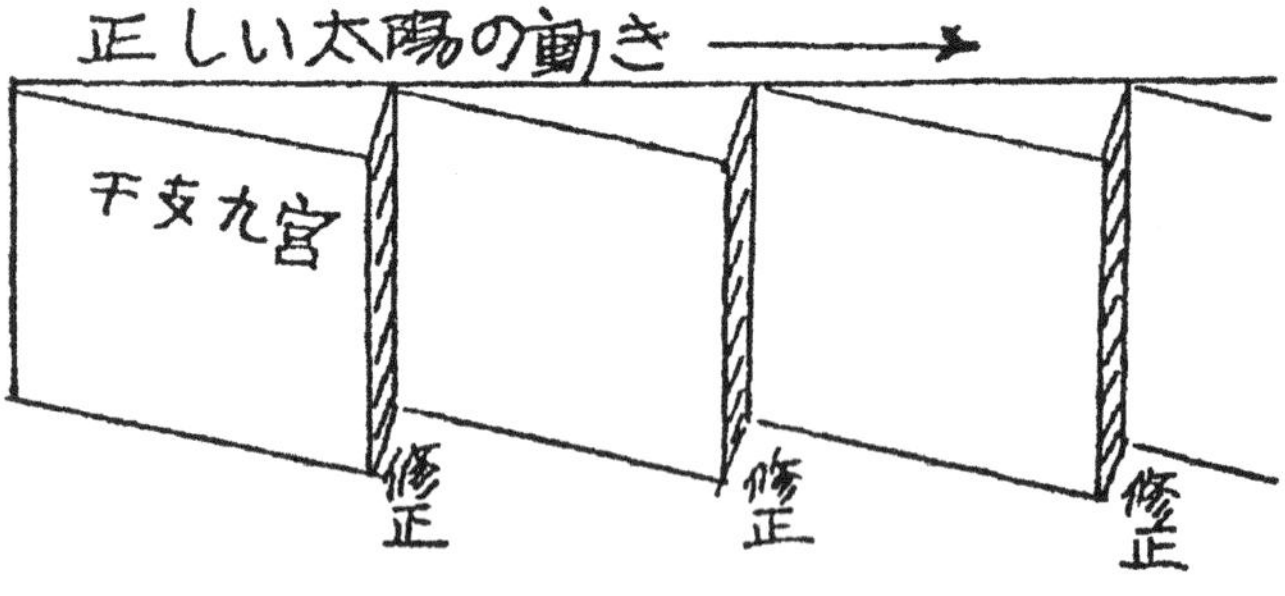

閏というのでなく、節気でとばして直してしまう。

（中国式）

例えば、昭和四十六年の夏至のころをみますと、左の如くなります。

月日	日干支	日本九宮	中国九宮
六月八日	甲子	九紫 八白 七赤 六白 順に ←	
六月二十日		六白	七赤
六月二十一日		五黄	八白
六月二十二日	戊寅（夏至）	四緑	四緑

中国のは八白より四緑にと
びます。急な修正

六月二十二日	八月七日
	甲子
三碧 二黒 一白 順に →	三碧
三碧	九紫

↑ 日本は三碧、中国は九紫と全く違ってしまいます。

ここで考えねばならぬことは、陰遁陽遁の三元のとり方でございます。

日本では、右の表を例にとりますと、陰遁上元を夏至に近い甲子の日より九紫といたします。昭和四十六年ならば、六月二十二日が夏至にて、夏至前の甲子日が六月八日、夏至後の甲子日が八月七日にて、六月八日の方が夏至に近いので、これより陰遁九紫をおいております。

ところが、中国では陰遁陽遁の三元のとり方が違います。中国暦では左の如く、陰遁であるなら、必ず夏至後の甲子日とし、夏至前はとりません。

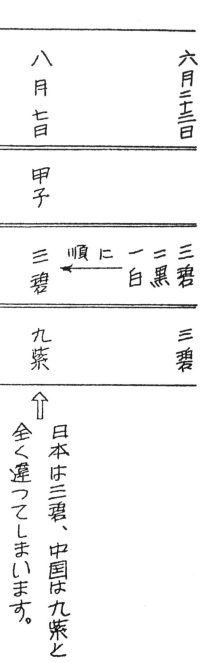

中国暦

陽遁

上元　冬至後　甲子日　一白起こす

中元　雨水後　甲子日　七赤起こす

下元　穀雨後　甲子日　四緑起こす

陰遁

上元　夏至後　甲子日　九紫起こす

中元　処暑後　甲子日　三碧起こす

下元　霜降後　甲子日　六白起こす

このように、必ず　後の甲子日を基準にし、右の表のように、毎年きちんとなるように、各節気の前で調節し、とばしたりするのでございます。昭和四十六年の夏至後の甲子日も、二十ページの如く、きちんと九紫になっているのでございます。

張耀文先生は、

「はじめは、冬至や夏至の日より陽遁や陰遁とし、次に冬至後、夏至後とした。しかし、もし冬至や夏至の前日が甲子日だったとすると、冬至後 夏至後の甲子日まで六十日近くも陰陽が違ってしまい、そこで冬至や夏至に近い甲子日になった。」と教えられております。

日本の暦でも、九宮の違うものがあり、陰遁のみのものもあり、また友清天行居先生の著書に述べられているように、日の九宮のあやまりを申される先生もございますが、その派のことは、その派の暦で研究しないとならず、中国の云うことが、日本暦で当たらずとも、中国暦では正しく出るやもしれず考えねばならぬと思います。

張剣量先生は中国の方が良いと申されます

（私見）

理論上は研究価値ございますが、私は経験上、日本の暦を用いております。

年月はいいとして、日時は季節を加味する意味で、陰遁のみの暦も私は用いません。暦は根本だけに、もっと研究する必要があるとは思っております。術が科学的に迷信視うける根本は暦で、研究しなければいけないのに、近年は最も研究忘れしているものと感じております。

遁甲三元　閏のこと

日の九宮のことが、閏のおき方に違いを生じた如く、奇門遁甲の各節気三元にも閏の問題がございます。

奇門天書と、奇門地書でも、節気三元のとり方、三元の閏調節が違い、両者の節気三元が全く違うことすらあり、論議も耳にしております。

九六居派門主　黄南禅先生は、

「閏のおき方は、各派最高の秘密である。」と申されておりますが、たしかにそうかもしれません。

某派の遁甲術気三元は、旧暦を主体とし、その閏月に閏をおいているのがあり、面白い方法と思いました。

ここにも基本で、黄南輝先生の申されるように、最高の秘伝があると考えねばなりません。秘伝は案外、足元にあるかもしれません。研究者各位の研究によって解明していく以外に、さしあたっての良法はございません。

三、九宮 本命 等の中国各派相違

本題に入る前に、横道にそれますが、九六居派門主 黄南輝先生について申し上げます。

九六居派は、中国でも伝統のある派の一つで、五術がそろっていると申されます。一術や二術のところ、例えば方位だけ知り、推命は知らぬとか、そういう門は、どうしても見方が片寄りがちで、五術を知ることにより、正しい解釈ができると申されます。九六居派は、特に紫微斗数がすぐれているといわれます。

黄南輝先生は、明治三十五年五月生れで、昭和四十五年二月八日没せられました。このことは、門人へ(医師)楊峰元先生より連絡がございました。生前、日本人として唯一人御指導うけしことになり、深く合掌いたします。

先生は、日本統治時代に、高等官として、郵便局長をされ、それを大変にほこりにされておられました。日本語も上手で、大変親日家で、昔の生活をなつかしがり、私が訪問したときは、よく来たと、手をとって迎え入れて下さいました。次の日など、早朝から参上致しましたが、既に資料そろえ、香をたき、待っていて下さいました。先生は、自らの死を知っていられ、今は何々期に入ったので、一切何もしてないと申されておりました。それでも心よく、最初は、現九大居派門主の長男の黄昭仁先生と同席にて、後には私一人にて、直接御指導御伝授賜りました。

黄南耀先生の特徴は、細かく整理され、暦などの細部も書き留め、ノートが沢山ございますが、なぜそう改めたかという理由が、道教の太乙真人の神授であると申されるので、これには面喰うことが多くございました。

張耀文先生、倫相如先生、丁振武先生(在米国)などを良く知っていられる間柄でございます。

最初参上した時が、翻禽治曜(九宮の月日時でみる雑占　教わりましたがあまり感心しない)で、六中耕地の吉が出た為か、大変歓迎されました。

九六居派（陽遁）九宮逆配置のこと

黄南輝先生の著書に、五教要素真経というのがございます。この本の九宮盤が、陰遁は普通の順配置のものでございますが、陽遁は左の一、二の例の如く逆配置でございます。

6	1	8
7	5	3
2	9	4

（五黄中宮）

7	2	9
8	6	4
3	1	5

（六白中宮）

日本でも、この逆配置を用いる派があるようでございますが、ことが根本だけに大変弱りました。中国の派の違いは、このような根底から異るので、違うというより、全く別というもので、他流派の本などを簡単に読んで応用すると大変なことにもなり、近年諸書より抜きとり、寄せ集めて完成したかにみせる方もあるようでございますが、中国の派の違いは、日本で想像する以上に違うので、必ずしも良い手段とは申しかねます。　私は佐藤六竜先生の御意見などお聞きし、実例を考えてみました。たしかに、陰も陽も同じのは趣がございません。逆もしたいところでございますが、暦では季節の如く、陽遁は九宮が数を増すように配列し、陰遁は九宮が数を減ずるようになっているので、あえて九宮盤まで配列を違えずも良さそうに思いました。

張耀文先生のお話では、九宮盤は、九宮を配置していくということから、順や逆の配置を考えるが、既に配置されてしまった盤そのものがあるということから、逆配置というものが考えられぬように耳にいたしました。

そうすると、挨星法はどうしたことかと疑念をもたれると思います。（挨星法に付ては、佐藤六竜先生著　気学挨星法奥義　をごらん下さい。）逆配置があると思われる方もございましょう。

中国は、広い広い大陸と、それをおおう空と、沢山の人々より、天地人を思い、天は動き、地は動かず、遁甲にも天盤と地盤あって、地盤は動かず、天盤は動きます。九宮盤も天盤と地盤があってよく、地盤は九宮盤通りで動かず、天盤が挨星法で、動くわけで、これは逆にするのがあってもかまわぬわけでございます。しかし、天盤は、そう変化することがあるとみるべきで、地盤こそ本意なりと思います。拙著 奇門遁甲奥義はその意味で申し上げてございます。

私見

逆配置は私は用いません。挨星法もめったに用いません。地盤に主力を入れます。

本命の違い

黄南輝先生に、日本でいう本命殺や本命的殺があるか否か、おたずねしてみました。どうも私は日本式の生れ年の九宮を本命として重視するのが好きでございません。一年間に生れし人の数から考えると、どうも納得しかねます。春夏秋冬の気をうけて本命が成るということはわかりますが、生年ではすっきりした気持になれぬので、それとなく質問したのでございます。

日本式の本命がないわけではございません。学校などで、ほぼ同じ年生れの集団では、今年の何年生は良いとか、何年生は芳しくないとか、教師が職員室でよく話すことがございます。また、本命がどこに廻座したとき、どうなり易いといったことは、たしかにございます。しかし、あまりにも広く求すぎます。

ところが、九六居派の本命が違うのでございます。勿論九六居派のものが良いとは断じきれませんが、参考に申し上げます。

九六居派　本命算出表

本命／年／月	三碧	四緑	五黄（正、二、十月生八白）	六白	七赤	六白	五黄	四緑（正、二月生九紫）	三碧（正、二、九月生九紫）	二黒	一白	二黒（正、二月生八白）
甲己	丙寅	丁卯	戊辰	己巳	庚午	辛未	壬申	癸酉	甲戌	乙亥	丙子	丁丑
乙庚	戊寅	己卯	庚辰	辛巳	壬午	癸未	甲申	乙酉	丙戌	丁亥	戊子	己丑
丙辛	庚寅	辛卯	壬辰	癸巳	甲午	乙未	丙申	丁酉	戊戌	己亥	庚子	辛丑
丁壬	壬寅	癸卯	甲辰	乙巳	丙午	丁未	戊申	己酉	庚戌	辛亥	壬子	癸丑
戊癸	甲寅	乙卯	丙辰	丁巳	戊午	己未	庚申	辛酉	壬戌	癸亥	甲子	乙丑

前三十一ページの表で、生月の干支のところを子とし、右の方に逆行して生時支までかぞえ、上の九宮をみます。

例えば、己酉年の旧九月生れで、生時午なれば、生年己は、右の年干のところで、一段目にあり、旧九月は癸酉で、一段目の右より八番目にあり、ここを子とし、右の壬申を丑、辛未を寅、庚午を卯、己巳を辰、戊辰を巳、丁卯を午　と生時支までかぞえ、上をみると四緑とあり、これを本命としており、命宮とよんでおります。

又、生月支の癸酉を子とし、逆でなく、順に左に甲戌を丑、乙亥を寅　丙子を卯、丁丑を辰、戊寅を巳、己卯を午と生時支までかぞえ、卯を身宮としております。

この本命算出法が良いとは申せませんが、生年九宮一本槍にも反省しなければならぬ点がありはせぬかとも思います。紫微斗数や四柱推命にも、これと似たものがございますが、研究する価値はあると思います。

八宅明鏡の本命

気学家の湯豊銘先生は、日本の気学は何故に男女同じ本命を用いるか、男が四緑なら、女は二黒とみないのかと問われました。

これを云われしとき、私はすぐ二つの本を思い浮かべました。日本の奥山豊山先生の九星小言と、中国の八宅明鏡でございます。男女本命を別にし、女子は逆り命としております。八宅明鏡は重視しませんでしたので、これに付て即答をさけました。陰陽という点で、男女同一とするのもおかしいとしたのかもしれません。自然の気は、総て同一に作用する点からは、同一でよいわけで、日本ので良いとは思いました。

（私見）

基本の九宮盤や本命にも、全く疑問すら感じてないことにまで、各派の違いがあって、帰国後私は、一汗も二汗もしぼりました。私は広く浅く、生年九宮の日本式本命も用いますが、普通には傾斜法を重視いた

します。拙著 奇門遁甲真義、奇門遁甲奥義にて申し上げし如く、
天 原宮（生月遁甲天書盤にて、生年干のあるところ。地盤にて。）
人 命宮（気学の傾斜宮）
地 解宮（生日盤で、生年九宮のあるところ）
外 外宮（生時盤にて、生年九宮のあるところ）
を用いております。

中村文聡先生の機関誌に、北海道の小山先生が、傾斜宮に移転は凶の例が多いと以前に発表されたことがございますが、私はこれぞ本命殺と申したいところでございます。傾斜宮は吉凶が強いとでも申したらよく、常に凶ではなく、用い方によっては、最大限の効果をあげることができるという方向と思っております。では、どういうときに最大効果が出るかは、後述の私見で申し上げます。

四、各派遁甲盤と判断法

三合派

三合派というのは、きわめて一般的なものと思えばよく、日本では殆どが三合派でございます。派と云うより、術の系統とお考え下さるとわかると思います。気学などもこれに属します。張耀文先生の系派は、三元派に属しま

術の大別

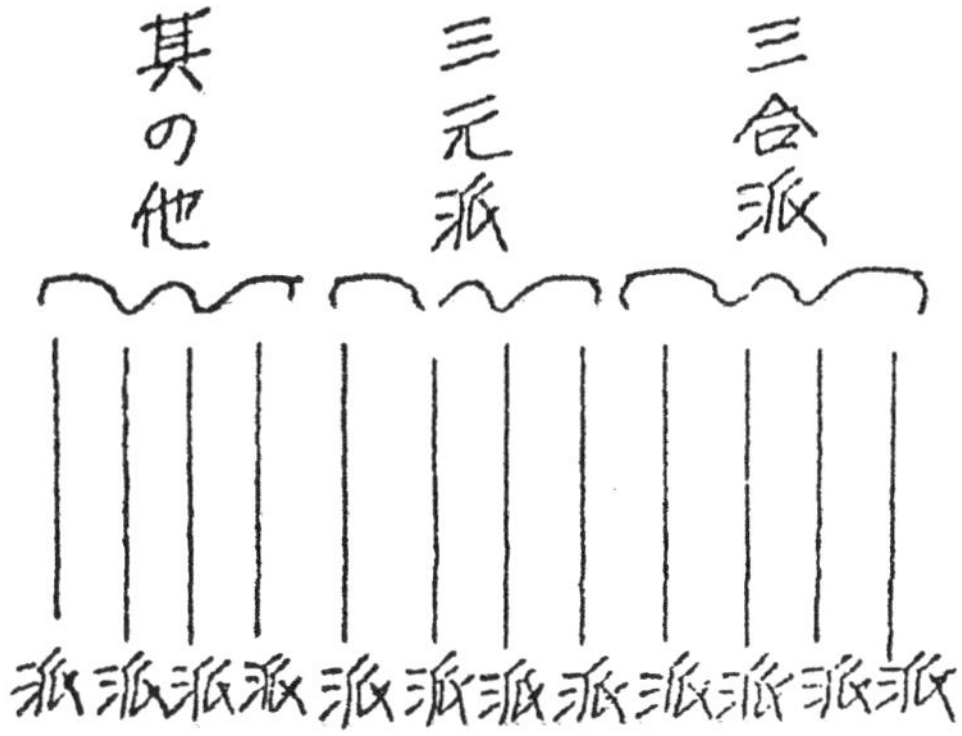

す。気学の三合派の考え方で、張耀文先生の三元派を学ぶ方が、よく理解しないのも、この三合、三元の別を知らぬからでございます。中国では、三合三元と、常に耳にすることでございますが、日本では三合派ばかりのためか珍しいと思います。

三合派は、名の如く、三合法など代表的なもので、何年生れの人は、本年は干支が冲破だから悪いとか、年支の三合に当り良いとか、方位も三合でよいとか申します。

三合派の中にも、正三合派とか、三元三合派とか、またいくつかに別れます。

家相なども、どちらかと申しますと、外部の欠け張りなど申すのは三合派で、どちらかと申せば三元派は内部の配置をいうというように違います。

広く浅い公布伝のようなのが三合派とも思います。お互に三合、やれ三元と悪くいいあってはおりますが、私は三元系がよいと思っております。

三元派

三合派に対するのが三元派で、三合とか神殺などを申さず、根幹をおします。張耀文先生の玄派も三元派で、どちらかと申しますと、中国でも三元派は少いと思いますが、三元派の方がすぐれていることは間違いございません。三元派の中にも、正三元派、三合三元派 何派とあって、いり乱れておりますから、全部の派について詳しくなかくわかりません。私は三合派は全く興味外でございます。学ぶべきは三元派と思っております。

三合、三元、いりみだれ、正しい区別もつきかねますが、まさしく三合派というのはやめて、ここに九六居派と、三元地理派の 要を申し上げることにいたします。あくまで概要でございます。

玄派も三元派系統でございますが、既に多くの書が出ておりますので、それは略します。

九六居派　遁甲

黄南輝先生は、私の質問に答えられて、

「天書？ 地書？ いや、まだくたくさんあるよ」

と申されました。どうも日本では、派の別や、多種類がわからず、一本であるように思って、奇門天書が出れば、それとばかりに張耀文先生の許可もなく講じたり、ひどいのは、他の遁甲を全く知らぬむきもあり、全く驚きます。

黄南輝先生は、中国の活盤奇門遁甲統宗大全（瑞成書局発行）のような、時盤で五日一局の標準盤を示し、これでいいのだと申します。

しかし、遁甲は、その組みたてがよくわからないとも申されます。このことは、遁甲を知る人が多く申されることでございます。

わかり易く申し上げますと、時盤で五日一局でも、十時一局でもないと申されます。もっと複雑であるということでございます。

黄南輝先生は、中国の奇門遁甲秘笈全書（竹林書局発行）の中にある、例えば、天蓬星　子時　にわとり鳴き、犬ほえ、というのを示し　こういうことが実際にある。だが普通の計算では出ない。計算と云うか、組み立てというか、そういうのが違っていると指摘されました。　私は昔は、そういうこともあったのか、少々神がかり的ぐらいに、常識的にみすごしておりましたが、どうやら真実で、そこまでわからねばならんと申せます。これは普通の計算で出ず、正宗秘伝は容易ならぬ深さと、改めて腕をくみ考えこみました。

黄南輝先生は、二十八宿に付て、大切であるとも申されました。日本では二十八宿をあまり申しませんが、遁甲の正宗には二十八宿が重要のように思われます。ただ九六居派の二十八宿は、修正して、同じものが重複するのでございます。或る年の七月一日が張で、二日も張　というようなもので、この重複が極意なりと、先生は申されますが、私には何んともわかりません。

多少の修正は必要らしいことはたしかのようではございます。

九六居派の特色の一つに、九六彗星というのがございます。

これはどうして出るのか、遁甲か、紫微斗数か、道教かわかりません。

黄南輝先生は、左図のような九六彗星の図を示して、これが出ると、戦争や災害が起り、遁甲も当らなくなるから、充分よく見ていけといわれました。

ノートには左のようにだけで、何もくわしくは出ておりませんでした。

張渕量先生は、地球の引力の強弱などで、落下物が多くなり、流星も多くなることを申されたこともございますので、やはり自然哲学の上からも、彗

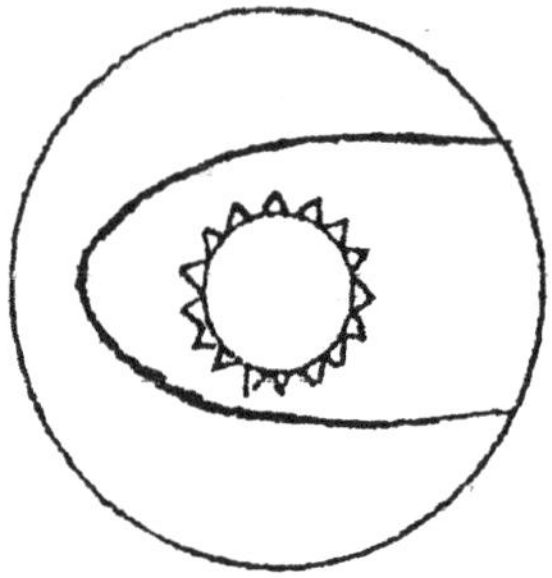

←こちらより出現

九六彗星沖斗図

星の出るような時は変化期で、それを九六居派で示したものでしょう。

天盤八門

黄南輝先生のノートを見ると、天盤には干のみでなく、九星も、八門もついていて、干のみと思っていた私は驚き、天盤は八門などもまわすのかと、声を出すと、にこく笑っていられました。後には、どの派をみても天盤に九星も八門もついているので、それが普通と思うようになりましたが、はじめは驚きました。今まで、そうしてなかった方は研究してみるべきでございます。こうして、八門と八門の関係の吉凶みればよく、それは張耀文先生の著書や、中国の奇門遁甲秘笈全書を利用下さい。

九層法

黄南輝先生のもとで遁甲を学ばれたといわれる倫相如先生は、紫微斗数を知るために、どうしても遁甲を知らねばならず、そのために学んだが、遁甲の秘訣は、九層法にある　と前に御手紙をいただいたことがございますので、実力ある倫相如先生が申される九層法とは何んであろうかと、おたずねすると、黄南輝先生はノートをうつさせて下さいました。

九層法

一層（八門）＋（八宮）

二層（天盤三奇六儀）＋（地盤三奇六儀）

三層（八将）＋（八門）

四層（天盤九星）＋（地盤九星）

五層（天盤九星 天奇儀）＋（八門 人奇儀）＋（地盤九星 地奇儀）

六層（八門単独断）

七層（天盤星単独断）

八層（地盤星単独断）

九層（天将（八神）単独断）

一層は、八門と定位で、例えば生門でも、坎の生門と、坤の生門とでは違うわけで、これを申しております。

二層は、天盤と地盤の干で、格を申しております。

三層は、八神と八門で、生門と六合がついていればどうであるとか、休門と直符とがあればどうといったものでございます。

四層は、天盤の九星と、地盤の九星の関係

五層は、天盤の九星、八門と、地盤の九星との関係

六層は、八門だけみて吉凶を定めることでございます。

七層は、天盤の九星のみで吉凶をみます

八層は、地盤の九星のみで吉凶をみます。

九層は、八神のみで吉凶をみます。

これは、判断の重要順位とでも申せます。天盤の八門九星のことを除けば

張耀文先生の著書をごらん下されば大凡わかりますので、詳細は略します。

個人差

方位の吉凶個人差について、黄南禅先生は、ずばり一言「月運なり。月運わるいときくよ。」

月運が良いときは、吉方は大変よく、凶方は凶がうすらぎ、月運が悪いときは、吉方も吉うすく、凶方は凶強いと私は解しました。

余録

この一言は大変有益にて、命宮（傾斜宮）の暗剣殺のときなど、たとえ吉方でも芳しくなく、拙著 奇門遁甲真義、奇門遁甲奥義で申し上げし、命宮等の月の状況をみて判断するに、誠によく出現し、黄南禅先生の御指導賜ったうちで、最も活用させていただいております。

日の重視

日本では、方位など年月を重視致しますが、中国では一般に日を重視し、なかには、方位とは日のみと断言する先生もおられました。三元派はどちらかというと時の方位を重視いたします。ここらに日本と中国の方位の大きな考え方の違いがあると思います。

時の方位を重視するということだと、移転など、或いは家の修築など何を基準にするのか、大変納得し難いので、日本式な考え方で、時のみ重視するのがわからないと、黄南洋先生におたずねすると、

「それも極意あり。

移転は、年月関わらず、時もかかわらず、日。

改築は、年月関わらず、こわす、屋根ふく、これが良ければよい。日のみである。」

日を重視するので、そこで前にもどりますが、そうなると日本と中国の暦

の日の九宮の違いが重大になるのでございます。
日や時の方位を重視するとなると、毎日一定の時に通勤されている方々から、常に吉方ばかりなかろう、悪い時もあったろうが、そんなことないといった疑問も出ると思います。しかし、中国では日の方位重視。三元派は時を重視いたします。

(私見)

中国では、年月に関しては、時間的に長いとし、方位よりも命運を重んじているのではないでしょうか。日本では方位研究者は、総てのことを方位のみで決めてしまうことが多く、推命のさかんな中国では、むしろ推命的な考えが内在すると、うがった見方でございますが致します。私は東京、北区赤羽のほかに、東京郊外の奥多摩の秋川渓谷にも小教室を開き、中学生などに英語、数学など教えております。私は命宮へ傾斜)が兌宮で、西で、この秋川教室も赤羽より西に当ります。

ところで、日の方位をみるに、日の暗剣殺でも大したことはございません。ところが、奇門天書にて、時干がその方向にあるとき、即ち戊の日の七赤。西は九紫暗剣殺で、遁甲では天書様式で時干があり、しかも命宮の方向、こういうときは、必ず何かございました。カメラをなくしたときなどは、出かけに家人に、今日は向うにいくと何かあるといって出まして、自分でも注意したのでございますが、周囲に家もない、人も通らぬ運動場で、全く消失するかの如くなくなり、ある戊の日の暗剣方のとき、空飛でびっくりし、同じような日に、妙な婦人が入塾に付て来るし、単なる暗剣殺の方位の日では何も大したことなく、命宮方向、暗剣殺で、遁甲の天書で日干が地盤でその方向にあったとき、凶が符っていることがわかりました。通勤などで諸要素が重さなるのが少く出にくいのではないでしょうか。また逆に吉が効するのも、単にその方向がよいというのでなく、諸要素が入れば、必ず吉に出るも、そうでないと大したことはないのではないでしょうか。そんなところに、黄南

輝先生の申される　極意あり　ということではないでしょうか。

九六居派遁甲　年月運

一生のものは、紫微斗数で、更に詩歌をそえます。

この詩歌は、四柱推命や紫微斗数など宿命を主とするものでは、最高秘奥で、家の一軒分ほどの高い鑑定料払った人に授けるものだと申されます。

宿命を主にみる術では、開運の方法がないので、各派秘奥のこの詩歌で、感じさせます。最良のときに、この詩歌を読めば、良さが永続する方法を感じさせ、最悪のとき読めば、向上する方法を感じとらせる、同じ詩歌でありながら、状態により異なる心の作用をなさしめるものと申されます。

年月運は遁甲で出します。

九六居派の遁甲盤は、奇門遁甲統宗大全のものと同じで、年は六十年一局で、上元六十年陰一局、中元六十年陰四局、下元六十年陰七局でございます。

月は、甲子年より戊辰、己卯年より癸未、甲午年より戊戌、己酉年より癸丑の年を上元とし、陰一局。己巳年より癸酉、甲申年より戊子、己亥年より癸卯、甲寅年より戊午の年までを中元とし、陰四局。甲戌年より戊寅、己丑より癸丑、甲辰より戊申、己未年より癸亥年までを下元とし陰七局でございます。

中国は、その判断法に、どれも易が基底にございます。それも先天易でございます。日本で易と申しますと、後天易であり、筮竹を思います。中国では先天易で、数字に直し計算します。

例えば、九六局派の本命（三十一ページ参照）が二黒の方、昭和四十七年をみるとすれば、定位で二黒の対が八白でございますので、本命と、その対とで易卦をたてます。昭和四十七年は、二黒は先天で艮、この本命の位置が上卦、対中の八白は先天で離、対中の位置は下卦になります。艮と離で、山火賁となります。月建も同じようにして出します。

南

兌	乾	巽
離		坎
震	坤	艮

北

（先天）

9	5	7
8	1	3
4	ア6	2

（昭和47年）

艮	離	巽
乾		坤
震	坎	兌

（九六居派）

ここでも九六居派は、八卦の位置を違えています。太乙真人の神授でございます。大変これで弱ります。

易卦と、遁甲盤の干や門で、吉凶を総合的にみるのでございます。

今、九六居派で本命二黒の人の、昭和四十五年十二月の月運は、庚戌年で陰一局、戊子四緑月にて、本命二黒は東にあり、丙で休門、天盤丁で乞びありとみております。

易を根とすることから、どこでも易が入っております。私は易と申しましても筮竹が好きでございませんので、このことを黄耀徳先生は知っておられ、

杜

傷 / 生 / 休			景 / 死 / 驚
	英 己	柱 乙	芮 辛
	禽 丁		沖 壬
	心 丙	蓬 庚(甲申)	任 戊

開

傷

生 / 休 / 開			杜 / 景 / 死
	禽 3 丁	英 8 己	柱 1 乙
	心 2 丙	輔 4 癸	芮 6 辛
	蓬 7 庚(甲申)	任 9 戊(甲午)	沖 5 壬

驚

もつと易を学ぶよう御指導いただきました。

（私見）月運は、私のもの書いてあるのは、あまりぴつたりしませんでした。

九六居派に限らず、易を利用している、なかでも先天易を用いていることには、日本でも考える必要があると思います。

気学なども後天定位を象意に出しますが、先天を参考にしても良いと思います。例えば、離宮傾斜で暗剣殺をもつている生れの方は、とかく親の縁のうすい方が多く、先天の乾、六白というものが暗剣とみれば、わかり易いと思います。

各派のものを、そのまま取り入れることはできませんが、よく消化して、用いるのなら益多いと思います。一般には先人の言、著書に、強くしばられこれに反すると間違いといった思想が多く、私などが申し上げますと、狂人のたわごとと解されるので、困ります。三合派偽術より一歩も出ないのはそのためではないでしょうか。放言をお許し賜って、狂人の寝言を申し上げますと、気学九星術は簡単明解にして、私などはその傾斜法などは宝として、珍重しておりますが、なお根本の大本に、あやまりが入っているのではなかろうか、拙著　奇門遁甲真義　でこれにふれましたが、そう思っております。

他の種々なものを知り、そのやり方のうち、参考になるものを応用し、一つ自分のことで考え、あっていたら二つ三つと他の例をみて、ある法則を導き出すことにつとめ、自分のがあてはめて、だめであれば、似た方法でいろいろやつで、それでもだめなら、私は用いません。よく一つや二つの例でという方がございますが、たった一つもあたらなくては深くやる意にならぬとも申せます。自分の例でひねくつて、これは面白いと思つたら、他の多くの例で考え、一定の法則化するしかございません。こうして自分独自の判断が確立しないと、変化自在がなく、先人の単なるまねや、うのみは、それが偽術かもしれませんから、よく考えねばなりません。先人を敬し、先輩を尊んずるは礼ではございますが、礼の為に研究もなければ、あやまりも批判せずそのままうけうりしているのは、術の本意とも思われません。師にさからうと破門する派がございますが、師は自らの弱みをかくすに懸命としかみえず、あまりにもワクにしめられて、自由な考えをもてぬようでは、自その天地は得られぬと思います。私は気学九星術で、その相生相尅を五行で考えません。そのために、わかつたとも思つております。狂人と思う方もおりましょうが、狂人の私からみると、狂つているのは、私と思わんのでございますが。

三元地理派　遁甲

台湾省農業試験所技師の楊永裕先生が、義兄が遁甲学んでるとて、李秋陽先生宅に案内下さいました。李先生は、米国の医大を出られ、日本の京都大学の医学博士で、誠に温厚な大人でございました。この李先生より、中国堪輿学会理事長曽子南先生宅につれていかれました。曽子南先生は、戦後大陸より台湾に移られ、日本語全くわからず、李先生、楊先生が通訳にて、話をしました。その後、中国堪輿学会理事の一番弟子の張渕量先生などと文通するうち、だんだんその概要がわかってまいりました。しかし、弟子の礼をとらぬと一切教えてくれず、弟子の礼をとると、著述も、他に伝授も禁じられ、誓約書を出すことになっております。私は奇門遁甲に付ては、弟子の礼をとらず伝授下さるという一文を賜りましたが、信義上発表は制約をうけます。

曽子南先生は、江西省贛州の出身にて、楊筠松の一番弟子の曽文迪の五十一代目に当ります。昔、楊筠松が戦乱をさけ、弟子の曾家に滞在し、そこで三元地理、三元擇日、些子法、三元奇門遁甲を教わり、父から子に、子から孫えと伝えたといわれます。中国堪輿学会は、中華民国政府より援助金を得活動しております。曾子南先生は、タイ、シンガポール、フィリッピン、香港などにも出張すること多く、日本には来たことございません。私は奇門遁甲に付ては、相当高姿勢で対し、一番弟子の張翊量先生などは、あまりに毒舌をはくので、一時立腹したようでございました。私としては、永年御指導賜った張耀文先生のこともございますし、傾斜応用の遁甲も負けぬ自信がございますので、立場上やむおえません。現在では、曾子南先生もそれを知って、奇門遁甲のみは、弟子の礼とらず教えると、最大限の譲歩をして下さいました。

曾子南先生は、奇門遁甲について、

「現在、三合派がほとんどである。これは良くない。神殺、霊符だめ、もつと科学的でなければならない。数学、物理学をやらねばならない。迷信じゃない。三元派の特徴は、遁甲を易卦になおす点である。」

また、時盤で五日一局のもの示し、

「これでは当らない。しかし、これを知らぬと易卦が出せない。ここまでは秘密にしない。（だから、どの本にも出てるし、知られてる。）これ以上は秘密にする。」

重要なことをおたずねすると、手をふり、首ふり、だまってお話して下さいません。違うというだけでございます。

造作法

穴堀り、杭打ち、羅経うめ等のことについて、おたずねすると、紙に書いて下さいました。先生は日本語わからず、私は中国語わからず、それでも字がいくらかわかりますので助かります。

「這是求福的一部分。祇有十分之三的効果。還要加上日課之富貴日課才能十分吉然。」

十分の三の効果があるが、日課が富貴課（曽子南先生の派の日の吉凶をいう）で、動堀的方向の卦気をみよ。（易卦のいいところでないといけない。）方位を六十四卦でみるので、その方向の易卦でる。　私は但し、此法、現在知る人なし。こう結びました。

造作法の良い時、よい方向が多くあるとは思っておりません。吉方であり、その人の命運によい、命運にきく、そういう時、吉方は少いと思います。遁甲では、単なる吉方ですら、やれ天盤だ、地盤だ、八門だ、格だといっていたら、ケチをつけるのは楽でございますが、吉方ですと云うのは骨が折れます。そこで主処のほかに、補助の別個所を動堀するということもやる派もあるようでございますが、やはり、何か極意ありで、違うのではないでしょうか。

方位角度

方位の角度は、二十四山の四十五度、八卦の四十五度、十二支の三十度と六十度。これらに付てよく論ぜられます。遁甲は八卦で四十五度ということでございますが、私は古書に漢代は十二支で、唐代より二十四山とあることから、古きを尊び十二支を用いております。これを曽子南先生におたずねすると、「もっと細かい。六十四卦で六十四方位。」即ち羅經のことを申されるわけで、これには負けました。

しかし六十四方位は、地相や家相で、旅行などの方位ではないのでございます。

余録

曽子南先生と話をしている途中で、李先生が、「あなたの来た日はいいが帰る日は余りよくないといってますよ。」とささやきました。私は、雷が出るかと予測してましたが、帰りは九州上空は晴れで良く、あとは雲・中部地方では暗雲で、カーンと耳鳴り、やはり雷と思ったのはこれかと、こっちの方も細かく出るわいと思いました。台北出たのが、昭和四十四年十一月四日午前十一時十分。おためし下さい。奇門天書決して他に劣りません。

易や五行の数理

台南成功大学物理学実験室で、丁振武先生などが、九宮は太陽の七色光線と、紫外線赤外線で、五黄殺や暗剣殺は、光線番号何番から何番までを、真正面からうけたとか、後背からうけたとか研究されしことを、張耀文先生より教わりました。十干は太陽の黒点に関わり、易は立体解析幾何でとけ、四柱推命の蔵干は微積分でわかるとも聞きました。

曽子南先生も、さかんに数学や物理学を学べと申されます。

運命術は科学ではございません。しかし或程度合致する部分があってもよいはずでございます。さりとて、あまりに科学を申しますと、それでは術を学ばず科学を学べということになり、あくまで或程度でございます。中国の方は、運命術を「科学に似て、科学にあらざるもの」といっております。今、中国堪輿学会創立記念論文集より、一つ二つとりだしてみることにいたします。

易は立体解析幾何学で、左の如く空間座標を示します。

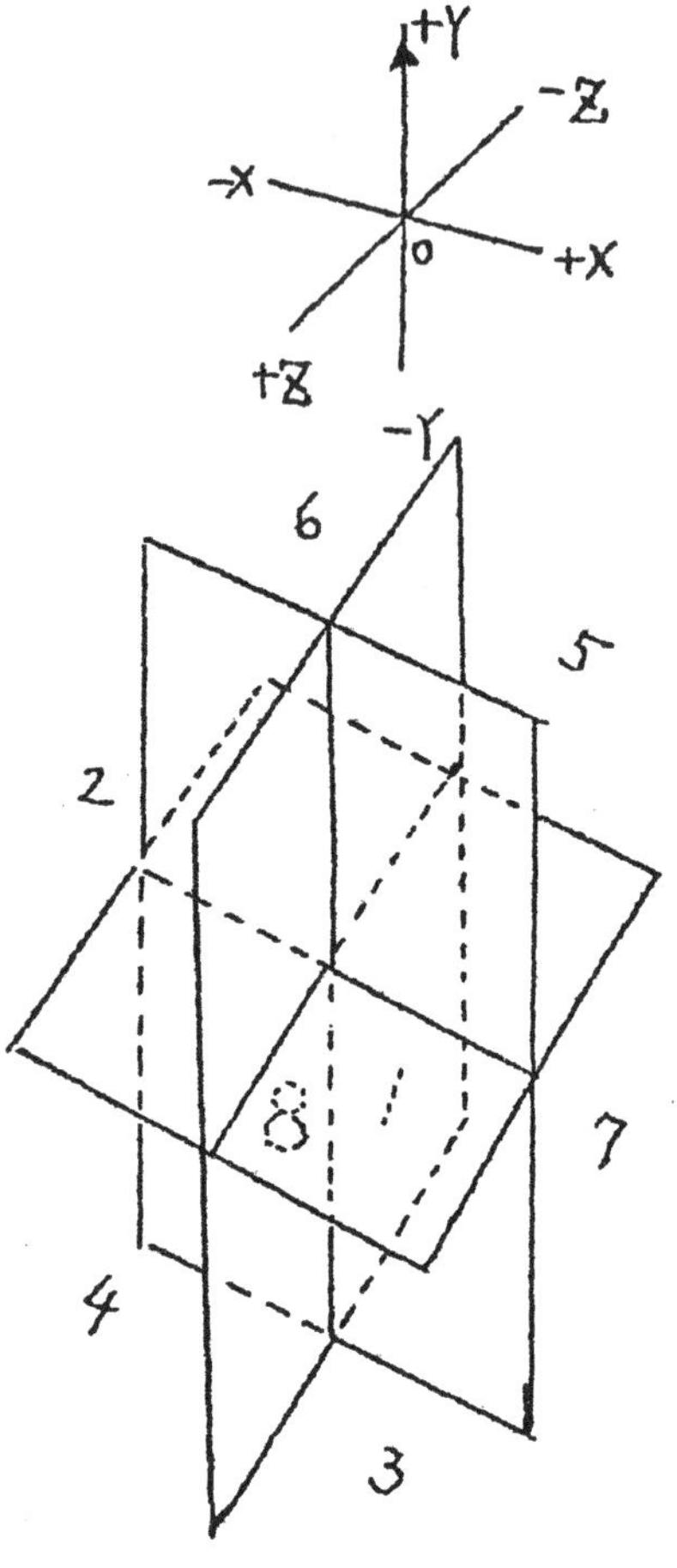

乾＝＋X＋Y＋Z（1区）
兌＝－X＋Y＋Z（2区）
離＝＋X－Y＋Z（3区）
震＝－X－Y－Z（4区）
巽＝＋X＋Y－Z（5区）
坎＝－X＋Y－Z（6区）
艮＝＋X－Y－Z（7区）
坤＝－X－Y－Z（8区）

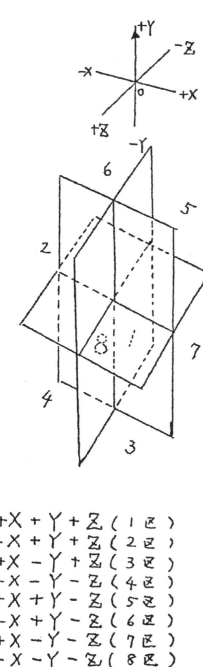

五行は三角法で示されます。

五行			$\phi(\theta)= \cos\theta + \sin\theta$
	水	0°	$\phi(\theta)= \phi(0^\circ)$
	木	72°	$\phi(\theta)= \phi(72^\circ)$
	火	144°	$\phi(\theta)= \phi(144^\circ)$
	土	216°	$\phi(\theta)= \phi(216^\circ)$
	金	288°	$\phi(\theta)= \phi(288^\circ)$

五行相比　割って１となる

例　木と木

$$\frac{\phi(288^\circ)}{\phi(288^\circ)} = 1$$

五行相生　割って $\pm 72^\circ$　我が彼を生むが ＋
彼が我を生むが －

例　火生土

$$\frac{\phi(216^\circ)}{\phi(144^\circ)} = \phi(72^\circ)$$

金被土生

$$\frac{\phi(216^\circ)}{\phi(288^\circ)} = \phi(-72^\circ)$$

五行相尅　割って $\pm 144^\circ$

例　木尅土

$$\frac{\phi(216^\circ)}{\phi(72^\circ)} = \phi(144^\circ)$$

金被火尅

$$\frac{\phi(144^\circ)}{\phi(288^\circ)} = \phi(-144^\circ)$$

十干は、

甲$=\phi(36°)$
乙$=\phi(72°)$
丙$=\phi(108°)$
丁$=\phi(144°)$
戊$=\phi(180°)$
己$=\phi(216°)$
庚$=\phi(250°)$
辛$=\phi(288°)$
壬$=\phi(324°)$
癸$=\phi(360°)=\phi(0°)$

干合は0となります

例　丙と辛

丙＋辛$=\phi(108°)+\phi(288°)$

$$=\{\cos(90°+18°)+\sin(90°+18°)\}$$
$$+\{\cos(270°+60°)+\sin(270°+18°)\}$$
$$=-\cos 18°+\sin 18°+\cos 18°-\sin 18°$$
$$=0$$

日本でも、電磁気などで、研究証明しておりますが、中国でも研究しており、現代では術を学ぶものは、少しは知らねばならぬことと存じます。

羅経のこと。

曽子南先生の三元奇門遁甲を考えるには、まず羅経の基本を知らねばなりません。御承知と思いますが、一応申し上げます。

太陽ののぼる東北から、太陽のめぐりのように、東、東南、南と陽として陽気をふやし、太陽の衰える南西から、西、北西、北と陰とし、陰気をふやし、八卦を配するに前図の如く、南に天の乾、北に地の坤となります。

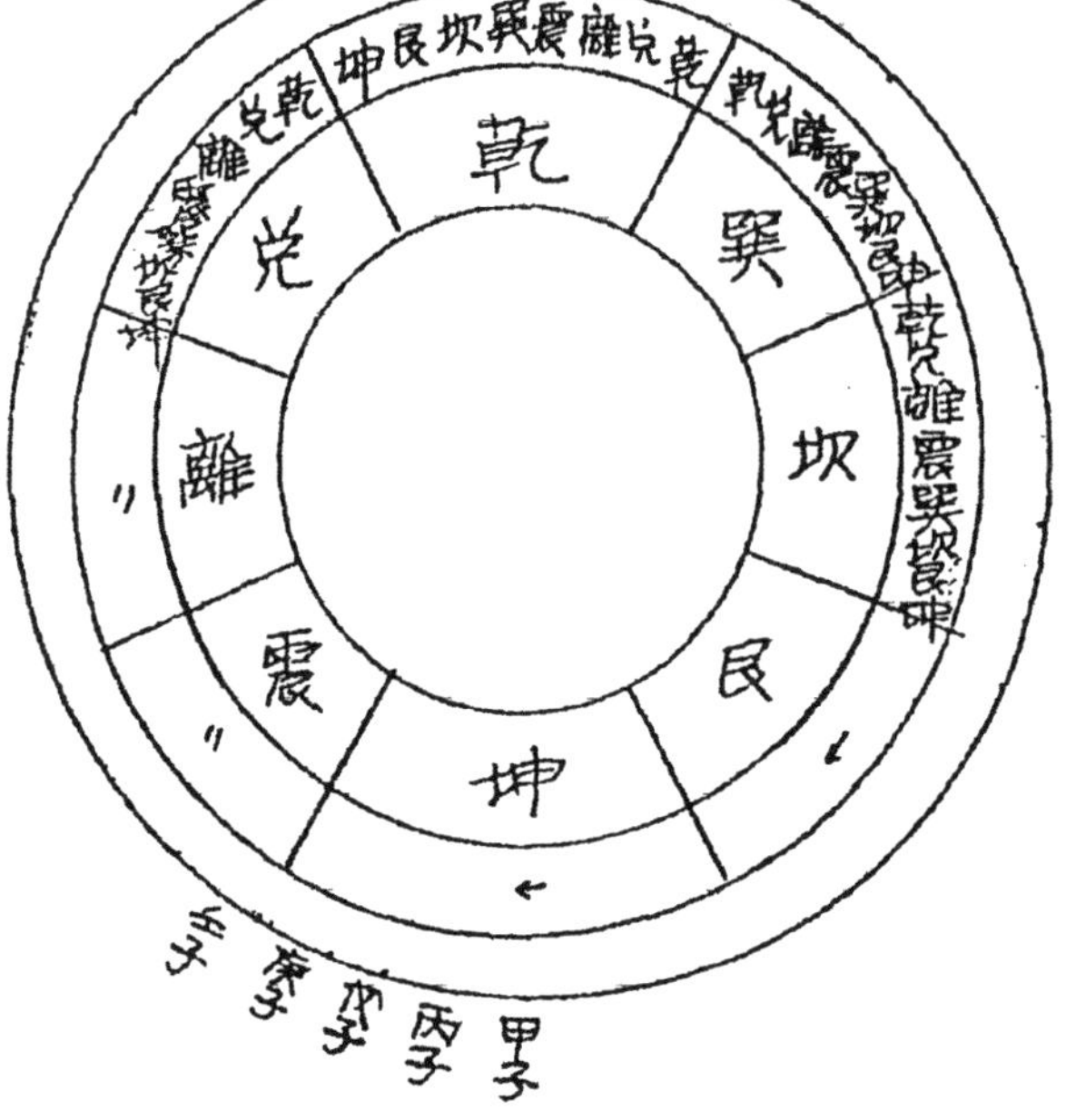

この八卦に、更に八卦を配します。陽の方は、陽がますように、右回りに坤、艮、坎、巽、震、離、兌、乾の順に、陰の方は、陰がますように、右回りに　乾　兌　離　震　巽　坎　艮　坤の順になります。はじめの八卦わけが下卦で、はじめの八卦の中に、更にわけた八卦を上卦とし、六十四卦できるわけでございます。

また干支を配します。例えば　子　でも、甲子、丙子、戊子、庚子、壬子と干支にはございますので、干支順に子の方に配します。　丑のところは、乙丑、丁丑、己丑、辛丑、癸丑というように、干支を全部配します。左の六十六、七ページに示しますのがこれで、外盤と申し、実際に用います。内盤というのが、後述致しますが、これは理論的で、外盤が主でございます。わかり易くするため、実際の羅経と多少わく順が違うかもしれませんが、

（卦名）上卦）下卦）干支　の順になっております。

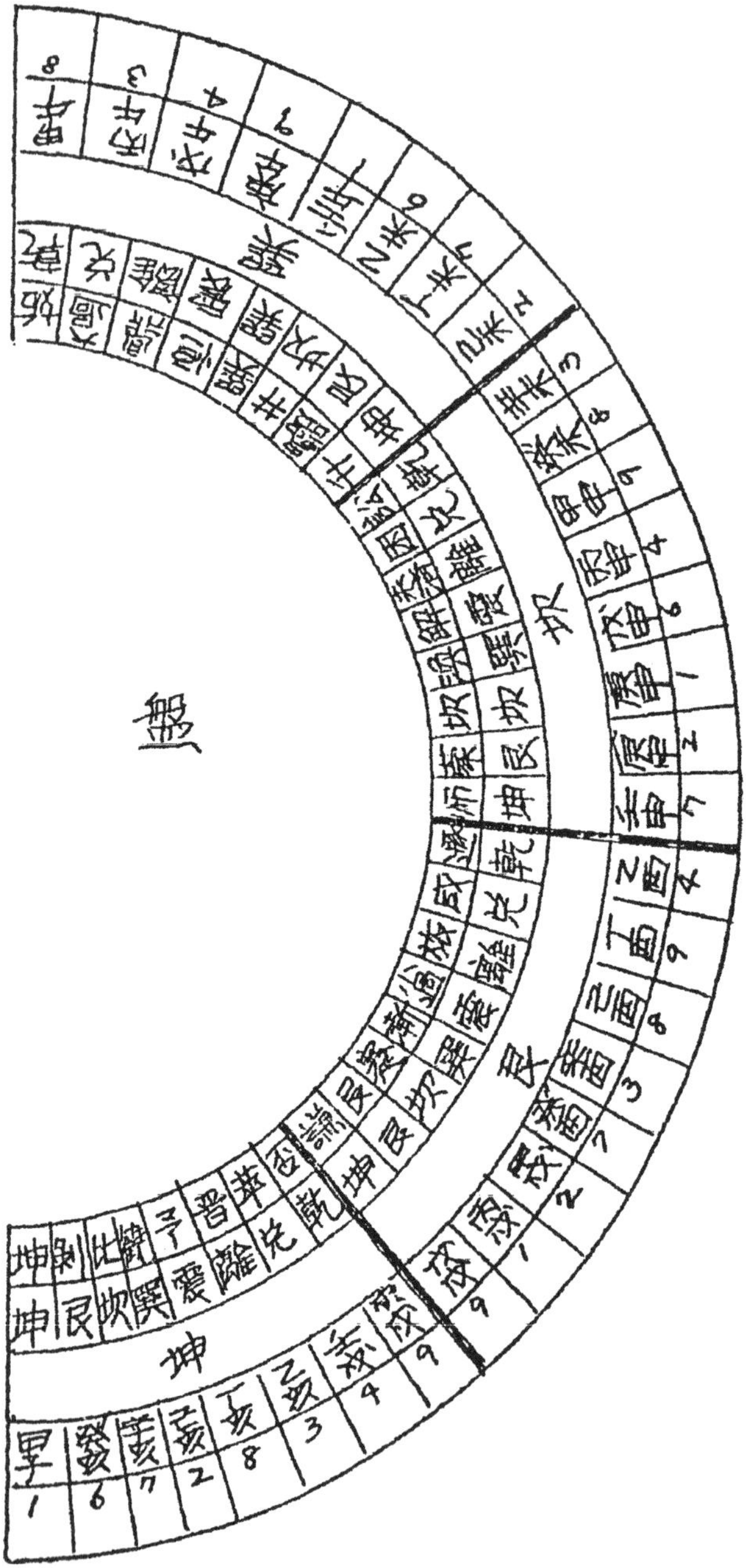

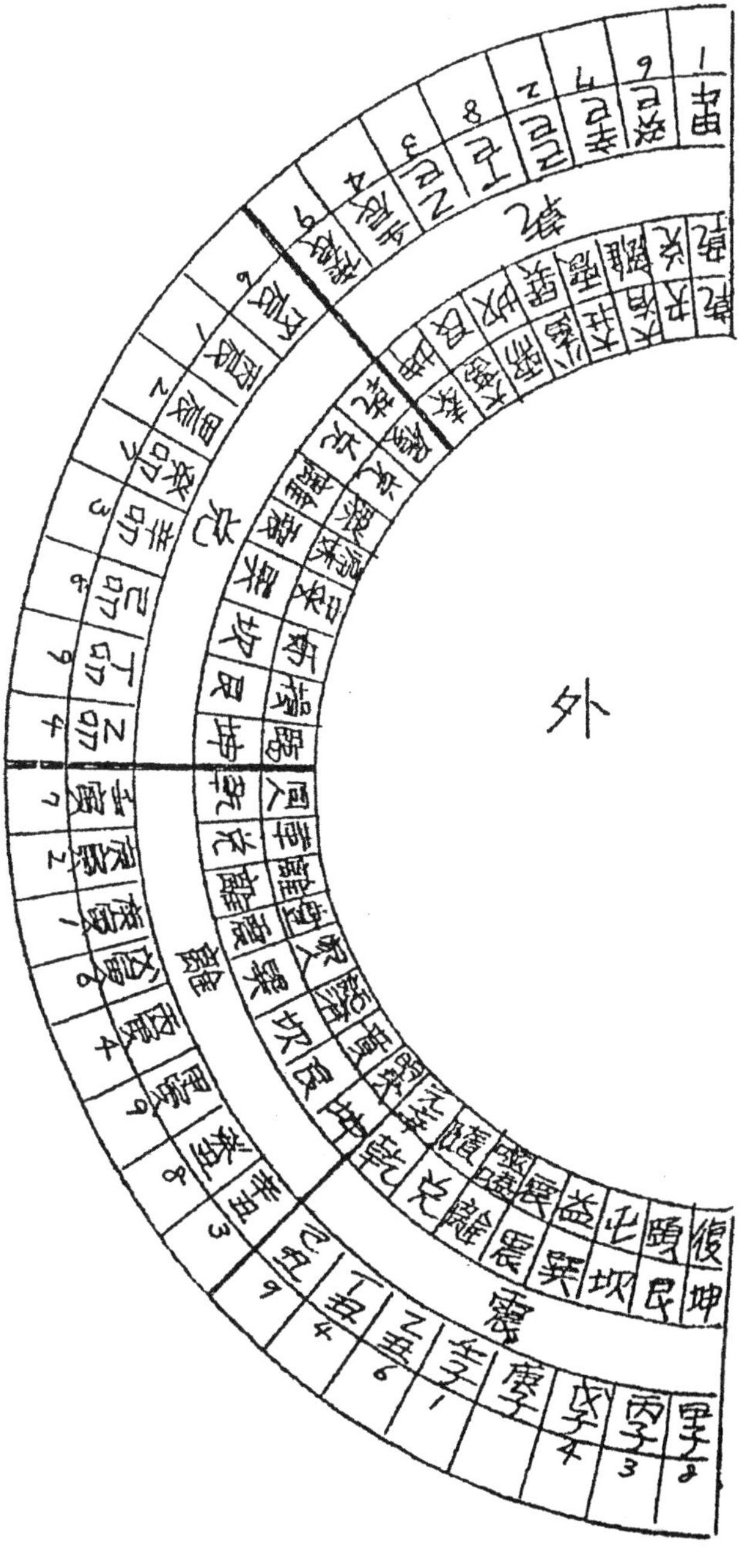
外
乾
兌
離
震

内盤は、外盤と逆様式をとり、陰陽一組としております。

八卦が、北が天の乾で、南が地の坤と反対で、その配置も左の如く反対となります。八卦の中に八卦を配するも、外盤では八卦順に下降するのに、内盤では上昇のおき方でございます。

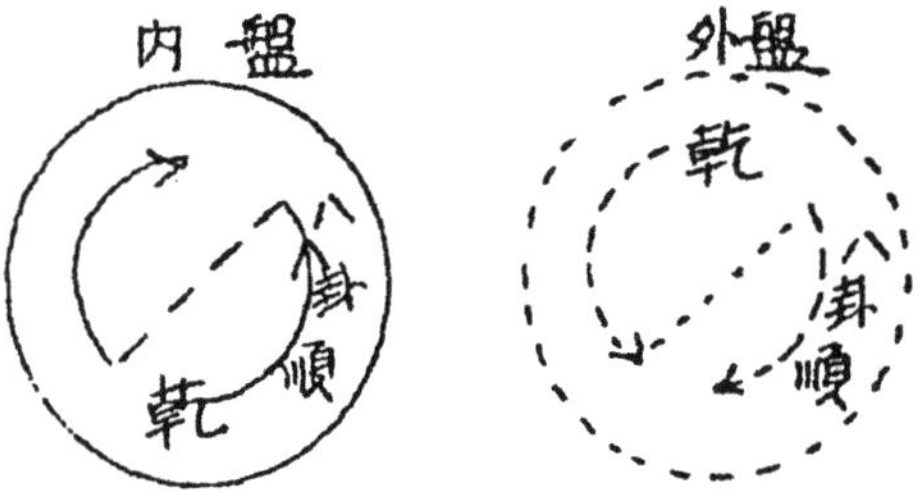

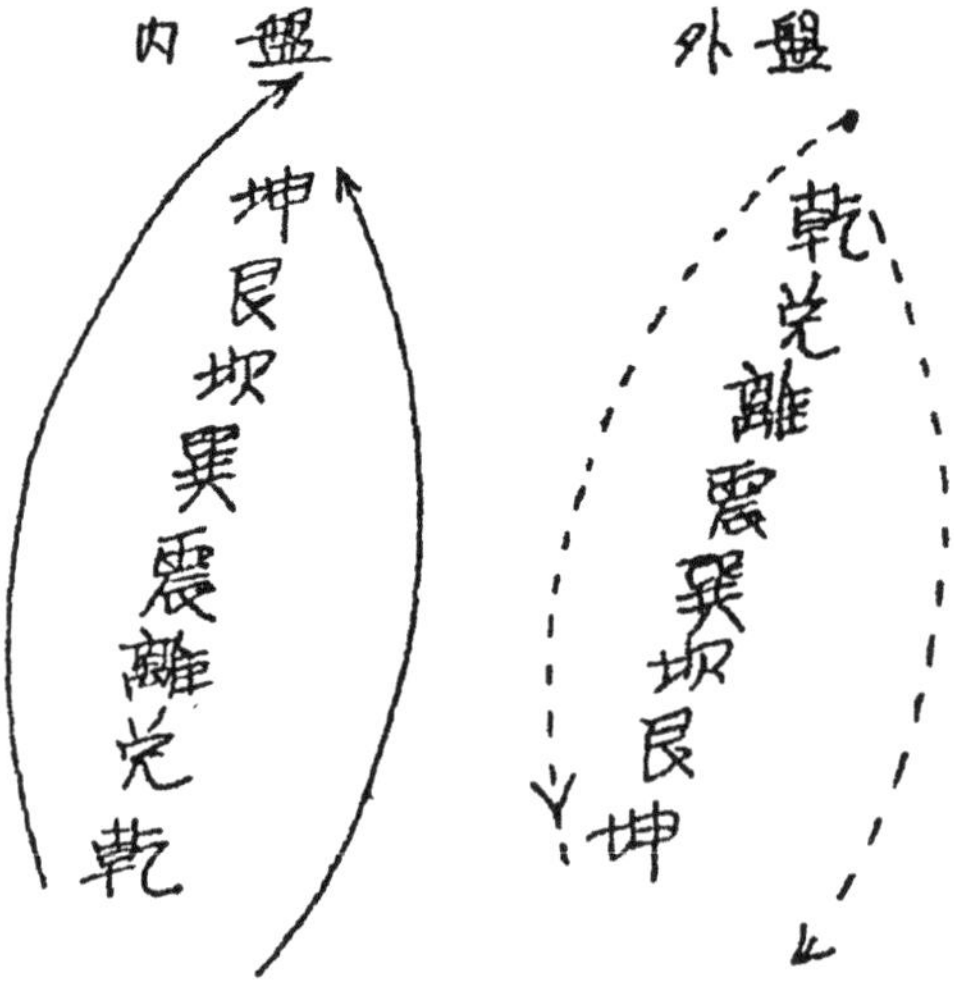

外盤では、八卦の中に、更においた八卦が上卦で、八卦が下卦でございますが、内盤では反対で、八卦が上卦、八卦の中の八卦が下卦となります。

七十、七十一ページに内盤を示します。

（上卦）（下卦）（内盤卦名）（内外盤卦名）の順でございます。

内外盤卦名は、外盤の上卦と、内盤の下卦の組合わせた卦名でございます。

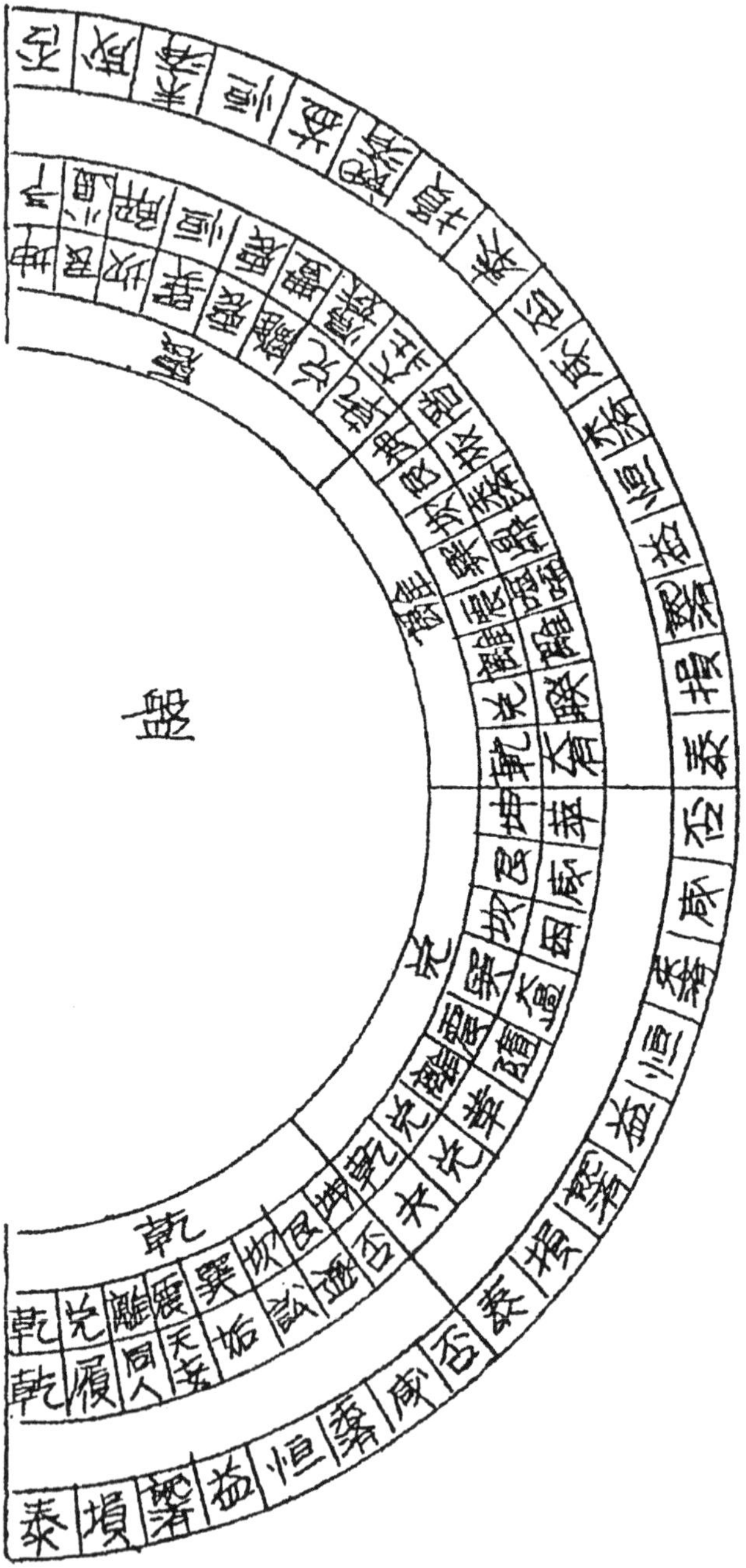

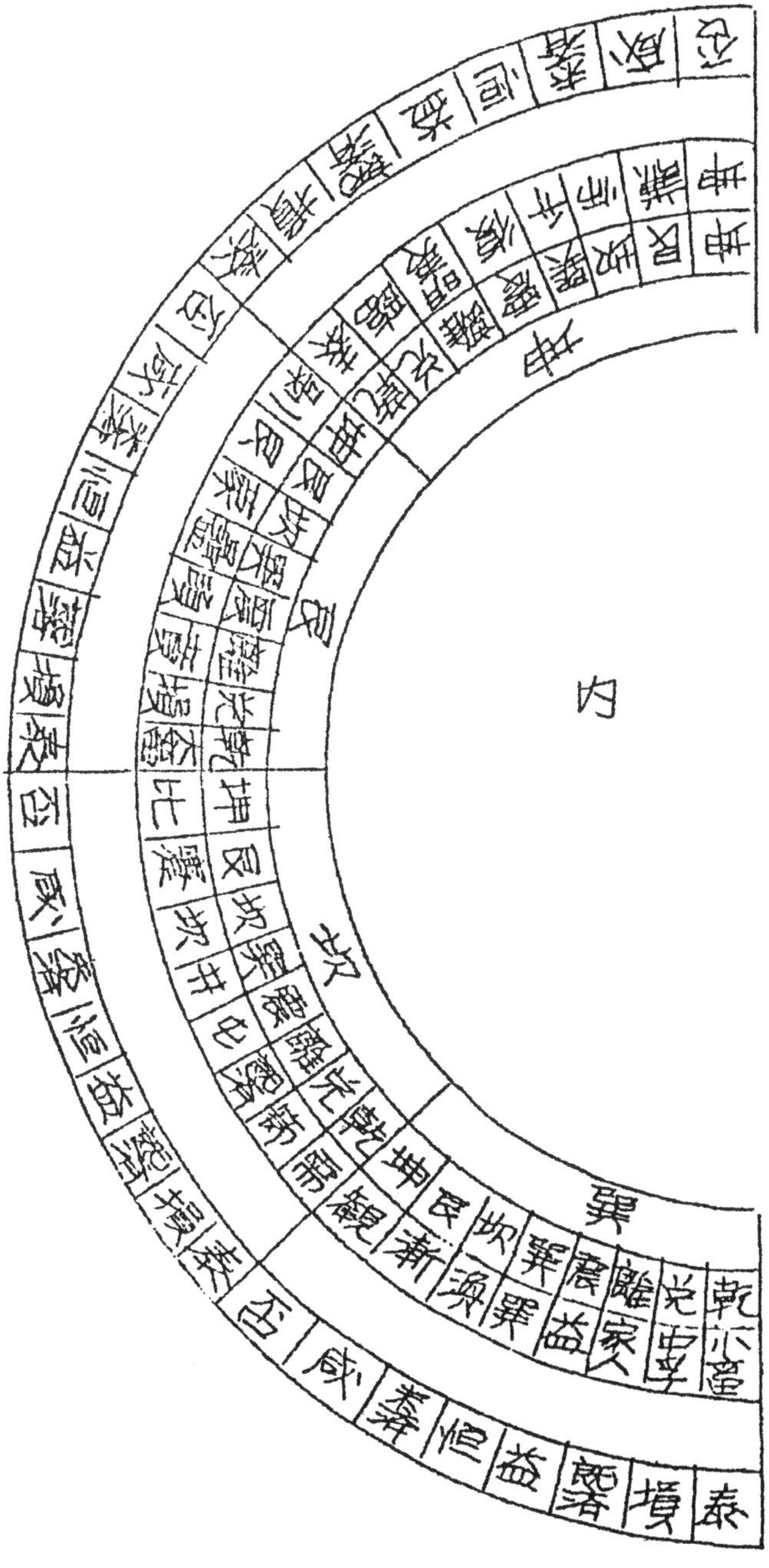

羅経は、内盤と外盤を組みあわせて出来ております。これは最も標準のものでございます。羅経に関しては専門の書がございますので、詳しくはそれらをごらん下さい。

さて、羅経を申し上げしついでに、今一言申し上げます。日本ではこの羅経も一種類のみと感ちがいされますので、そのことを申し添えます。遁甲盤でも何種類もございますが、羅経も何種類もございます。種類だけでも申し上げますと、次のようでございます。

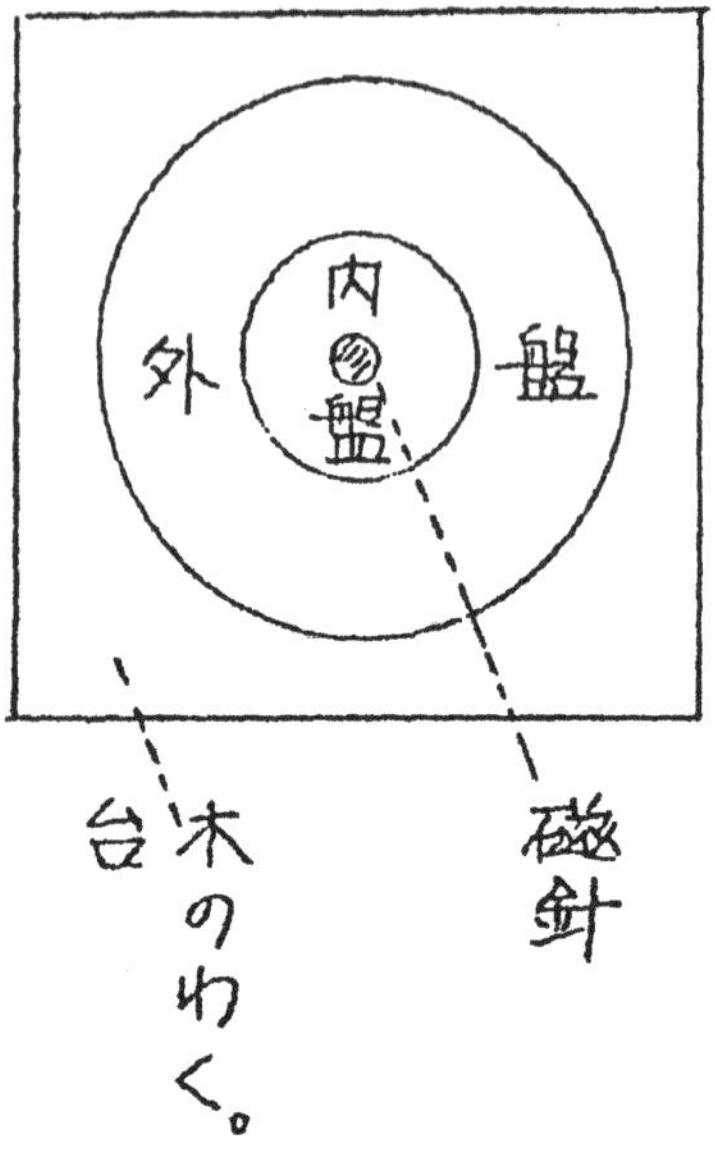

（羅経）

羅經種類

1. 先天八卦式
2. 後天八卦洛書図式
3. 八煞黄泉図式
4. 八路四路黄泉式
5. 貪狼九星式
6. 地盤正針式
7. 十二陰陽龍式
8. 正五行式
9. 劫煞盤式
10. 穿山七十二龍式
11. 合穿山卦周易天統式
12. 中針人盤

13 透地六十龍式

14 奇門遁甲式

15 透地卦式

16 二十八宿四吉宮照式

17 四吉三奇八門五親式

18 縫針天盤式

19 秘授正針二百四十分式

20 內盤分金式

21 外盤分金式

22 分金孤虛相旺煞曜式

23 分金地元歸藏卦式

24 納音五行式

25 十二宮分野式

26　二十八宿纏分野式

27　逐月節気太陽到山二十四気式

28　玄建起正月登明十二将式

29　販訔十二神式

30　太陽十二宮舎式

31　二十四位天星式

32　渾天度数式

33　平分六十竜透地式

34　合人盤二十八宿三百六十五度式

35　定差錯空亡式

36　挨星二十八宿式

このほかまだまだあり、曽子南先生の三元羅経も別のもので、その違いはやはり少し違うというのでなく、全く違うものでございます。易を主体としたものが、標準で、易をかえるというのでなく、易を用いないというように根本から違うのでございます。中国では、一般に術の基盤に必ず易があって、計算的に用いますから、どの術にも易が入っております。奇門天、地書も、判断に易卦を出す法が述べられておりますが、みな入っているのが、極めて普通でございます。私は易をきらったので、張耀文先生は、日本の傾斜を応用したものを申され、むしろこれが私にとっては良かったのでございますが、中国的には易、中国的な易が知らぬといけないと思います。先天易でございます。日本ではやりませんから、近いところで、五行易を学んでおくと、いくらか助けになりましょう。

三元奇門遁甲盤

曽子南先生は、著書のうち、三元地理、三元擇日、三元奇門遁甲、三元羅盤用法、三元陽宅吉凶看法に関しては、本屋さんにも出さず、直接渡します。曽子南先生の御好意にて、奇門遁甲に関する書は、出版されてるものは載きました。しかし、本は万年暦や盤の羅列で、説明は全くございません。説明は口伝で、従って本のみではわかりません。

遁甲盤も、発表するのはどうかと思いますが、概要を内密に申し上げます。日本人として、曽子南先生にお会いしたのは、私がはじめてで、台湾からの状報では、近年交流求める鑑定業の方がある由で、良い面もございましょうが、悪い面もございまして、どういうわけか、日本人は海外でもお互の足をひっぱり、国内でもお互の悪口をいって、我こそという運命術の社会でございますから、私は研究者のために、内密で云わんとするので、この発表について、台湾に申し、国際信義を乱す人がいたら、大変立腹し処置しますかう、そういうことはなさらないようお願い申し上げます。

陽一局　甲己日、甲子時を例とします。

六十六、七頁の羅経外盤を参照して下さい。上卦を用います。

甲子は羅経外盤で坤卦でございます。そこで戊を先天坤卦の北におき、（後天坤卦でございませんので、おまちがいなく）あとは九宮順に配します。

辛	乙	己
庚	壬	丁
丙	戊	癸

陽一局甲己日甲子時

己	丁	乙
戊	庚	壬
癸	丙	辛

陽一局甲己日乙丑時

前ページの上の盤のようになります。これが甲己日、甲子時の陽一局の地盤で、天盤は旬首を時干のところにもっていって、円転いたします。ここでは地盤を申し上げてまいります。

さて、陽一局甲己日乙丑時になりますと、羅経外盤で乙丑は離。先天では離は東で、戊を東におき、陽で九宮順に前頁下図のようになります。

奇門天、地書は、何局というと、それにあわせて戊を配して、あとの干を順逆においてまいりますが、三元奇門遁甲は、いつも戊ではございません。

陽局、陰局、そして局数により、はじめにおく干がちがいます。

左表は、はじめにおく干を示しました。例えば陽三局の甲己日の己巳時と

陽局数	おく干
1	戊
2	乙
3	丙
4	丁
5	癸
6	壬
7	辛
8	庚
9	己

しますと、羅経外盤で己巳は震卦で、先天では東北、そして陽三局で東北に丙をおき、あとは九宮順に、南に乙、北に戊、南西に己、東に庚、東南に辛中宮に壬、北西に癸、西に丁となります。

辛	乙	己
庚	壬	丁
丙	戊	癸

陽三局甲己日己巳時

陽局の八門

陽局の八門は、先天易卦の全陰の坤から、全陽の乾にかけて、陽のさかんになる順序に、休 生 傷 杜 景 死 驚 開をおくわけでございます。

従って、いつも右回りにおくのとは大分違います。後述いたしますが、陰局と陽局は配置順が違います。

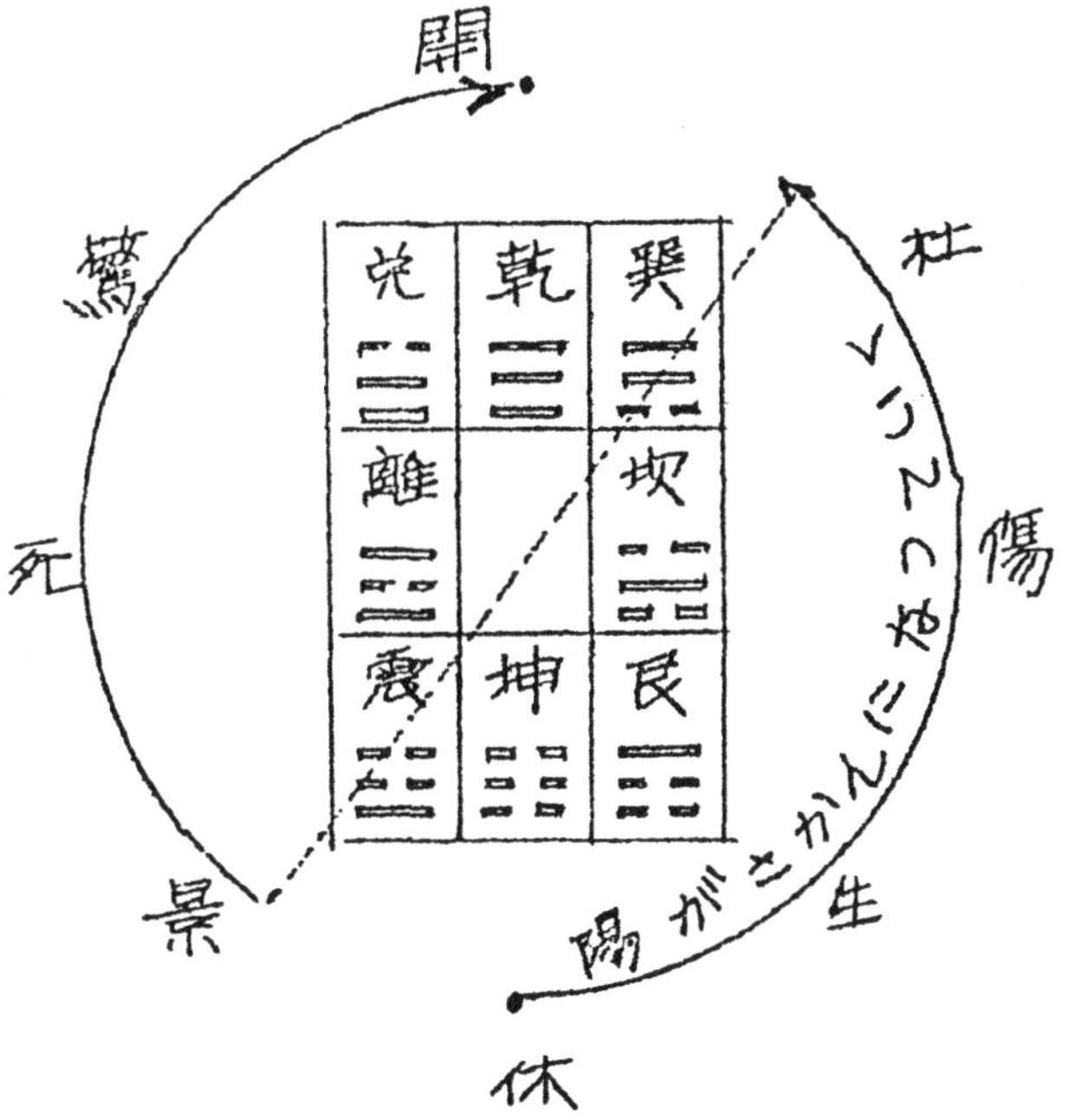

右図のように、陽局八門は、陰より、陽の増すように八門をおいてまいり

ます。

陽一局甲己日甲子時は、前図のと同じで、このページの上図のようでございます。次の乙丑時になりますと、一つ動きまして、全陽の南の乾卦のところの開門がおりてきて、下図のようになります。次の丙寅時は、更に南の乾卦の驚門が坤卦の北におりてきて、配置されます。

八門は、旬首より数えて、旬首の宗位八門をもってくるのでなく、陽局も陰局も、時干支によって、決っております。

驚	開	杜
死		傷
景	休	生

陽局　甲子時

死	驚	傷
景		生
杜	開	休

陽局　乙丑時

時干支によって、北におく八門（陰局は南におく八門）

干支	八門	干支	八門	干支	八門	干支	八門	干支	八門	干支	八門
甲子	休	甲戌	驚	甲申	景	甲午	傷	甲辰	休	甲寅	驚
乙丑	開	乙亥	死	乙酉	杜	乙未	生	乙巳	開	乙卯	死
丙寅	驚	丙子	景	丙戌	傷	丙申	休	丙午	驚	丙辰	景
丁卯	死	丁丑	杜	丁亥	生	丁酉	開	丁未	死	丁巳	杜
戊辰	景	戊寅	傷	戊子	休	戊戌	驚	戊申	景	戊午	傷
己巳	杜	己卯	生	己丑	開	己亥	死	己酉	杜	己未	生
庚午	傷	庚辰	休	庚寅	驚	庚子	景	庚戌	傷	庚申	休
辛未	生	辛巳	開	辛卯	死	辛丑	杜	辛亥	生	辛酉	開
壬申	休	壬午	驚	壬辰	景	壬寅	傷	壬子	休	壬戌	驚
癸酉	開	癸未	死	癸巳	杜	癸卯	生	癸丑	開	癸亥	死

この表は、陽局も陰局も同じでございます。陽局は北において八卦順を逆のぼり、陰局は南において、八卦順に下降します。

例えば、陽局で、壬午のときなら

景	死	生
杜		休
傷	驚	開

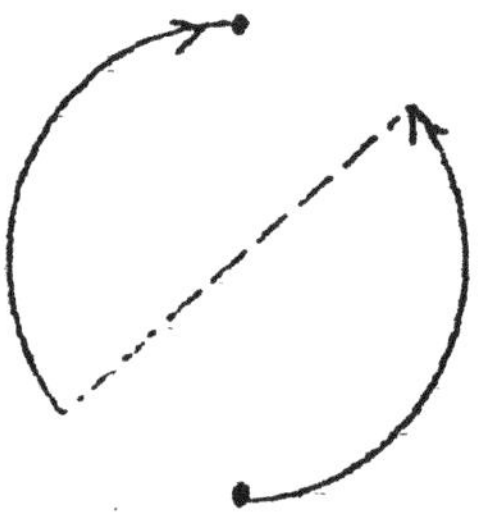

表より壬午は驚門、驚門を北におき、あとは八十一ページのような順で、八門を配置してまいります。

これで、天盤をつくり用いますが、なんといっても、次に申し上げる六十四卦になおすのが珍しいものでございます。

例として、陽一局甲己日甲子時でお話申し上げます。

その開き方は、北より易卦の、陽局は逆に、八門を配した順にひらいてまいります。

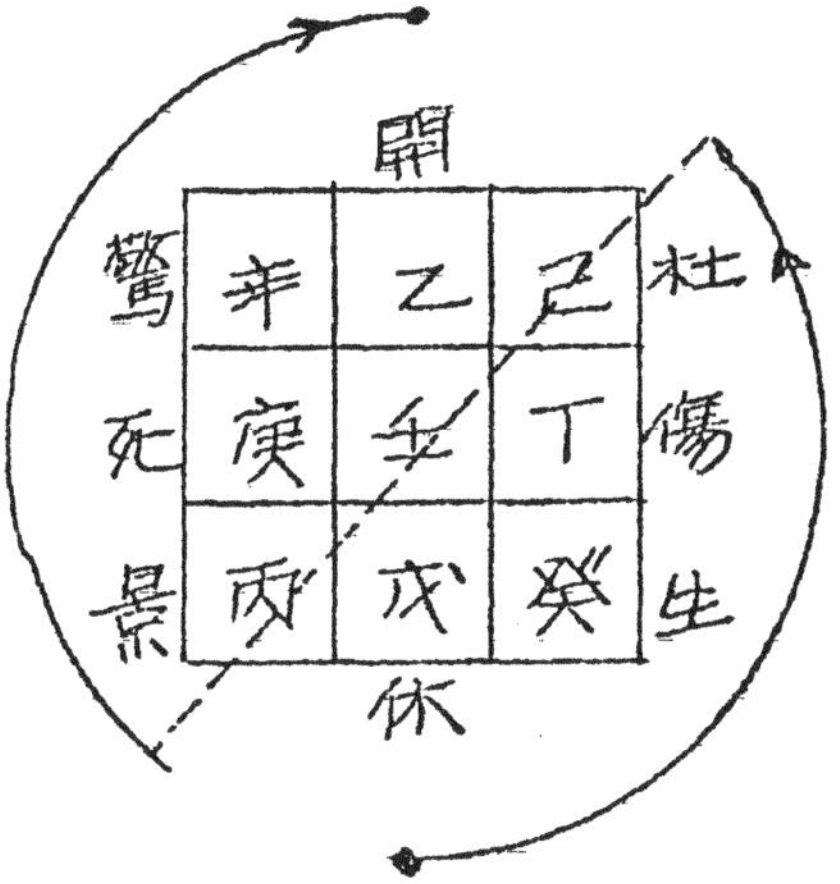

上の矢印の順に下のよう
にひらいて、くりかえし
おいてまいります。

このようにして、全部開いたものが次に
示したものでございます。

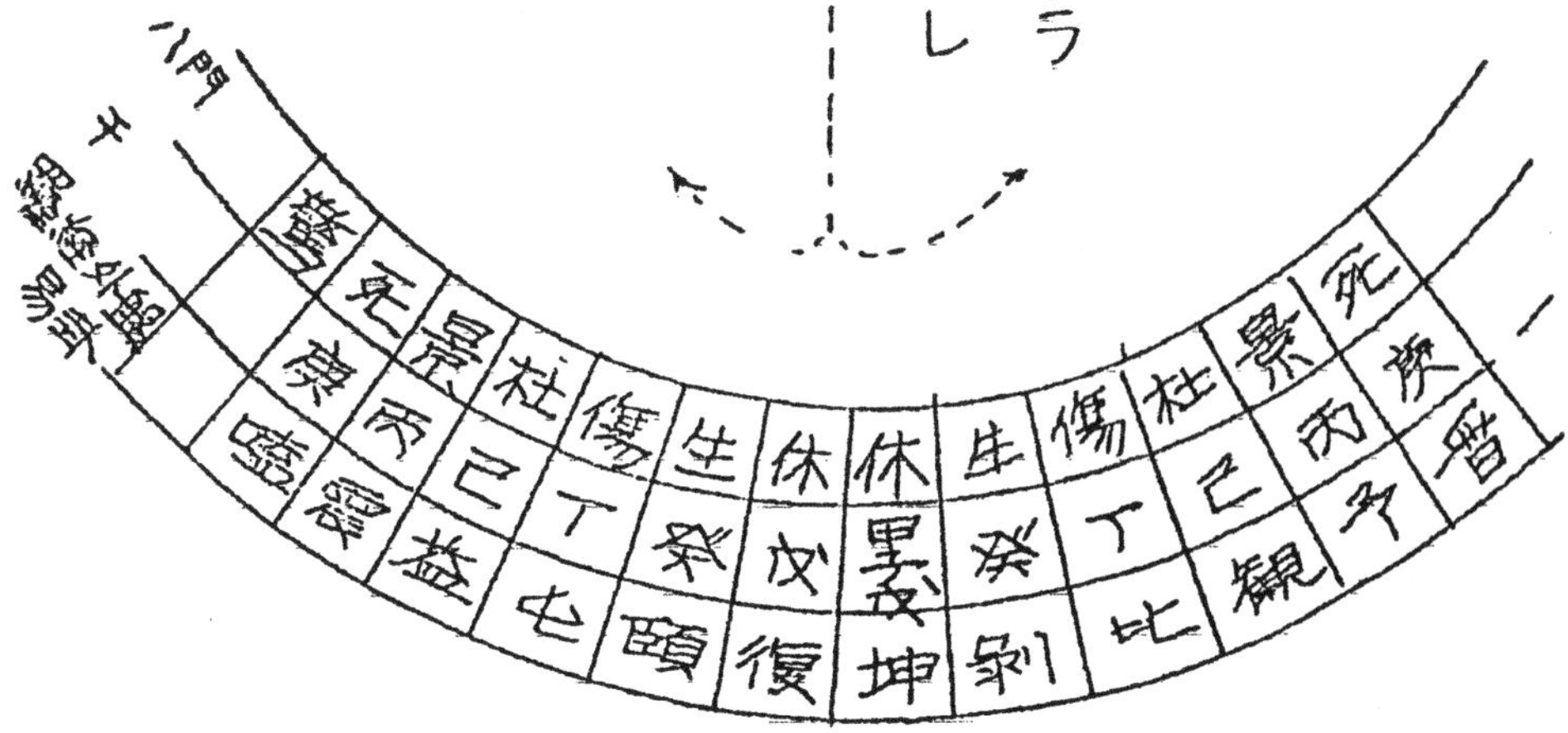

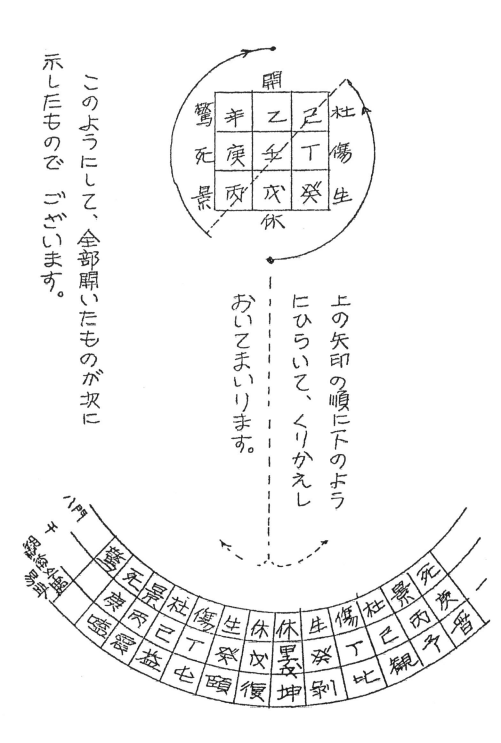

局

甲子時

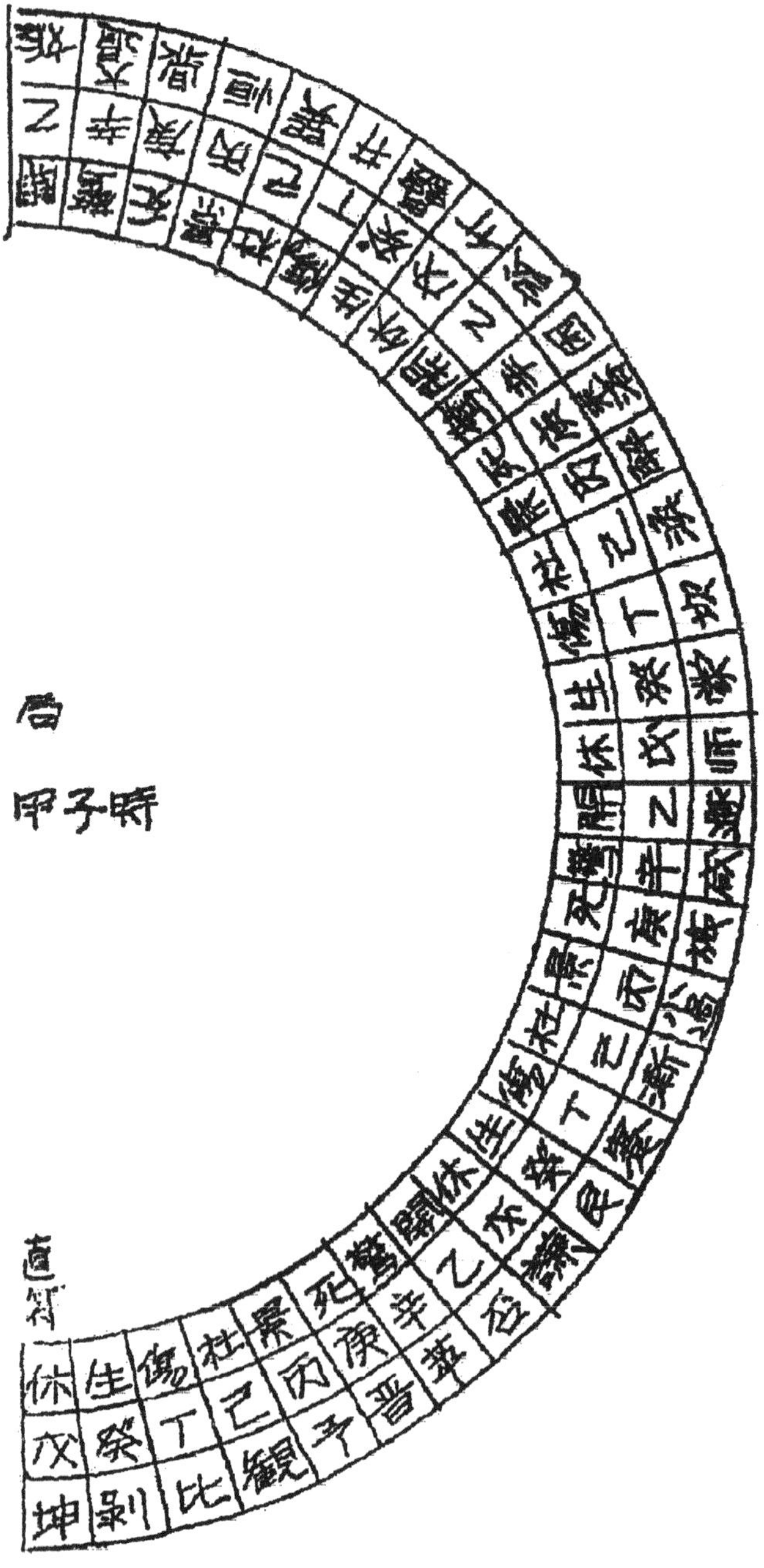

直符

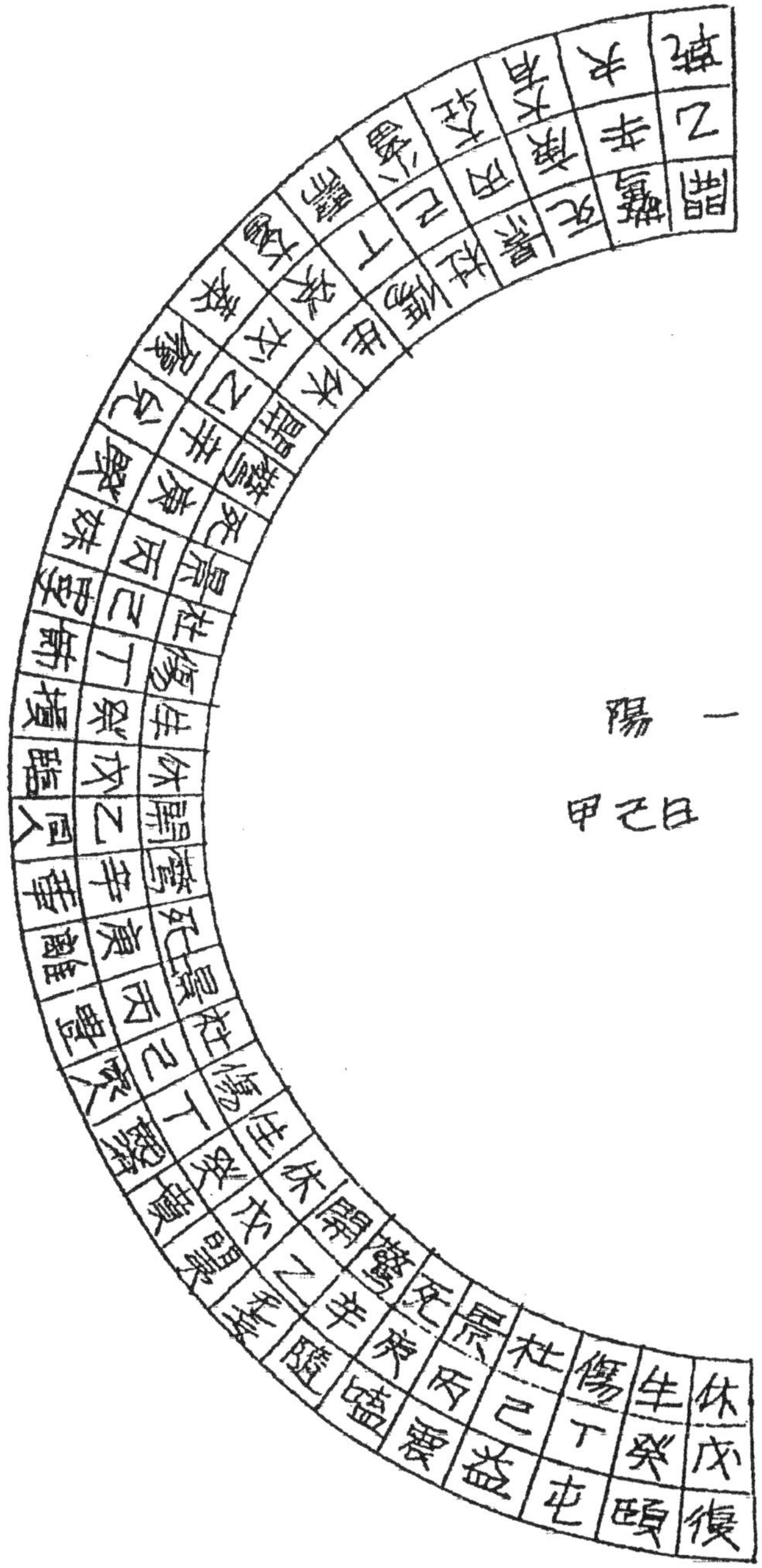

陽一

甲己日

陰局の場合

陰一局甲己日甲子時を例として申し上げてまいります。

甲子が羅経外盤で坤卦なので、北に戊をおくのは陽局と同じでございますが、そのあと九宮逆に干をおきます。陰一局乙丑時は　乙丑が羅経外盤で離卦なので、東に戊をおき、九宮逆に干をおいてまいります。

丁	己	乙
丙	癸	辛
庚	戊	壬

陰一局甲己日甲子時

乙	辛	己
戊	丙	癸
壬	庚	丁

陰一局甲己日乙丑時

その時の干支の易卦のところにおく干は、陰一局は戊で、陽一局と同じでございますが、あとは陽局と異ります。

陰局数	おく干
1	戊
2	己
3	庚
4	辛
5	壬
6	癸
7	丁
8	丙
9	乙

八門も陽局と違うところがございます。

その時の干支で、はじめにおく八門は、八十三ページの表で、陽局と同じでございますが、陽局が北におくのに、陰局は南におき、陰のます順におい

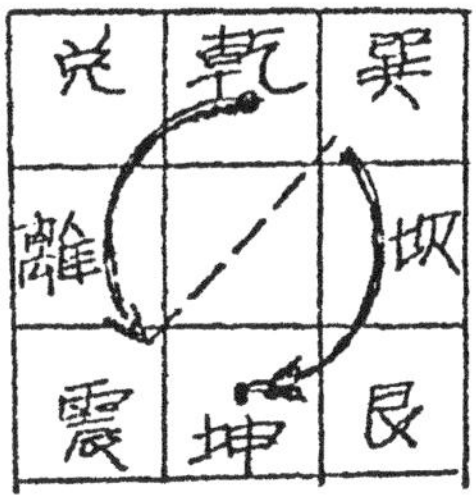

生	休	景
傷		死
杜	開	驚

てまいります。天盤は旬首を時干のところにまわして、円転し、八門も総てまわします。六十四卦方にひらくのは、陽局のひらき方と同じでございます。

陰一局甲己日甲子時

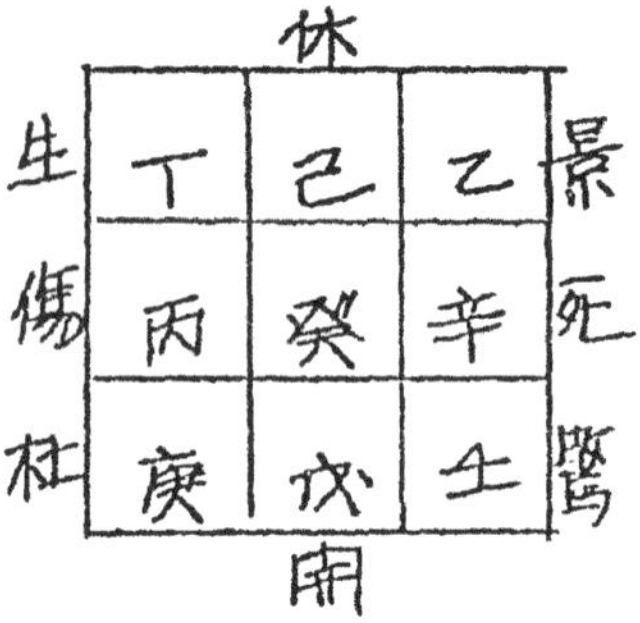

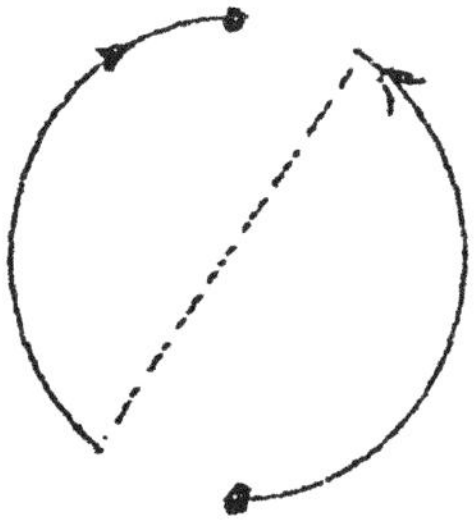

全部開くのは、陽局と同じようでございますから略します。

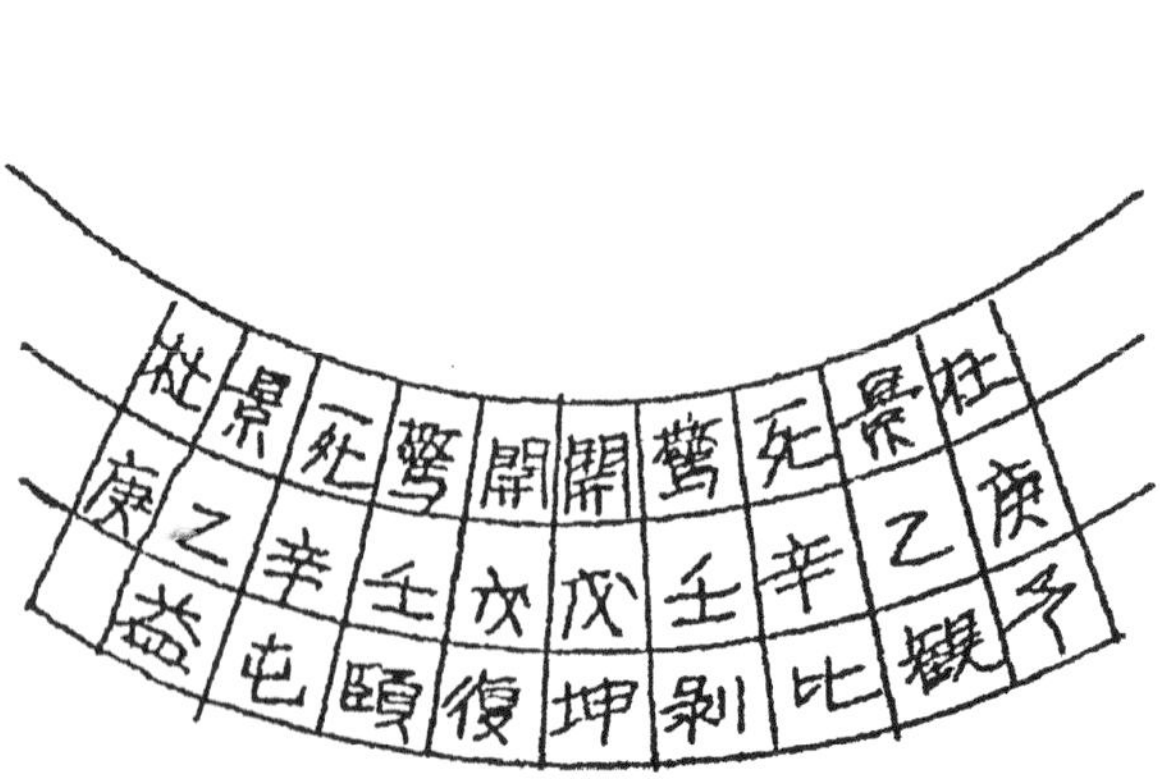

これで、三元奇門遁甲の盤を簡単に申し上げました。三元奇門遁甲をくわしく申し上げることは出来かねますし、それが本書の目的でございませんので、概略でございますが、三元奇門遁甲が、八卦的な盤であること、羅経のようにひらくことが出来るということが、おわかり下されば幸と存じます。すぐ、これが良いといった解釈をされる方がおられますが、それは慎みたいところで、遁甲には、盤も判断も多種ある一つと思って下さい。

尚、この六十四卦方位は、一般の旅行とか、移転には用いず、家相や墓相地相に用います。このことは後述いたします。また、奇門天地書の盤をひらくのも、干のおき方に八卦主体でございませんので、同じようにひらいても意味がございません。

六十四卦方の考え方は、次の九十二ページに示すようなことから、八卦に八卦とし、これをひらいた形にしたものでございます。

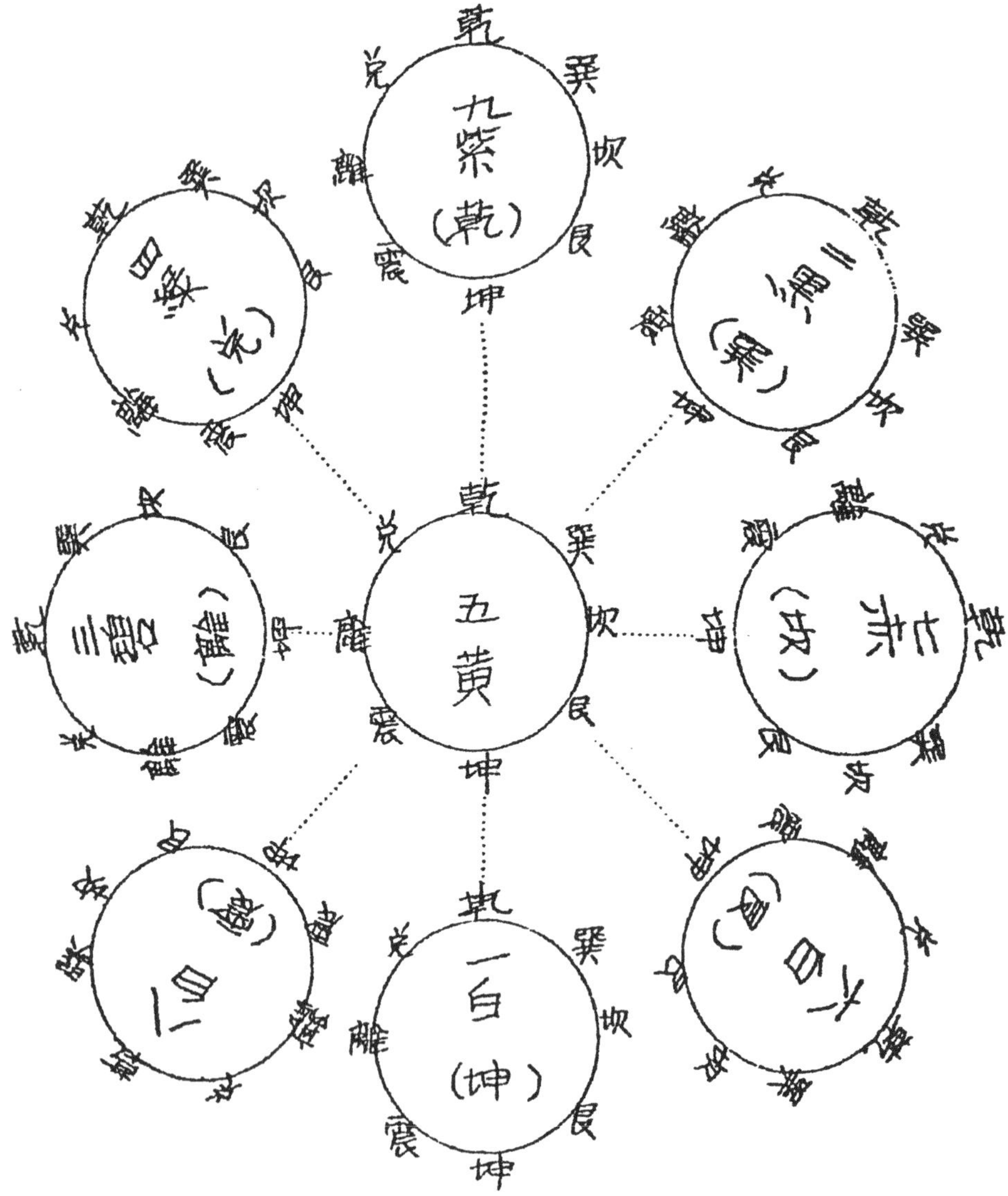

九紫
（乾）
五
黄
一白
（坤）
乾
巽
坎
艮
坤
震
離
兌

判断法をのべることは出来かねますが、この六十四卦の盤に、わかり易く申しますれば、左に示したように、易卦の交感、陰陽の交りなどにて判断するのでございます。五行、挨星についても、六十四卦方式の盤がございます。三元奇門図説に述べられてる歌訣がございますので、内容に申し上げましょう。

（交感盤）

陰陽相交莫空談　奇門遁甲如何遁
識得陰陽交遁法　便是楊仙下凡間

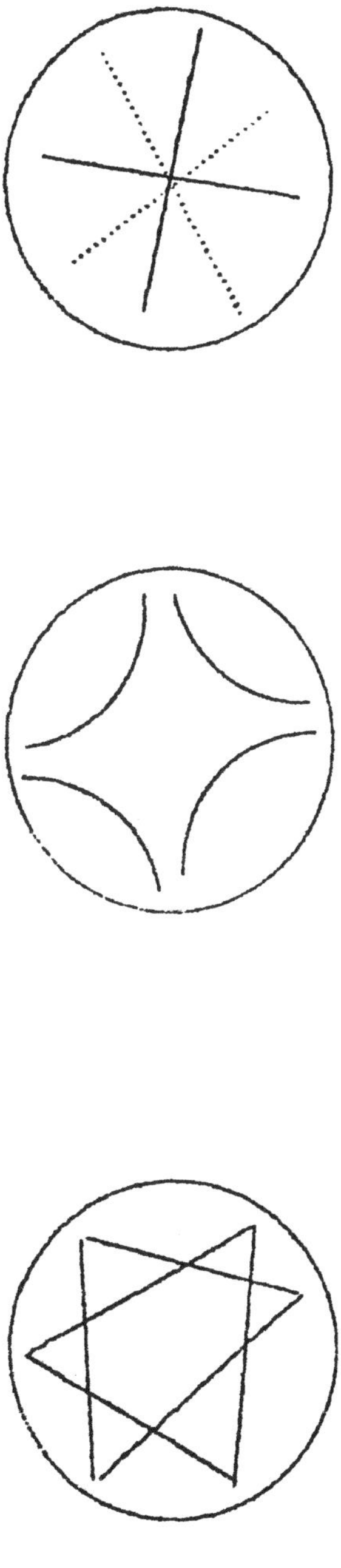

形気相感価千金　識得形気遁方真
有質是形無質気　不識形気到底空

（内卦盤）

八卦之内還有卦　外卦内卦千金価
不識内内奇遁法　慶兆対応天地差

（外卦盤）

八卦之外更有卦　此種八卦如何呀
内地卦遁外天遁　天遁地遁是妙法

（三角盤）

六卦構成両三角　奇門遁甲究如何
三卦八卦号三奇　三角三奇妙応多
天角地角同人角　坎離水火中天過
六甲三奇如何遁　乙丙丁奇移帝座
三元奇遁有三盤　天盤地盤同人盤
識得天地人三盤　百発百中神仙般
三盤之外又一盤　年月日時又一盤

楊公以此推尅応 四盤推来尅応全

（東西交晳盤）

東西南北名交晳 交晳之法奇中奇

東奇交西西交東 南北東西奇交奇

（交望盤）

此盤名為交望図 一交一望知其数

吉凶禍福知多少 尅応加数従此出

交為実数望虚数 虚虚実実数中数

一加〇今為〇一 〇一一〇是幾数

（天遁盤）

天遁地遁並人遁 三遁三奇施妙用

時师不知三遁法 乙丙丁奇有何功

（地遁盤）

天元地元並人元 三元遁法玄又玄

三三得六数欠三 三数欠三亦空算

（人遁盤）

上元中元並下元 三元遁法三奇全

上中下元各不同 同不同今算何算

（中遁盤）　中起中止過中央　横推直算臨八方
八八遁来六十四　六十四遁誰知詳

三元奇門遁甲の命理

三元奇門遁甲上中下三巻のはじめに、命理として、日本の皇太子妃殿下のものが出ておりました。三元奇門遁甲の特徴は、家相とか地相を細かくみるのに良いものと思われますが、命理は四柱推命などよりみると、遁甲は不充分なところあるかもしれず、これを以て三元奇門遁甲を断ずることできませんが、方位のみは、その吉凶が、他の命運や、前の家相や諸要素入り、明解といかずとも、命理は割にすっきりみることできて、参考になります。

これをみると、時盤で、十二宮を配したもので、遁甲の一般的方法でございます。極言すれば、時だけかということで、年は月は、日はと、私は四柱推命的につきたいところで、拙著奇門遁甲真義　奥義では、生月、生日、生時の各盤を天地人として、それに生年の干や九宮を入れて、原命身外宮としてみたので、生年月日時が全部一応入っているわけでございます。遁甲が時盤重視といえど、これは納得しかねます。私のは三合偽術的な考え方と笑われるかもしれませんが、浅学非才の私にはわかりません。

曾子南先生には、他は知らぬが、奇門命理は、或程度自信をもっているとはっきり申し上げました。

この三元奇門遁甲の命理で、興味をひくのは、まず先天盤で出して、それが先天易卦なので、後天易卦におきかえております。このへんのところは、日本では後天を用いておりますので、九宮などにしても、先天を応用する、まだ未開発の研究するところがあると、思いました。

命宮を出して、十二宮配するのは、紫微斗数と同じで、張耀文先生著　紫微斗数、佐藤文栞先生著　東洋占星術などに出ておりますからごらん下さい。

皇太子妃美智子殿下

甲戌　甲戌　甲子　戊辰

陰五局、南におく干　壬

先天の乾は南、乾は後天では北西なので、かえている

先天八卦でつくり

先天坤は北、坤は後天で南西なので。

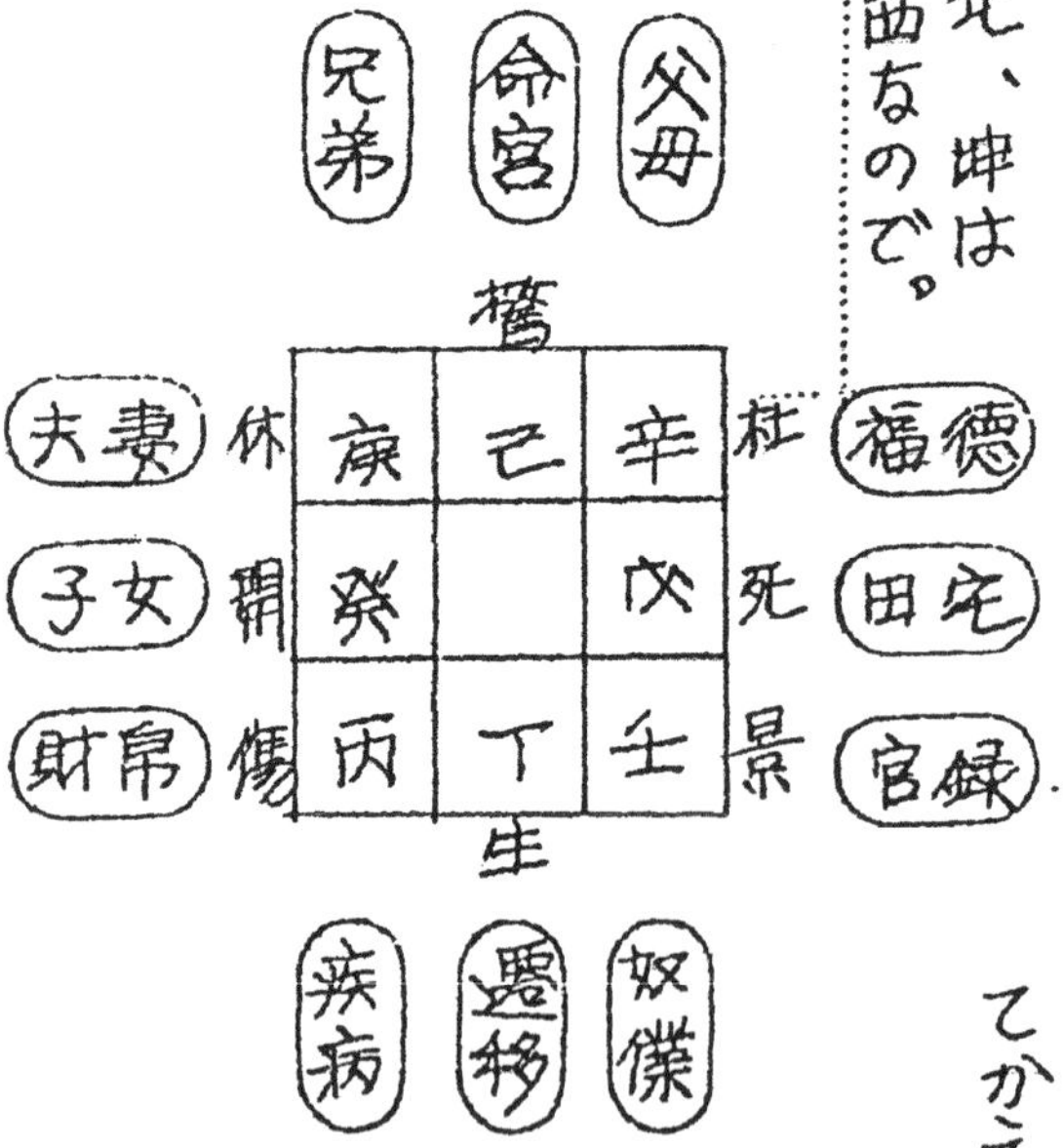

後天八卦になおす

他も同様にしてかえます。

その説明をみますと、大凡は、これだけでみておりますから、その当否は各位にて御推察下さい。

三元地理問答

三元地理を主に、中国堪輿学会理事　張渕量先生におたずねしたことを申し上げます。問は私(内藤文穏)で、答は張渕量先生、( )内は付記でございます。

問「　堪輿(風水)とは何でございますか。」

答『　堪は天道、輿は地道で、時間、空間の研究から、物能に至るもので、先天易は時空の研究です。』

問「日本は後天易でございますが、どうして先天易をつかいますか。」

答『　中国では、普遍的には、後天易に通じ、先天易に通じる人は少く周公、孔子、張良、孔明、邵雍　等の僅かで、過去秘伝として、伝わりませんでした。曽子南先生の三元奇門遁甲は、祖先伝来の先天易より推演したものので、その内容は、時間と空間の演算です。

しかし、奇門遁甲は単なる占験術で、物能がなく、曽子南先生の特徴は、些子法で物能です。」

問「要するに、悪いなら、それをよくする法がなくてはならず、そこに些子法があるということでしょうが、些子法とは何でございますか。」

答「自然界に存在する超能量の介子を、些子又は地霊と云い、その運用利用でございます。普通の遁甲は、時間のみ論じて、空間を無視していると思います。」

問「三元奇門遁甲は無価の宝と申されますが、こちらにも奇門天書の宝がございます。第一、楊筠松は神殺のみで、高度でないといわれます。天書は、中国の生んだ最高術者の劉伯温のものだといわれますが、どういうものでございましょうか。」

答「その価値を高めるために、楊公の名をつけた偽術が多く有ります。中国の大辞典によると、天書は後世の人が、価値を高めるために、劉伯温の名をいうが、実はその師の曽義山のもので、劉伯温以後は、伝わってないと云われます。」

（謙虚にうけたまわっておきますが、流派に伝わっていたので、完全でなく、部分的には伝わらなかったものもあるかもしれません。また一方では、三元地理は、地理辨正疏の方法で、蒋大鴻のものは、完全に失伝という方もあり、そうすると三元奇門遁甲も無いことになり、どうなってるやら、大変困ります。）

問「開運とか、改命とか、これらに付ては、術の習いはじめや、素人好みで、さわぎますが、生年月日の八字をかえるだけの理論と、実際がないなら、納得できませんが。」

答「人間には、それを改め直す力をもっております。しかし、それは長い年月と、個人でなく、人類全体の力によります。心臓の欠陥ある人も、今では心臓手術で、生れつきの悪いところが直されます。」

（これに付ては、人間の上に天命のある中国哲学と相反するし、心臓手術を申されるなら、術を学ばず、科学学べということになりますし、またどんなに医術が進歩しても、不老不死はならず、形而下のことは或程度可能でも形而上について申すことで、私は納得しませんでした。）

問「堪輿では、吉地に墓をおくと、子孫が良くなると申しますが、日本のような社会の現状では、吉地に墓をつくることは困難でございます。それに、死者と、生者との関わりがわかりません。血縁の同波長の引力といっても、骨肉相争の親子もあり、養子のときもあり、それでも良い波動を送りましょうか。」

答「人間と人間が、長い間一緒に住めば、同波引力を生じます。身につけた衣服も同調するので、中国では衣冠墓があるくらいです。養子は血縁より弱く、男子は女子より超能量を多く吸収しないと生れず、中国では、男子が生れ、家をつぐのを喜ぶのです。」

「普通の平穏で、愛情豊かな親子なら充分わかりますが、特殊な例、いや現代では大多数の例と申した方がよいかもしれませんが、他の先生にもお聞きしましたが、充分満足のいくお答えは得られませんでした。生者と死者のつながりがわかりません。単に知らぬからといわれたり、経験でといわれてもわかりません。これが日本人と中国人の差かもしれませんが、充分わからぬままになっております。」

問「墓は、生者と死者とのつながりがわかりませんが、吉地と凶地はやかります。繁栄地と否と、高級地と否と、こういうことは日常よくあり、わかりますが、良いところも、建設などで、自然をこわすと、凶地になることあるといわれますが、都市にて、工事の多いところでは、良いところなくなっていきますが。」

答「吉地は、自然能波の集中点で、凶地とは、自然能波を散らすところです。建設破壊で、自盤能波の集中点は多少かわりますが、超能量の保有量はかわりません。」

問「私の住地の、東京都北区赤羽の西一帯は、昔からの旧家で、何事もない家は少く、妙な地と思っておりますが、どのくらいの地域の広さをみるのでしょうか。また凶地だからとて、移転も容易でない今日、なんとか吉化法はないものでしょうか。」

答「へほぼ一直線に台地の線通っていましてし崖で気が散り凶地です。住家の一キロメートル四方は凶禍連続です。凶を改める法はあります。例えば地震があって、全部の家がつぶれ、全員死すことはなく、残る家もあるように、心配ない法はあります。これを造化の私と申します。」

問「六十四卦方位は大変こまかく、旅行などに、細かすぎて困ることもございますが。」

答『六十四卦方位は家相が主で、旅行などは、三元地理をきちんとしたら、云々申す必要がありません。』

（一種の方位無用論（後述参照））

問「家相中心的な考え方のようでございますが、それが些子法でしょうか」

答『そうです。そうして、門の向き、家の向きを考え、内部の居間、寝室とか、台所とか、位置を考え、一爻些子にしないようにすることです。家の外の欠け張りなどいうのは三合派で、内部を直してこそ良いのです。』

問「曽子南先生は、死者は葬、生者は家ということでございました。都会地をみると、高級地とスラム街が割にはっきりしていて、ここに地理を認めますが、良命の人は、良い場所に集り、悪命の人は、悪い地に集り、即ち、福地居福人、福人亦居福地　ということではないでしょうか。従って、命が悪ければ、よい地に住もうとしても、どうしようもないのではないでしようか。」
答「福地に福人の集るのは同感です。なぜ福人が福地に集るか、なぜ悪命の人が悪い地に集るか、その原因を考え、それから命を改造することも可能ではありませんか。あくまで命であるというなら宿命論です。」
〈幼稚な開運論は低級で好みませんので、宿命論をおしすすめました。張渕量先生は、古代少林派の秘伝の栽接法などの、つぎ木理論など出されましたが、私は命を改める法は大変ほしいものではございますが、くだらぬものでは納得いきません。家相なども、災を最小限にくいとめることはあっても、最大の幸福をもたらすものではないという先生がおり、張渕量先生も一時は大変立腹されたようで、お互に譲歩して論終った形にしてしまいました。〉
問「移転など、日本は年月を重視しますが、日時のみはわかりかねますが。」

答「六十四卦方位は、宇宙の引力の強弱を測定し、その放射の方向を推知し、それで住宅の吉凶を定めるもので、某方向に、某日時に着工、或いは落成すれば、いかなる現象が発生するか予知するのです。移転のときは、日時を重視します。この答は不満でしょう。しかし、これがわからぬようでは二流です。」

問「天災などについて、いつというのがわかりますか。」

答「個人についてみるので、全般的なことについては、一概に申せませんが、変化期に多いように思います。

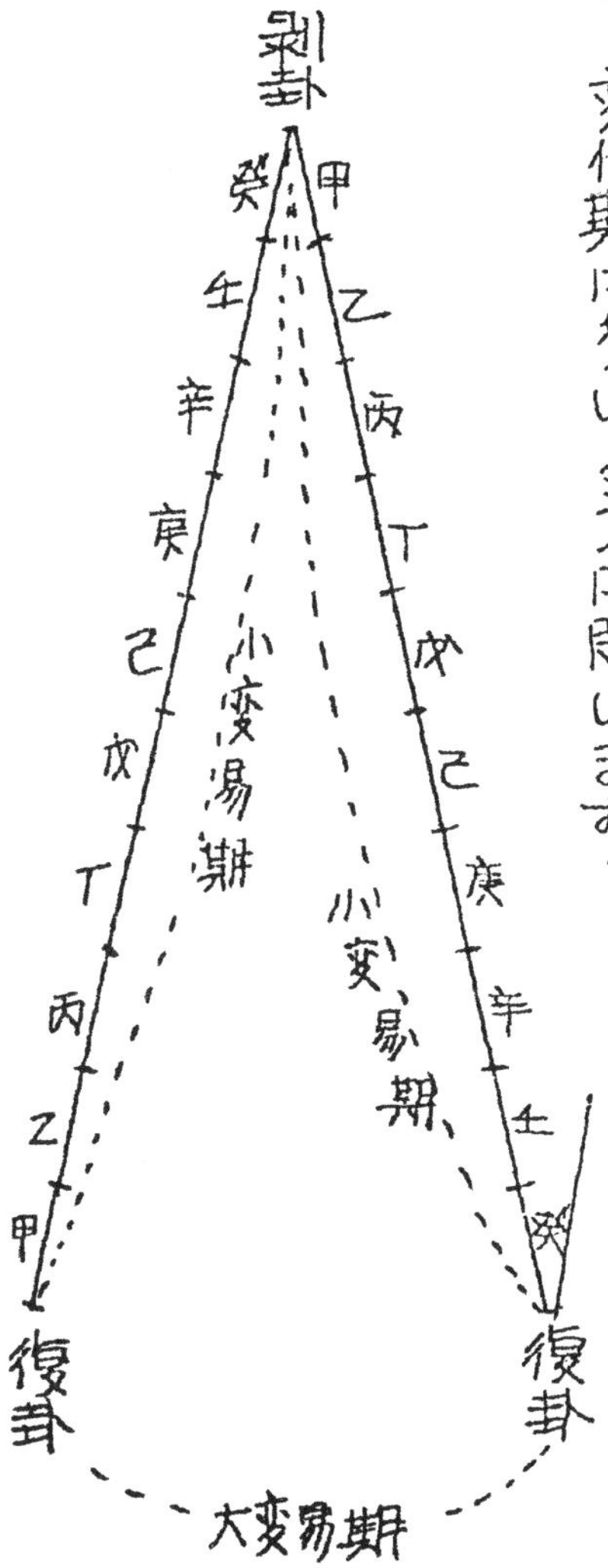

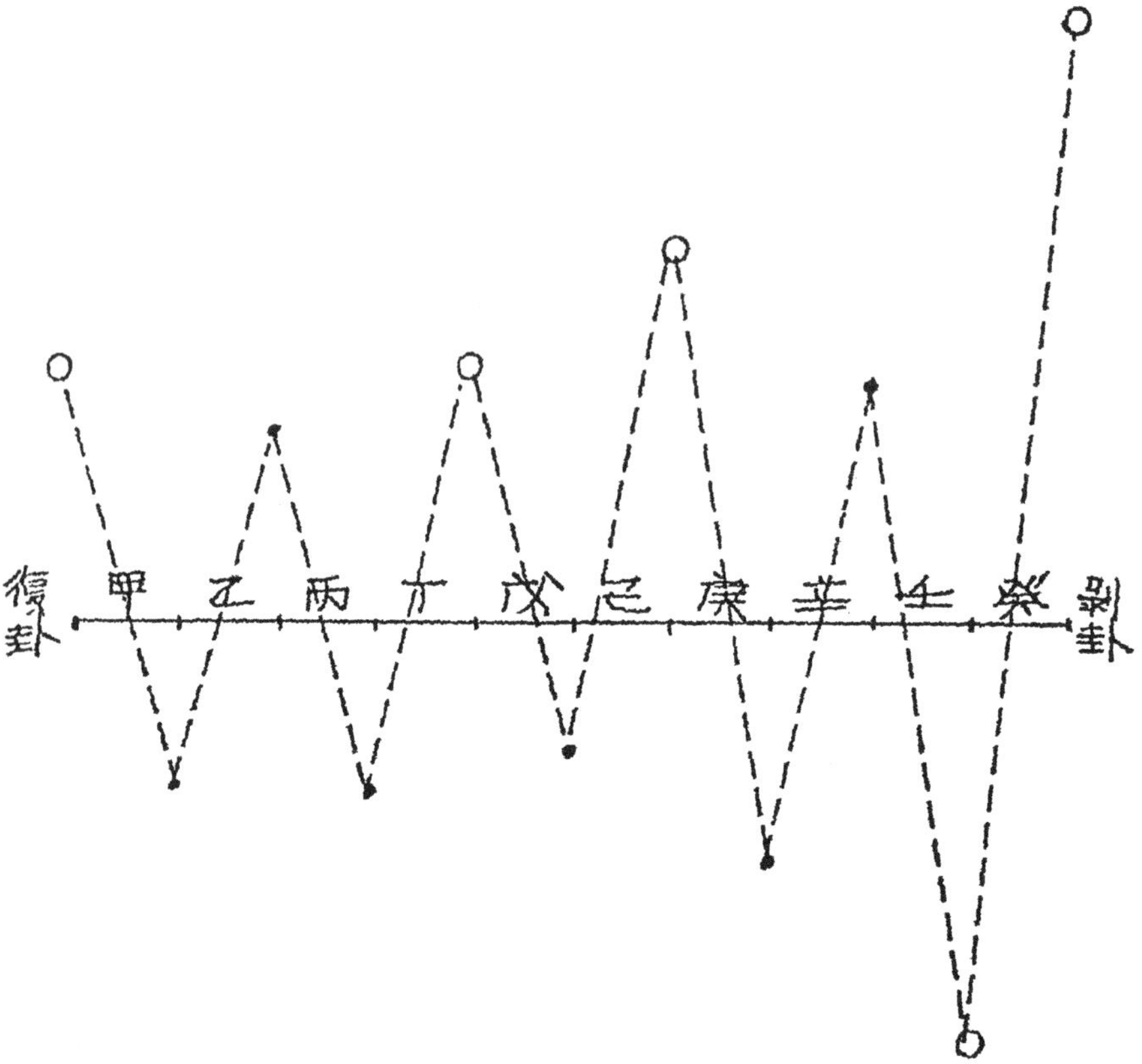

宇宙檡動方向 及び 引力的強弱

これを今少しわかり易くひらくと、百八ページのようになります。その変化は三奇は少なく、癸などは大きく示しております。天災などは、この変動の大きいときにおこりやすいといえます。三元変易期に付ては、簡単に説明しにくいです。

小変易期十年、大変易期二十年とするのは、六十年を元とし、上中下元で百八十年、それに八卦九宮と、九運にわけると、二十年になります。月、日時にも変易期があり、これは地球の磁力、宇宙の引力といったものを示します。

（張渕量先生が申されるように、東京大学の河角博士の地震の例をみますと、壬や癸の年が多く、月も壬や癸が多く、日もそうみえます。）

三元地理派が良いとは断言しかねます。勿論反対者もおります。一つには曽子南先生が、政府高官とよく知り、大きく行動しているので、うらやましくて申す人もいるようでございます。張湖量先生には、相当強く毒舌ふるいかみつきましたが、大人の先生は、何を申しても心広く、一通り知る価値あると申して下さいました。ただ、本では何もわかりません。このことは、李秋陽博士も本はわからぬと云っております。口伝でしか伝えてくれません。

丁未年、寅月、寅日、未時、三煞吉課、坐酉山向卯、このとき白い鳥がきて、空をまうとし、観光バスをつらね、多くの人にみせるというようなことが会報に出ていて、これは三元奇門遁甲の秘伝なりとしております。

これは立派なものと申せます。日本で、一部の悪徳者が、仏像や蛇を前もって土中に入れたり、合図して鳥をはなすのとは違います。時だけでなく、空間、即ち場所を加味していることで、その点やはり何か秘伝を持っていると認めねばなりません。

余録

三元地理に、それぐ年月日時の干支を 竜峯砂水と四柱推命の如くならべるのがございます。そこで私なりにみますと、大変面白く、張渊量先生におたずねすると、書いてあるが、それは必要ないし、四十格にて、欲惑入白とか、青竜返首とかもいらないし、三合派といわれ、論文集に出ているのにと、口あんぐりでございました。

しかし、個人的でなく、広く大きいことについて、考えてみると、面白くよくでます。例えば、丙年の庚月とか、癸年の庚月とか、庚日の甲時とか、事故や、事件をみますと、それらしくならびます。

五、改命法

三元地理派でも出ましたように、悪い生れが、少しでも良くなることがないと、術の魅力を減じ、さりとて、幼稚な開運論は話になりませんし、生年月日時の八字を改めるだけのものでなくては困ります。それだけのものがあるのか、霊星派門主　黄耀徳先生におたずねしてみました。

「八字を改める方法はある。また、あらねばならぬ。」

と申されました。本当に八字を改める方法があるのか、実際に可能かに付ては別として、たとえ不可能にしても、「あらねばならぬ。」という一言に、深く感ずるものがございました。

生年月日時を改めるだけのことが、容易にできるとは思いませんが、さりとて、動かすことが全くできぬのなら、これまたなるようになるしかなく、術を学ぶ意義は、あきらめ、悟り、等になります。開運というのは表面のみで、改命がなくては意味がございません。

私は、塑をして

おりますので、常に成績の悪い子を、有名校に入れてくれとか、生れつきを無視して、難しいことといわれ、ほとほと腹の立つ毎日でございます。人間は生れつき、容器が決っていて、液体をこぼすのは簡単でございますが、液体を入れたり、容器を大きくすることは不可能に近いと申せます。

人間が、幸福を追及していきますと、最後には死ということにぶつかります。そこで悟りがいると申されます。従って四柱推命のような術にて、命を知ることで、悟るのが、術の白眉と思っておりますが、そうばかり凡人にといてもわからず、それでは努力も不用となり、商売にならんので、困るばかりでございます。頭の良い、成績の良い子は、顔がしまって、気がもれていません。努力といっても、出来る子ほど努力し、出来ぬ子ほどやらず、これも生れつきが入ります。

結局のところ、秘伝とは、この命を改めるものがあるか、ここにあると思います。

八字は絶対でない。

生年月日時の八字は、干支の最小単位が二時間で、その間には沢山の方が生れております。張耀文先生は、絶対とは申されておりません。一つの型であって、そうなり易いというように教えられました。

時間は経度的で、緯度と高度が入っておりません。

同じ時間でも、南のあつい地と、北の寒い地の人では違いましょうし、山辺の人と、海辺の人とでは違うでしょう。経度と緯度と高度とではじめて、わかるので、時間の経度のみの八字は絶対とは申せぬわけでございます。

もし、経度、緯度、高度と示しても、それは人間ではなく、自然を示すものので、人間はそのとき、その場所の気の感応と申せます。

人間の気の介子配列

ある年の、ある月日時の、ある場所における宇宙線などによって、人間が同調し、人間の気の分子配列が決り、その配列、強弱によって、命運の良否が定まると思います。

A図の左部分のように、配列が整い、密なのが良命で、右部分のように、粗にして、乱れしが悪命と考えます。この原子の配列は殆ど変えることは普通では出来ません。原子の間にある自由電子は、自らの努力とか、外から電

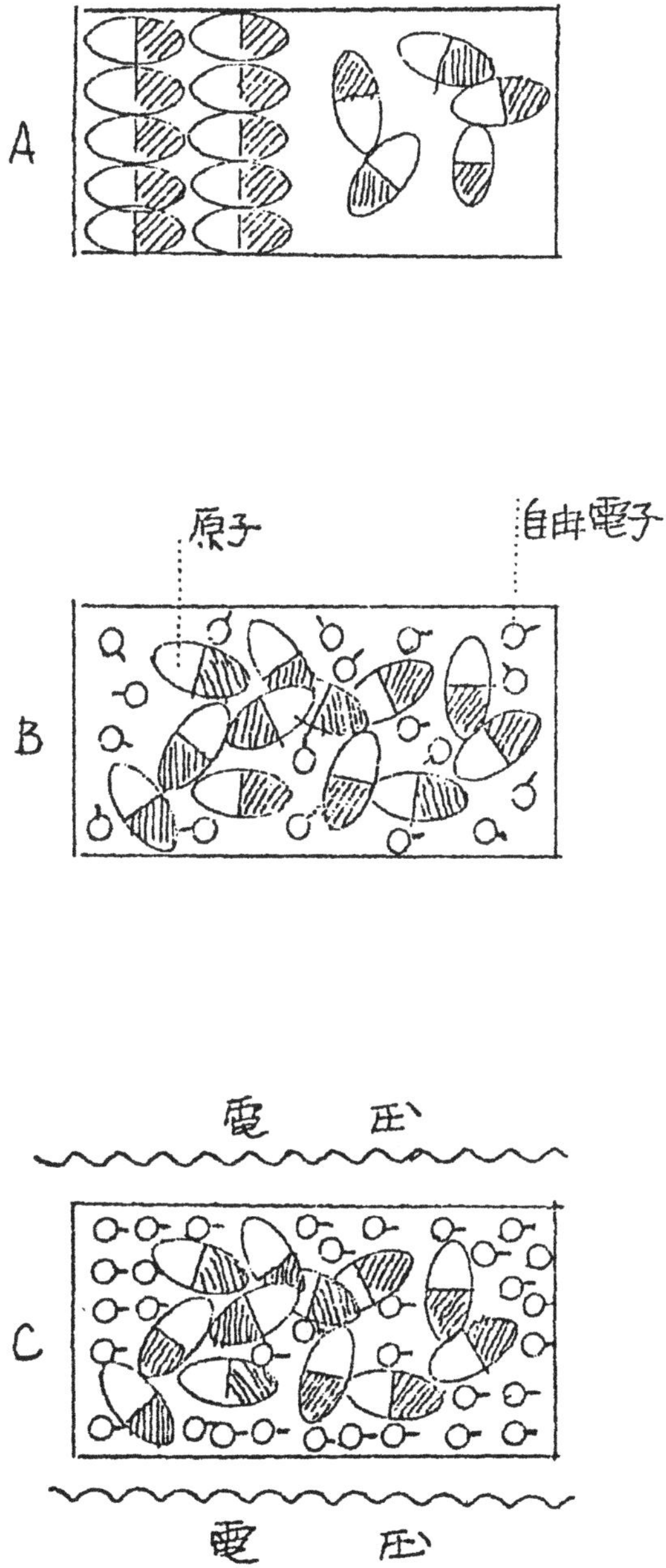

圧をかけることによって、一定方向にむいて、整頓されます。これで吸引力が強まり、改命といえぬのでもございませんが、原子の配列、向きをかえることが殆どできず、自由電子の部分だけと申せます。

人間が、決定的ということになりますと、なるようになれということになり、世に害毒を流すことになります。私などは子供達に、勉強しろとか、努力せよと申せなくなります。努力とは、自由電子を内的に整えんとしていることで、術はどちらかと申しますと、外から電圧かけて整えんとしているのでございます。努力も自由電子のみの限界がございます。原子までは無理で、これのわからぬ代表が教育ママといえます。また、術を用いて、なんとか良くしようというのも狂人で、原子配列の天命を悟るしかなく、古来悪命の人が、術を用いて歴史に名を留めしことはなく、原子配列の天命を悟り、自由電子を整える努力によって、中庸の生活を平和にするのが、術の終結ではないかと思います。

門向　屋向　地理

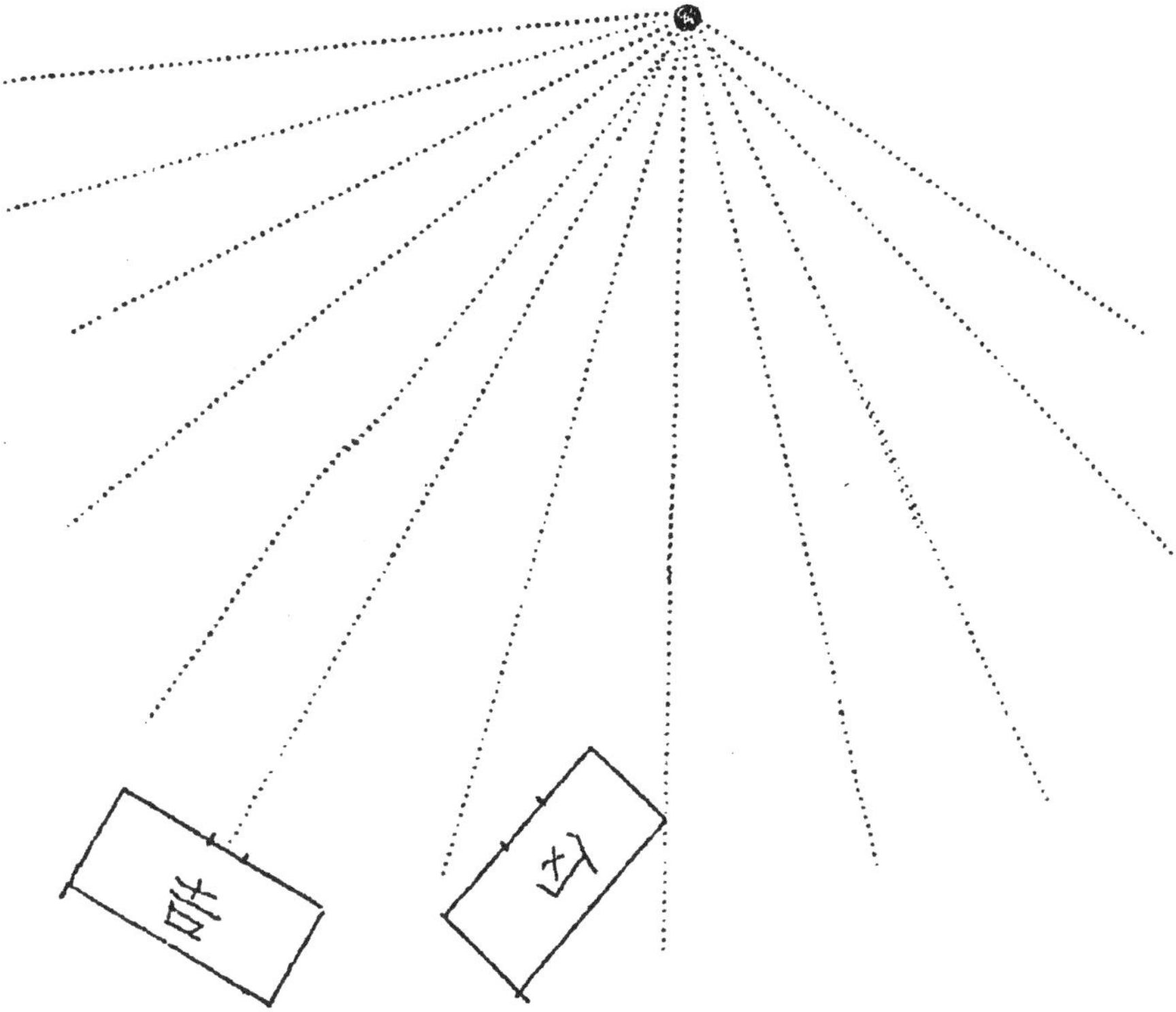

地球上の　地磁気、電磁気、超能量と申しますか、そういった自然力の集中点放射中心点を、竜の穴と称し、その集中点からの能波を吸収し、同調するように門や家の向きを整え、内部を同調しやすいように配置するのが、中国の家相の考え方でございます。

中国で、家相を門と向きというのはこのためでござ

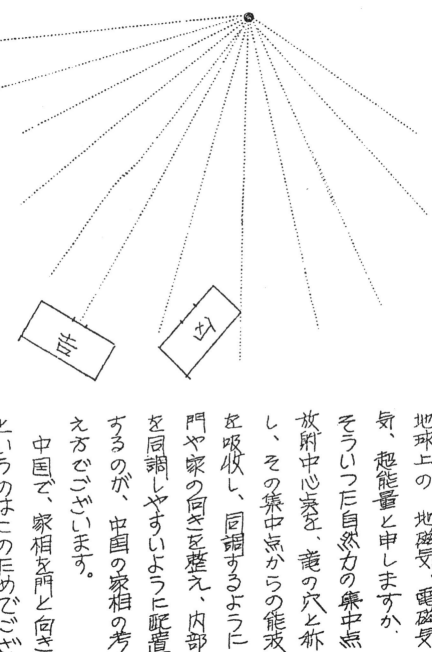

います。家の向きが悪いと、気を散じてしまうので良くございません。
こうして良き気を吸収するように、家を同調させ、それに住む人を間接的に整えんとするわけでございます。電圧を家相でかけて、自由電子を整頓、させんとするわけでございます。

方位無用論

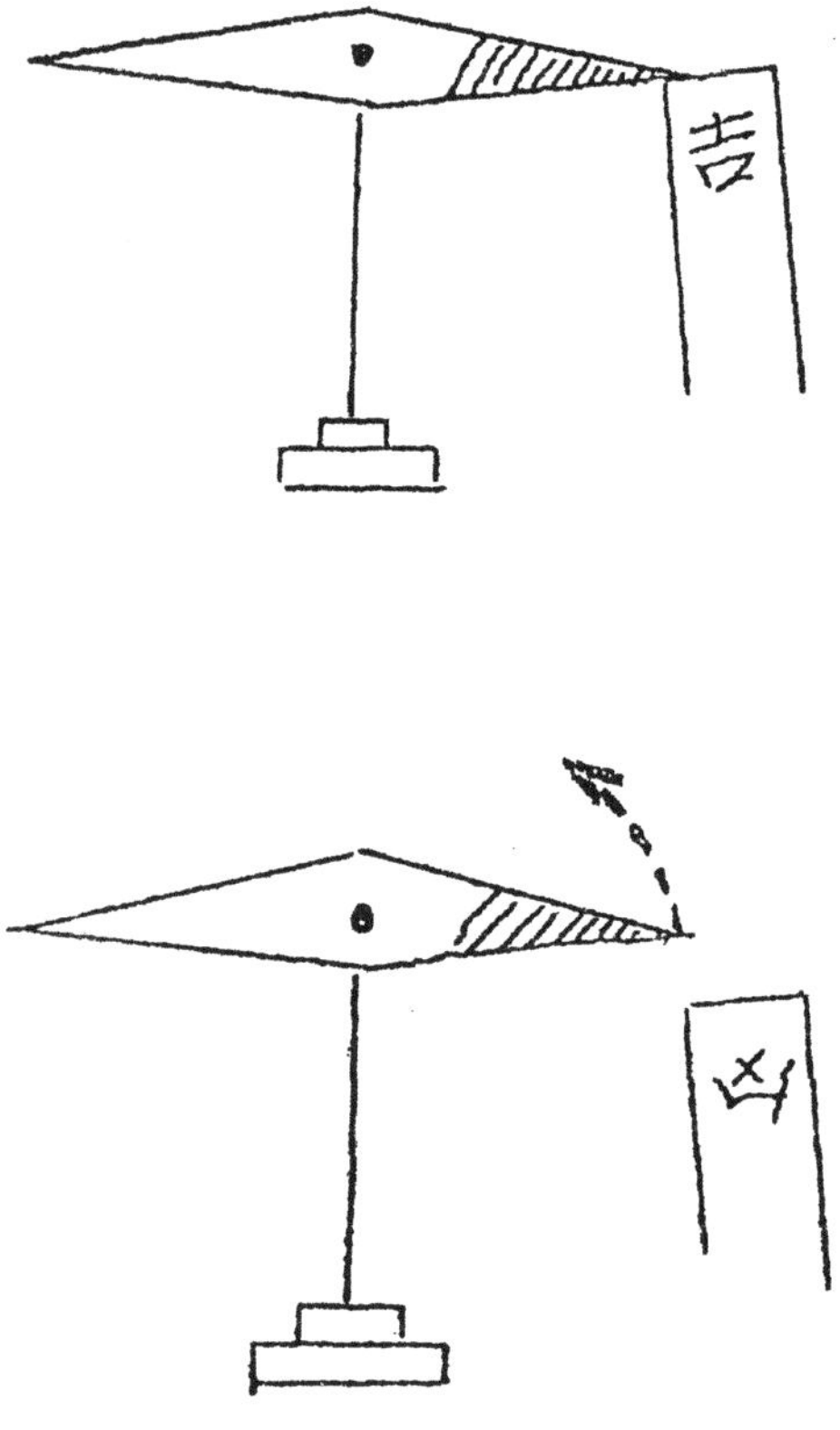

こうして、原子や電子を整え、吸引力を強めれば、吉はすぐつくし、凶が近づけば反発して、凶を自然に用いないようになるということでございます。方位がないというのではなく、方位を自然に吉にえらぶという考え方でございます。

前述の如く、自由電子の整列ぐらいなものでございますから、ここまでいくのは大変と思います。藪金全先生は、家相も災を少くする程度ということでございますが、正論でございましょう。

双生児は、結婚と職業で差を生ずると、張耀文先生より教わりましたが、その生れつきにより、吸引力の強い、原子配列の整った部分をのばして、職業をえらび、なんとか世に処すことを考えるほうが、家相より効があるのではなかろうかとも思います。

世の教育ママ的に、無理に生んで、ダイヤモンドにしようといった、無茶なことで、頭に血をのぼらせるのは考えねばなりません。幼稚園では遅すぎるなどという書がございますが、私は常に、生れてからでは遅すぎると申しております。子孫に、よい子が生れるように、地理風水を思う中国人こそ、開運改命の極を知ったやり方といえるのではないでしょうか。私は地理風水をやらねば、意味がないことを、つくぐ感じました。良い時に、生れてくるのが一番で、手直しは、どうしても充分とは申せぬわけでございます。

しかし、生れてきたからには、なんとか生きていかねばならず、幼稚な開運論にもひっかかる弱き人が多いのでございますが、たゞ、術を研究する者の業で、黄耀德先生の申される、八字を改める法が、あらねばならぬ、実際はないのかもしれませんが、あらねばならぬという人間の悲しい、あわれな姿を見出すものでございます。

六上巻のまとめ

昔、日本に船が近づくと、外国人は、日本独特の臭気を感じるといわれます。現在でも、東京の上野あたりでは、てんぷらや、何やまざった特別の臭いがするそうでございます。

台北の所を歩くと、なんともいえぬゴマ油のような中国臭を感じますが、中国の人々は全くわからないと申します。

これと同じように、一つの術、一つの流派の中では、その長所も短所もわかりません。　私は、最初気学をならいはじめに、中村文聡先生が教えて下さったことを今でも守っております。それは、一人の術を完うすると、その人の見方、考え方がわかるから、それから他の人のを学べば長短よくわかるということでございます。あちこちの派を喰いちらかすと、雑草のみ茂り、根幹が太らぬのでございます。幸にして、張耀文先生が三元系統を日本に伝えて下さいました。ところが、多くの方は術に三合系統と、三元系統のあることすらわからず、流派の違いが、根底から違うということも知らず、一時は混乱いたしました。　私は他の派も当ってみました。その一部をお話申し上げました。今まで全く知られてない方法にて、参考になるものもございましょうが、研究して消化してでないと応用することはできません。

一般の普通の、三合派は、知りたいと思いません。三元派が良いとも断じきれませんが、三合派よりは良さそうに思います。

蔵金全先生の申されるように、奇門遁甲正宗秘伝は、既に失ってしまい、ないというのが本当かもしれません。残片をひろっているにすぎぬかもしれません。私はいいかげんのものでなく、正宗があるものなら、ある。ないものなら　ない。はっきりとして終りたいと念じております。

運命専門研究書の発表は、あまり割のよいものではございません。一般大衆向のくだらないものの方がよいので、専門書は高価の割には費用かかり、すぎ、その上　本書の如く諸師先輩に批判の声をかけ、或程度の断も下すことは容易ではございません。しかし、誰かが、術のふるさと中国との橋になって、世の研究者に伝えねば、術の進歩もなく、あえて其の器ではございませんが、申し上げました。

九六居派は、黄南輝先生没後、一切門外不出となり、三元地理の曾子南先生のものも発表は禁じられているものでございます。どうか其の点御留意賜り度く、私個人はもとより、日本人の信義にもかかり、内密発表でございますから、お心にとどめ下さるようお願い申し上げます。

私は再び中国に渡り、黒白をつけてから、下巻を申し上げる予定ではございますが、昔の奇門遁甲の正宗秘伝は、もはやないのでは———という気持が強うございます。

私は奇門遁甲真義、奥義で述べしことが、まちがってないと、日常経験して、大変喜んでおり、これを伝えて下さった張耀文先生に感謝もしておりますが、更に深奥にいどんで、道甲研究の結論に本書上下巻に至りました。下巻が発表できれば幸でございますが、中国側に止められることも考えねばならず、しかし、それなりの結論は、本でなくとも、口頭でか、何らかの形で完結する心算でございます。

各位の御便りをいただき、下巻については御連絡申し上げます。

上巻終り。

付記

○自ら鉄筆持ち、手刷りで、お見苦しいところ多く、御寛容下さい。

○他流派を簡単に申しきれず、発表にも限界もあり、大凡の様相しか申せず、この点もお許し下さい。

○下巻に付ては、全く未定でございます。まだ、中国には大家がおります。めったにみない某先生など、風水では某医博など耳にしておりますが、よく文通などでにつめて、渡海いたします。片鱗でもわかれば幸と思います。私は他処で眠れず、偏食で困り、脳も休めず、その他にも制約あって、会いたくても会えないときもあり、長期間行けず、行っても帰ってから研究して良否を或程度調べてからにて、大分先になります。又、発表を中国側より禁じられることもございましょうが、許される限りで御報告する心算でございます。昭和四十七年末までに、御住所、御姓名、年令、職業 記入御連絡賜れば、真実目な方に限り、何年先になるとも申せませんが、下巻出来た折にはお話致します。

学習個人指導　耕己学舎々長

（元　川村高等学校教諭）

内　藤　　正

中国易学
遁甲秘談
奇門遁甲密義　上巻

昭和四十七年四月吉日

非売品

転載、発表特別厳禁

著者　内藤文穏
東京都北区赤羽西二丁目四番十号

発行責任者　内藤正
東京都北区赤羽西二丁目四番十号
電話東京（〇三）（九〇〇）八、四二七番
（土曜日曜　電話（〇四二五）（五八）七五一三番）

内藤文穏著

奇門遁甲密義　下

中国気学
遁甲秘談

奇門遁甲密義 ㊦

内藤文穏述

下巻のはじめに。

上巻を出すに際し、この種のことを申し上げるのが、簡単なようで、実は大変困難なことであり、一時は中止するやにまで至りました。しかし、幸にして多くの激励も賜わり、昭和四十八年三月、再び中華民国を訪れることが出来、私なりに奇門遁甲について申し上げます。私は上巻にて申し上げましたように、この密義下巻にて、研究者各位向けの遁甲の発表は終る心算でございます。従って、曲りなりにも結論らしいものを出し、今後は更に他の方により発表していただきたいと念じます。私が中村文聡先生の機関誌より、張耀文先生を知り、日本で一時衰えし奇門遁甲を伝えていただき、日本では奇門遁甲を唯一種という状況を見、張耀文先生に感謝する一方で、もっと広い様相を知らぬと、良否も、進歩も失われ、盲目遁甲になるを恐れ、その才、その任ではございませんでしたが、最初の火付けの責任はとる意味で努力したつもりでございます。それは実に困難なことで、幸にも家内の学友の御主人である、中華民国、台湾省農業試験所技正　特用作物研究室主任

楊　永　裕　先　生

の多大なる御力添えにて、短日時に一応の目的を達することが出来ました。楊永裕先生には深甚なる謝意を申し上げます。多くの方よりお便りを賜りましたが、特に関西方面の方が多く、皆様の期待とは逆なお話になるやと思いますが、少しでも今後の御参考になる点がございましたら幸でございます。

尚、御指導賜りました諸先生のお名前は、さしさわりあるといけませんので、一部を除き伏せさせていただきます。黄色を多く用いましたのは、御承知のように、民が皇帝に差上げるのは、黄色というように、中国の色だからでございます。この紙は中国製でございます。

下巻は、お申込みありし方のみにて、極めて僅かにて、広く頒布するものではございません。

昭和四十八年六月二十九日

内藤文穏　拝

昭和48年3月

中華民国国立台湾大学にて

内藤文穏

目　次

奇門遁甲真義はじめ、遁甲盤には各種あることを申し上げてまいりました。兵術であるために、同じでは勝てぬとも申せます。

また、何の用途の遁甲かといった、用途目的によってもあるようでございます。張耀文先生の伝えて下さったのも、立向盤と坐山盤の違いがある如くでございます。

例えば、

年盤　六十年一局

月盤　六十ヶ月一局

日盤　六十日一局

時盤　六十時一局

ここまでは御存知と思いますが、年盤は陰のみと思っている方があると思います。月盤も陰が普通で、日盤と時盤とが陰遁は陰局、陽遁が陽局と陰陽あるのが知られておりますが、陰あれば陽、陽あれば陰と表裏一体にて、年盤や月盤にもこの種の盤でも陽の盤があるのでございます。これが理でもございます。年盤を例に申しますと、陰の一局、四局、七局と陽の一局、七局、四局とするのと、陰のみ九局、三局、六局とかえるのもございます。即ち昭和四十八年は、大正十三年の甲子年より中元六十年なので、陰四局とするのと、陰四局と陽七局の陰陽二つの盤とするのと、陰三局、陽七局とする陰陽二つの盤のと各派あると申せます。

台湾の中部で、昔大陸より黄金二千両出して招いた胡允とかいう名人ありしとか、その手書きし秘伝書には、このように陰と陽の盤のほかに、半陰陽という盤がある由でございます。男のことは陽盤で、女のことは陰盤で、夫婦のように男女のことは半陰陽盤でみるといったのもございます。

時盤が六十時の五日一局は一般的として、十時で易の一爻とするのや、六十時を更に七つに分けるのもございます。

三元派系というのは、六十年一局でなく、一より九までの局を出すために二十年毎になり、張耀文先生の坐山盤もこれで、昭和四十八年は中元の終り二十年で陽六局となります。

上元六十年　一局、二局、三局
中元六十年　四局　五局　六局
下元六十年　七局　八局　九局

ところが、張耀文先生のは陽を坐山年盤、陰を立向年盤としておりますが、同じ三元系でも、六局を陽六局と、陰六局と陰陽に局数は同じでわけるのもございます。

四庫全書のものを研究したと申される国立台湾大学の元教授は、年月日時をあわせて一つの盤で、年盤や月盤などばらくにあるのはおかしいと申されるのでございます。遁甲時盤のみとする見方よりすれば、これも一理でございます。

（易で有名な徐教授は土木科の教授で、この教授は別の方でございます。）

こう盤が多いと、必ずどれが良いかと問われる方がございます。なぜ実例で研究してみないのでしょうか。また、何の目的につかう遁甲かとも申せます。それによって、ある実例が当を得ぬから、このものは芳しくないと断定はできないのでございます。

（張耀文先生の立向盤はよいとして、坐山盤は天盤は干のみでございますが、一般の六十年、六十ヶ月、六十日、六十時のものなどは、必ず天盤に八門八神、九星をつけまして、天盤を重視しますから、干のみの天盤と思われてる方は、おまちがいないようにして下さい。）

私は

奇門遁甲真義に申し上げし、昭和四十一年二月の航空事故の三例、全日空羽田沖事故（昭和四十一年二月四日午後五時五十分坤方）　カナダ航空羽田空港事故（昭和四十一年三月四日午後三時艮方）ＢＯＡＣ富士山麓事故（昭和四十一年

三月五日午後一時五十八分兌方）を実験し、それを一つのみやすとしております。この点では張耀文先生の奇門天書、即ち立向盤にまさるものはございません。奇門天書を戴金全先生（上巻）は、無字天書というのがあり、それであるか否かわからぬが、無字天書であれば大変立派なものである。しかし無字天書は断えてしまつてることになつていると申されます。張耀文先生のは多少気学化しているとも申します。

日本では九宮を重視いたしますが、中国は九宮は全くと申してよいくらい無視的扱いでございます。

上巻で申し上げました曽子南先生の三元奇門遁甲は、将来日本文で出版があるか、一応依頼してまいりましたが、私はこれ以上申し上げることはいたしません。曽子南先生は大正五年九月十五日生、昭和四十七年八月に私宅に約二週間おりました御子息の曽仁卑君は昭和三十一年十一月三十日生でごございます。三元の曽派は御次男の曽王君がつぐようでございます。参考までに右記しました。（この生年月日でなにか推命しお考え下さい）私は台北から台中、台南まで遁甲をたずねました。決して充分と申しかねますが、どの派も自分のもの最高で、他は劣るという見方で、私のように諸派をたずねて渡り歩くのを、心良く思わぬ派もございました。しかし、何れに当っても、満足するものはなく、張耀文先生の奇門天書を抜くものは見当りませんでした。或いはもっと良いものがあるかもしれませんが、教えてくれるかどうかわかりませんし、遁甲盤としては、奇門天書は立派なものの一つであることに間違いございません。

六十年、六十ケ月、六十日、六十時などのものは、そのままでは恐らく出ず、他にこれを羅経盤にて易卦上、或いは何かその派の方法にして判断するので、そうすればもっと良いのがあるのかもしれません。二頁の胡充のなどは納音を中心にしているといわれます。

方位についての考え方が、根本的に日本と中国と違うのではないかと思います。総てのとは申しませんが、大凡そういうように感じました。

日本は、方位に吉凶を強くみて、移転、動土新改築などまでに及びますが、

中国は、現象に重きをおき、風水にて埋葬の吉凶を、今よしとし、遁甲方位にて、この方位に今青い服を着た人通ればその現象どおりで、まちがいなく吉時といった、方位が目的でなく、風水の埋葬等が目的で、方位はその良否を現象でたしかめる手段にすぎぬと考えているように思えます。従って風水用遁甲が多いかもしれません。

このことは、今度中国にて感じた大きなことでございます。日本では、家の修造や移転などから、年や月と大きい単位を考えてみます。それは家の修造等の影響が永く後々まであるからでございますが、

中国では、風水などでございますので、今この方向に行って、どういう現象がおこるかわからないで、何が方位だというわけが、ここにございます。従って日や時を重んずるわけでございます。

今一つ、日本と中国の考え方を申し上げます。これを書きはじめた時、私は次女文子の入学式にまいりました。ところが、まことに日本式で、だらくと、わけのわかったようなわからぬようなことで、座席で私は、いったい、いつ、どの時刻から、うちの子はこの学校の生徒ということなのだろうかと、中国的に考えました。合格時でしょうか。これはまだでしょう。入学式でございますから、今日のどの瞬間でだろうと、どうもはっきりしませんでした。これが日本でございます。

台北の税務署の役人の某氏は、事務引継ぎとなると、一切の明細書と役職の印を渡す式のようなものがあって、それを受取ると、万一前任者の手落ちも、一切新任者が受取った時から引きうける由にて、大げさなくらい大切にするといわれます。

中国では、○○首相は、何年何月何日の何時に首相の座についたか、これを重視し、この時より首相の権力をふるうことが出来るという考え方でございます。

日本の社会では、その瞬間をそれほど重んぜず、月日の記した辞令は出るとしても、しばらくは歓送の宴で、ごたくしてるうちに、いつのまにか走り出すというのと、少しく違うのでございます。ここに時盤重視がございます。

家相などご家の向き八門の向きを重視するのも、行動について、そのとき、その方向に制限されることからきているので、日本人と、中国人との考え方の違いを知らぬと、その理解はできません。

中国が時を重視するとなると、それでは年月はどうなると問われると思いますが、これも今少し中国の考え方を知らぬとわかりません。

御承知の通り、天地人三才は中国の基本にて、暦なども天地人三才に当る上中下元がございますが、ことに当り、

天運、　人運、　地運

の三つに分けてみます。

天運は年月日時で、人運は各人のことで、生年でみる派もあり、日本の気学のように本命の派もあり、日干支の人もあり、地運は方位でございます。

天運と人運を少しとみるのが四柱推命などで、地運を主とし、人運を少しみるのが気学などで、やはり天運、人運、地運とみないと全きでないと申せます。

毎度例に出します昭和四十一年二月の航空事故など、日時死門にとぶとは申せ、日時死門にとんでる例は沢山ございま

す。ところが、そんなに事故はございません。これは方位の地運のみ見ているからで、天運をみますと、昭和四十一年は丙の年、二月は庚の月、丙ー庚で天運がわるいからでございます。

天運と人運と地運が連動して吉、凶が現出するのでございまして、単に人運と地運のみでは片手落ちでございます。日本の方位信奉の方は、あまりに地運をのみ申し、天運を無視し、中国では逆に天運を重視しているのではなかろうかと思います。

今一度申し上げます。軽率なれど、簡単にまとめますと、

日本は方位に吉凶重んじ、

中国は現象重んじ、吉凶計る手段にのみ用う。

日本は方位重んじ年月の長期に及ぶ

中国は、その時よりとして、日時重んず、（年月は天人運）

日本は天運人運地運の地運重んずる（方位信奉の方）
中国は、天運を重んずる。

天運、人運、地運の三つを考えねばいけませんので、従つて、某氏が、方位のみしか知らぬ人と論じてもはじまらないというわけでございます。このことは充分お考え賜りたいと思います。

上巻にて白鳥飛来のことを百十ページに申し上げましたが、これがわからぬかと思いしに、その秘奥はわかりませんが、こんな方法ではなかろうかと思うことはわかりました。このことは、大陸における曽子南先生の遁甲の師といわれる、国立台湾大学の元教授より、おそわることができました。
丁未年　寅月　寅日　未刻　というのを、いま

昭和四十二年　二月　七日　未刻　とします。

(年)丁未六白　(月)壬寅五黄　(日)壬寅三碧　(時)丁未五黄
お手元に台湾の竹林書局の奇門遁甲秘笈全書を御用意下さい。

巻三の天任星値未時というところに、主として白鳥西南方より飛来あり、…とございます。天任星が未の坤の方にあり、（天盤）しかも未の時を申します。

この昭和四十二年二月七日未刻　の場合は、天盤で年月日時の盤とも坤の未に天任星が入っているとみます。（但し、これは曽子南先生の盤で）

		天任
	年	

		天任
	月	

		天任
	日	

		天任
	時	

白鳥がくるとして、どこにくるかは、巻四の八門について何里行くと云々と説明してあるそれを応用します。ただ、この元教授と曽子南先生との遁甲は違うので、これでみてるか否か明かでございませんが、九星の位置と時でみておりますことは参考になります。更に「飛来場所は地理（風水）を知らぬとともいわれます。

穴堀り、杭打ち、羅経埋めなどの造作法について、某氏は奇門遁甲は国家的なもので、個人の欲望を満たすに用いるものではないと正統論を申す方もございます。まことに正しい考えではございますが、遁甲学ぶ者にとっては、唯一の救いでもあり、なんとかと思いました。

彰化市にて、遁甲風水の研究好事家に会う機会がございました。張耀文先生のこともよく知っており、日本永招（永住）ということも知っておりましたし、張耀文先生が遁甲の上手といわれる元陸軍少将蕭子良先生のことも知っていたし、中村文聡先生と親しい台南の自恵文先生のことも、大変くわしくて恐れ入りました。仮にT氏としておきましょう。

T氏が申されるには、やはり遁甲蕭子良先生をできる人としておりました。

T氏は、彰化の八卦山（大仏で有名なところ）の奥の方だかで、一ヶ所深くほって、大変良くなった例が昔あるが、これは、泉がわき出るまでほつたと申します。普通はこのように一ヶ所でなく、数ヶ所、或いは羅経にてみて、三十六ヶ所、或いは七十二ヶ所うつのがあり、派によつて違うと申します。

今、盗賊が入つたとします。逃げられないように天羅地網に鉛線をうずめろ。うまくあればよいのでございますが、ないとして、それを待つて何日も、何月も待つていたら、のんびり盗賊が待つているでしょうか。九宮だ、千だ、九星、八門だ、格だといつていたら、希望を満たすことはなかなかできません。そこで三ヶ所か四ヶ所にうつわけでございますが、その方法は派で異り、これも天運人運地運が相まつて、効果あるのではないでしょうか。前々より調べて、よいときに、一つ所につよくやるのが最も理想と私は思います。造作法について、本に発表されることも、まずないでしょう。これ以上は御研究下さるしかございません。

九州の半分ほどの台湾に、風水師は三万人以上いるといわれます。奇門遁甲（チー・モン・トン・チャーン）は、この風水の影になってしまっております。奇門遁甲で命理などみるのは少く、紫微斗数を用いる人が遁甲知る人には命理多いようでございます。

方位に吉凶より現象みる手段とするところより、奇門遁甲やっても意味がうすい、地理風水をやるべきという声は多いのでございます。

地理風水やって、良地に先祖の墓をおき、門向屋向整え、家相正しても、持って生れし命を改めるに限度があり、そんなによくなるわけない、天命を知るが中国哲学で、どんなにしても、死という宿命をかえることは出来ず、命の範囲内であると私は叫びますが、これに対して、たしかに良くなるといつでも限界があると申し、ただその限界が他に比べて地理風水家相は大きいと申します。

日本では、たとえ吉地があったとしても、勝手に墓をつくれず、それが自分の所有地であっても墓地の認可なくばできぬことで、絶対にだめであると私は常に申し、中国もやっとそれがわかったようでございます。

中国は今でも土葬でございます。そうして数年たって、ほり出して、墓のそばで骨をさらしてかわかし、かめに入れて再び葬ります。

日本にも風水のことは伝わりました。中国に近い韓国、日本でも沖縄などには中国式の亀甲墓がございます。なぜ日本ではこの風水が絶えたのでしょうか。これについて私は何もわかりませんが、ただ一つ感じたことは、日本でも奈良時代に火葬が行われ、どうも火葬と土葬では違うのではなかろうかと思います。生者と死者との間の骨肉の情の霊波作用と申しますが、この間について、充分納得するものもございません。この作用の強いために男子を喜び、女子は不孝としますが、現今の社会では、必ずしも男子良しと思う老人はいないでしょう。

人は死して、母なる大地にもどり、再び子孫として生れいずるに、女陰形の地に、女陰形の墓で、若く気に満ちし地を申したのを、岩波の黄土文明と信仰という書にも明記してございます。キリストの十字も横は原形は円で陰、縦の棒が陽で陰陽の交り、日本の墓の台石が陰で、竿石が陽で陰陽の交り、洋の東西を問わず、同じような考えでございます。地理風水には左図のような図が出て、一番良いところを 穴 としておりますが、女陰形と申せます。発案原点でございます。

ただ、こういうことが全くないかと申しますと、ないとは申せません。ございます。

近郊の草山をハイキングでもされると、必ず吉凶はございますが、そんな所がございます。

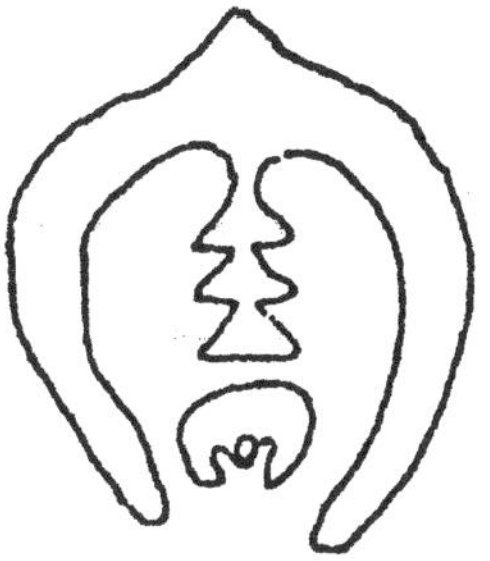

連珠竜吉格

東京をごらん下さい。

東京湾が明堂に当り、白虎と青竜が房総と三浦の半島にて極端に書けば左図のように、岬が互にいりくんで、東京を守つているような地形にて、東京は大変よい発展地となつているのでございます。

今一つ、大阪を例としますと、

交鎖明堂

真結巨富大貴

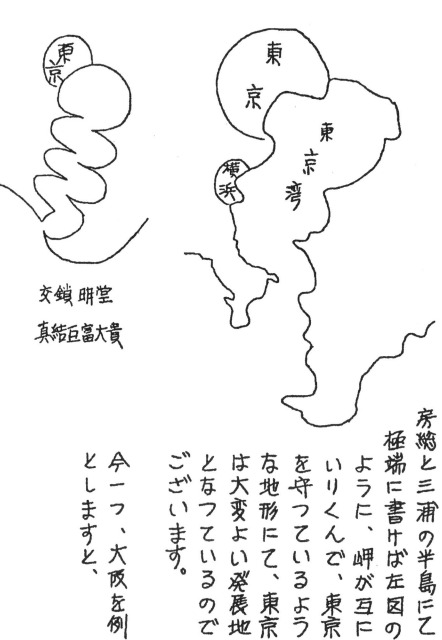

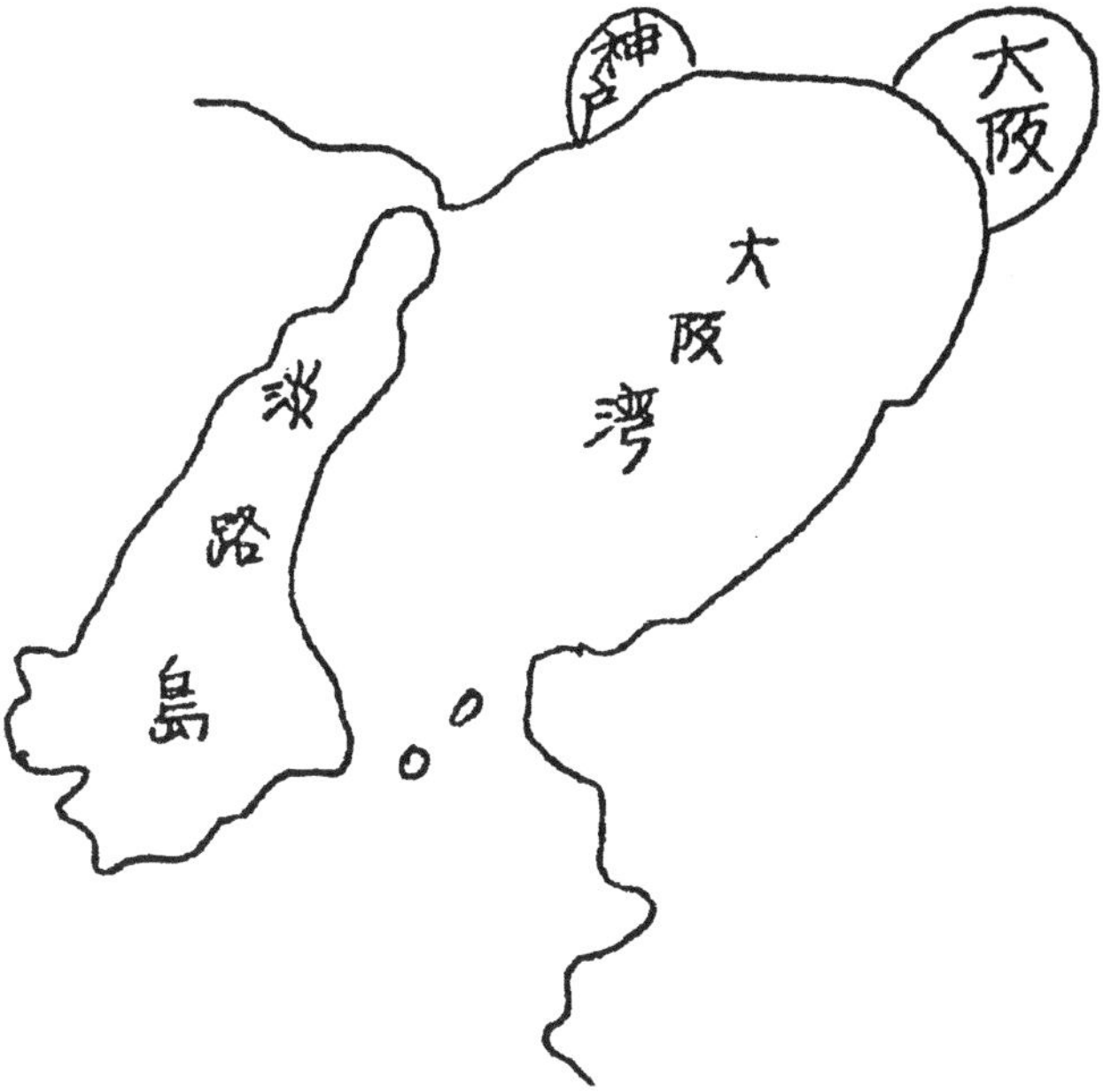

大阪湾の沿岸はまるくて有情そこに、淡路島がどつかり守り、それで大発展地をなしております。

北九州市にしても、福岡にしても、名古屋にしても、規模が小さいので劣りますが同じような地形が申せます。

これをもつと縮めて、二〜三粁四方ほどの広さでこういうところさがせば良いと風水はいうわけでございます。

台北市の郊外に観音山というのがございます。夕方みますと黒く、観音様がねていて、その頭のところにみえます。ここに 天山の墓がございます。ここに下図のような、淡水河が三方より集ってくるところがあり、山のため川水が流れ去

観音山

墓様式例

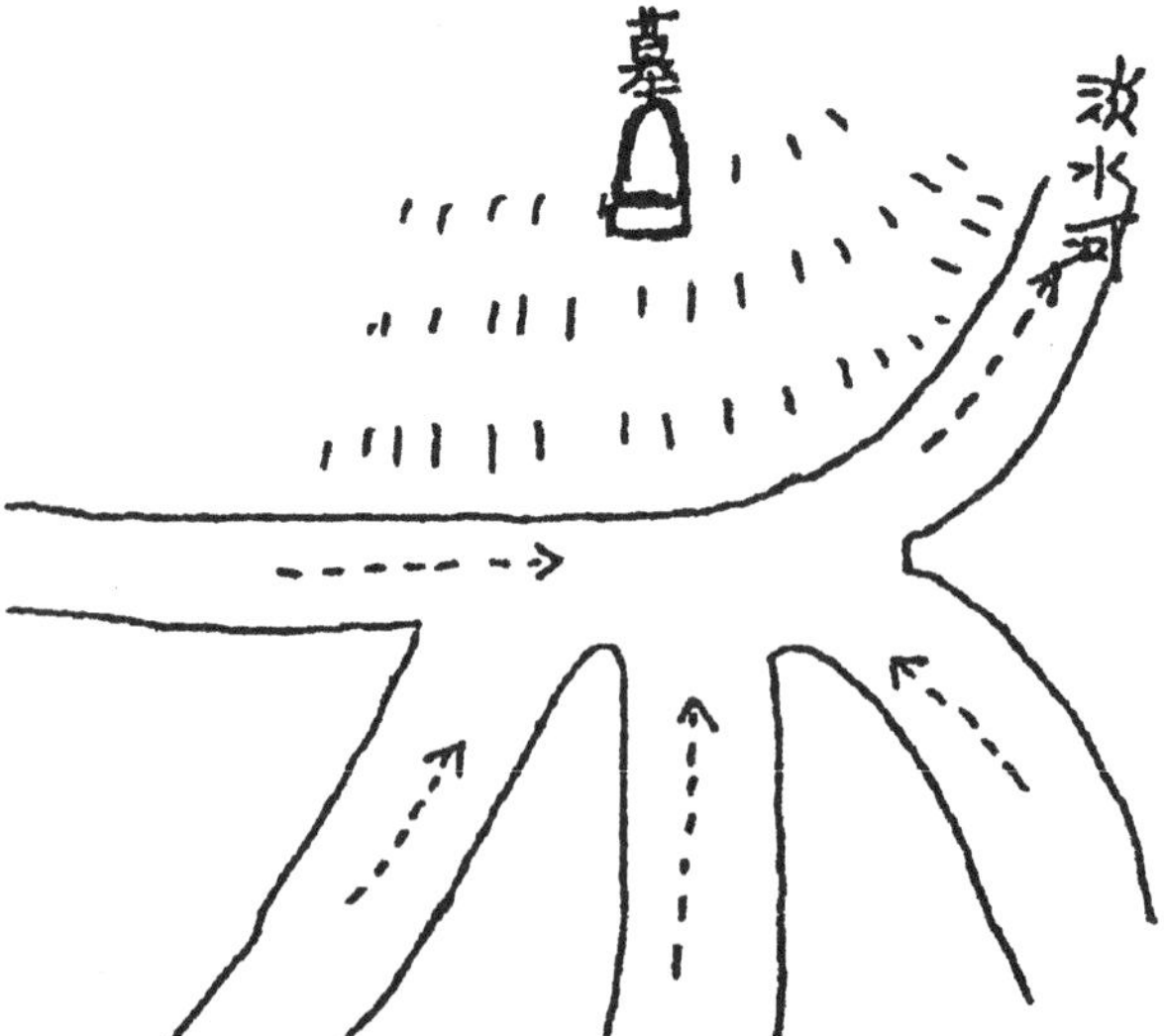

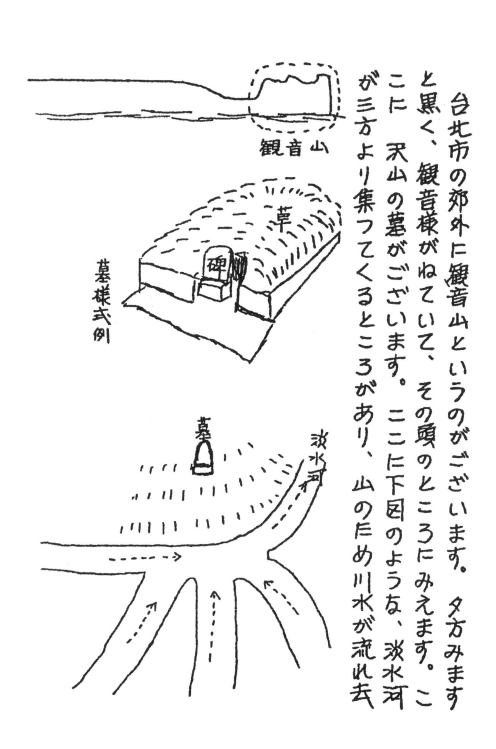

る図の右上の淡水河と書いてあるのが見えぬのでございます。
ここに墓をおいたところ、水（気をはこぶ）が墓に向って怒涛の如くおしよせ、出るの見えず、巨富をなしたと伝えられます。

竜の穴からは、太極暈が出ますが、これは玉と前に申しましたが、玉でなく、うずまきで、わかり易く申しますと、日本の座ぶとんのような厚みのうずまきで、それは白と黒、白と赤、赤と黒が半々やいりまじって、上図のようにみえると申します。大きいのは直径十メートルにも及び、小さいのは直径二十センチほどの所もあるといわれます。地理風水は、本ではさっぱりわかりませんが、実地にまいりますと、なるほどとよくわかります。

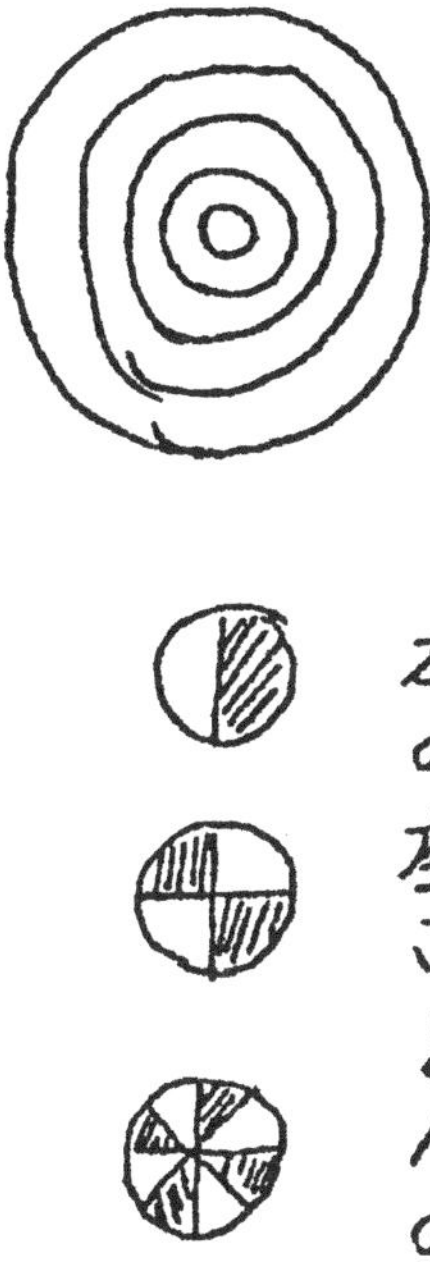

これは副総統閣下の墓でございますが、こういう形のところで墓前よりはるか遠くに淡水河がみえ、墓所だけでも一キロ四方ぐらいあるほどに感じました。獅子がねてる姿で、その首のところに墓をおいたといわれます。

政府関係の中国堪輿学会理事長曽子南先生の決地

山登りされて、高山の思わぬところに泉がわく所とか、不思議な地は、よく御観察してみて下さい。平野は川のまがりくねり、都市は道路などで考えれば面白いでしょう。

地理風水については、何れ将来どなたかの発表があると思います。　家相についてもあると思います。

日本では、家相を家の欠け張りを専ら申し、これは洋服で申せば外観のデザインで、〇〇式などと変ったデザインでよしとしたり、質を考えません。　中国は内部の配置で、洋服の着地を申します。　それでも着る人自身が問題でございまして最後には八字がぶりかえします。　良い生れにはかないませんいかにしても限界がございます。　そこで良い子孫が現われるように、中国人は風水を申すのでございます。　私は近年、塾生の家庭をみますと、気学の傾斜、遁甲の命宮等に暗剣殺をしょった人が、多く田舎生れであり、田舎では艮、乾の命宮の方多いし、これは何故かと考えております。

母なる大地、そこにやはり問題があるのでしょうか。

有名な画家のピカソは、「画家の仕事に終りというものはない。『完』という字を書くことは決して無い。」と申されております。運命術の研究もまた同じと申せぬでしょうか。

私は自分の歩みに不思議な周期のあることを感じ、ふと手にした気学の本から、これを解明しようと入りました。何も知らぬ無鉄砲さで、気学に推命を求めてもわかるわけがないのに、後に奇門命理でも納得せず、ついには自分で考え出し、奇門遁甲真義にて申し上げし、大運となったのでございます。

どなたもそうであるか否かわかりませんが、気学などの開運の術を少しやりますと、これで良くなろう、これはすばらしいと思います。更に進んで気学が卒業できるころには、少し疑問に思い、気学の簡単性（簡単なための長所もございますが、短所も多々ございます。）と、宿命の重みで、私はものたらない思いでございました。

人に相性がある如く、その人に合う術もございます。易、四柱推命、六壬、等々とわたり歩いて、奇門遁甲に至りました。この古くて、新しい術は、私には何んとなく親しめましたが、周囲の方々は、その多種類あるも知らず、派による大差もなく、盲の如く、研究もなく、寒心にたえませんでした。

その任、才でございませんのに、金函玉鏡、奇門遁甲真義
奇門遁甲奥義と書いてはみました。

奇門遁甲真義は、私が筮竹でやる易が好きでなく、易をやらぬことから、気学の傾斜法　同会法を応用したものでございます。中国は先天易で断易でございます。日本のように筮竹はいたしません。

奇門天書の盤で、生月盤の（地盤）生年干のあるところを原宮、生月盤で生年九宮のあるところ命宮、生日盤で生年九宮のあるところ身宮、生時盤で生年九宮のあるところ外宮としてみるもので、真義で申し上げしことが、只今でも間違

ってないと思っております。真義にて中国を訪れようとしましたが費用でず、やがて奇門遁甲奥義を出しました。奇門天書によって、天盤でなく、地盤のみにて年ー月、月ー日、日ー時と、用いる方向、或いは命宮等のところで格をつくりみることも、その後多くみてはずれません。奥義でやっと費用できて、中華民国に渡りました。飛行機が台北上空につき、淡水河がみえ、赤煉瓦の家がみえたとき、やっと来た、やっと皆様の御力でこられたと、私は一生このときの感激を忘れることはないでしょう。

このとき、九六居派の黄南輝先生(すぐ後亡くなられる)靈星派の黄耀徳先生、中国堪輿学会理事長の曽子南先生はじめ多くの方の御世話になりました。

そして中華民国、国立の史言語研究苑はじめ公的なところにも、また唐正一先生、戴金全先生、はじめ多くの方に御便りいただき、これをまとめて、奇門遁甲密義上巻といたしました。これは私のようなものでないと、あえて出さなかったと思います。しかし何んとしても日本に伝えぬと進歩を失うと思い万難をこして出しました。今一度中国に行つてと申し上げても、その費用は全く出ませんでした。各地の皆様より下巻どうしたとお便りいただいても動くこともできません。これではと、覚悟して立つ心を決めたとき、知人や塾生の家で多大の協力をしてくれて、行くことができました。

国立台湾大学教授から、元陸軍少将、国会議員、多くの方々に御世話になりました。

奇門遁甲については、方位についての項で申し上げましたように、日本と中国の考え方の相違をよく御理解して下さい。天、人、地三運の見方を御考慮下さい。

奇門天書、充分とは申しかねますが、決して悪いものではございません。あえて断言いたします。

奇門地書、或いは六十年、月、日、時のもの、その他については、私としては魅力を全く感じません。（これのみでは当らず　それをもとに更にみる）張耀文先生には、感謝と敬意を捧げます。但し奇門天書で充分というのではございません。それをもとに、更に皆様の御研究を加えて下さるよう切望いたします。

地理風水については、面白いもので、今後御研究されることをおすすめ致します。

もう台湾には遁甲の秘伝はないのではなかろうかと思います。もしあったとしても、沢山の金銭と、沢山の条件がいりまして、私などの及ぶところではございません。どの人も、自分の持てるものが最高で、他は偽術と笑いますが、話をしているうちに、ちらりと奥をのぞくと、私が思うところでは、どれも自画自賛多く、がっかり致しました。

中国では奇門遁甲は地理風水のうしろにかくれて、ひのめをみておりません。風水まで行かねばならぬのかもしれませんが、御世話になった師や先輩に逆らがようにへ逆ったつもりはございませんが〻までして、あえて他流の遁甲さぐったのは、近年奇門遁甲研究の発端の一役をかった私の責任を世にはたし、その進歩を願った為で、一個人の利欲などの小人的立場など毛頭ございません。これで奇門遁甲真義、奥義密義(上下)にて天地人三才の三部完成したことにし、私の研究者向けの遁甲書は終りといたします。

ここに一行しか書いてないことでも、例えば朝五時おきて、朝食、用意し、八時にホテル出て、台北九時発の特急にのり午後二時頃台南につき、すぐ家をさがし、求める先生にお会いし、夕刻台南たって、夜おそくもどるという一日かかっての一行文もございます。それも私一人では、こんなに手順よくまいりません。農業試験所の楊永裕先生がいつもついていて下さつて、親身の御協力を賜つたからで、日本から調査に行つた某先生など何度行つても大した方にめぐりあえず、何も得られなかつた例もございまして、終りに当り、楊永裕先生に深く厚く御礼を申し上げます。多謝　多謝。

完

残りの記

お便りを賜りましたうち、一番多くは、奇門遁甲真義はないかというのでございました。真義も奥義もございませんし、事情あって、再版も致しかねます。それに、真義、奥義を今更申し上げるほどのこともない本なので、新しく出すことはございません。しかし、お便りには御要望が多いので、簡単に要点を以下申し上げます。

奇門遁甲真義　要点解説

奇門天書は、既に原本が発表され、解説書も出ておりますが、その判断は他の遁甲書の多くのように、五行易を用いております。ところが、真義では気学の傾斜、同会法を応用して判断しております。目次に従い、要点を申し上げてまいります。

奇門遁甲本源、遁甲史で、この中に、慶応二年、岩田典礼の「奇門治盤諺解」には、「奇門遁甲は兵術で、小事のために設けるに非ず、術知の隠密に

して、神奇なるを知るべし。逆に秘密の残ることとなりてや、後人是を凡民利
用の造葬修方嫁娶等の亨通を得んがため撰択の術に仮用して、云々」とご
ざいますが、この正論を申す人は多くおります。
奇門遁甲種類大要　栗原信充の「遁甲提要」にも、「種々の法ありとな
すべし。」とございます。　この通りでございます
命理　原宮の考察　原宮とは、奇門天書の盤の、月の地盤で、生年の干
のある所を申します。より先天的、原因的で、生月盤の原宮のことが、生日
盤の原宮のところのようになるとみます。
命宮　生月盤で、生年九宮のあるところ、即ち気学傾斜宮でございます。
身宮　生日盤で、生年九宮のあるところ。
外宮　生時盤で、生年九宮のあるところ。
これにて、生月盤を天、生日盤を人、生時盤を地とし、天地人をなします。
大運は、生月盤の九宮の数、即ち一白なら一と六の数となりますが、その

用の方の数の六をとります。次に生年干をみて、男で陽干は順、陰干は逆、女で陽干は逆、陰干は順に、生月盤をもとに、順は次の月盤に、逆は前月盤というようになり、原命身宮等のところをみます。

結婚は命宮等に四緑や七赤の入った年というようにみます。生死は、生日盤で生門と死門を結ぶ方が、五黄と暗剣まわる大運、或いは年で、わかります。

相性も命宮等でみますが、私は、五行を用いません。例えば坎宮と、乾宮或いは一白と六白、これを金生水と、吉とみず、暗剣殺の関係、即ち一白を中宮に入れると、六白は暗剣殺となり凶とみるところが違いまして、最大のミソでございます。これは、真義に書きましたが、実は発表したくございませんでした。巽と兌に入る九宮関係、例えば一白が巽だと、兌は四緑で大吉で、これより坎宮の命宮の方と、兌宮が命宮の方とよいとみます。巽と中宮兌と中宮も吉で、暗剣関係は大凶とします。市販暦に、石村素堂相性表といラのが出ております。（神明館の黄色の暦）少し私のと違いますが、大体よく似ておりますので、参考になさるとわかりましょう。

雑占は、その件のあった日時、或いは、そのことを聞いた日時の盤で、命宮などのところみます。

方位は、普通の盤のことと、地書についてのことで、目新しいことではございません。

奇門遁甲奥義　　奥義の要点は、天盤用いず、天書の盤で、地盤のみつかい、命理、雑占等では命宮のところ、方位は用いる方向にて、年月、或いは月日、日時で干の格みるものでございます。地書は天盤を重視しますが、天書は、地盤に力を入れます。他は実例を多く示したのみで、申し上げる要点は以上のようなことでございます。

造作法が書いてある本に付てお便りございましたが、これは恐らく本では極秘で書かぬと思います。台湾では、手書きの秘伝書についても、先祖の遺

（例）

明治四十年六月十五日生　男子

(年)丁未③　(月)丙午①　(日)乙未⑧

大運生月一白で一と六の数で六年
生年干丁で男で逆

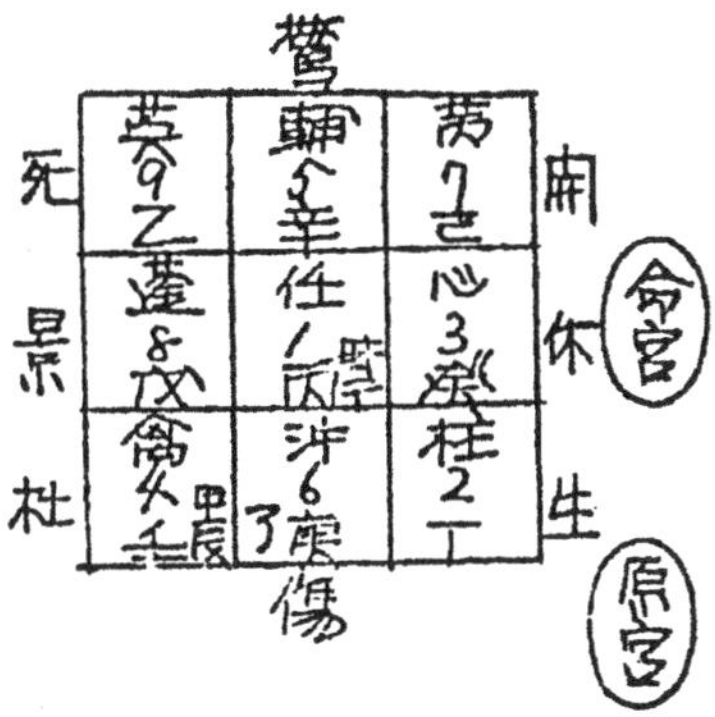

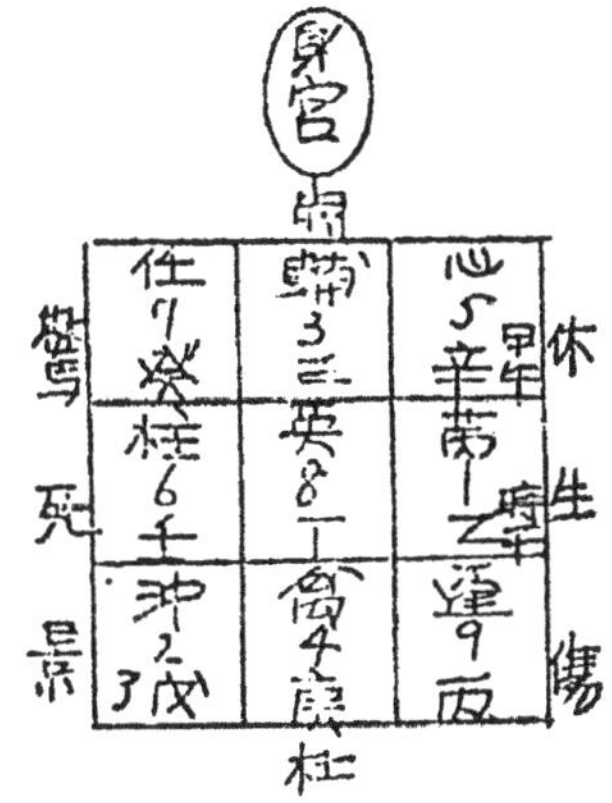

1—6	①
7—12	②
13—18	③
19—24	④
25—30	⑤
31—36	⑥
37—42	⑦
43—48	⑧
49—54	⑨
55—60	①
61—66	②

昭和四十五年十二月二十二日没　(年)庚戌③

大変な努力家で、(身宮離)苦学し、(命宮兌)三大学出る。後に中学校長。

昭和四十五年、大運は命宮死門、三碧年にて、生日盤の東西が生ー死線で、これが五黄、暗剣。

尚、病気の由、聞いたのが、昭和四十五年十月二十四日午刻。原宮死門となり、すぐでなくも、死はまぬがれぬと判断

（例）昭和四十七年四月二十二日午前八時四十分

(日)癸未⑤　(時)丙辰⑥

昭和二十五年一月十九日生　男子　行方不明

北西方向にむかい登山

（今もって不明）

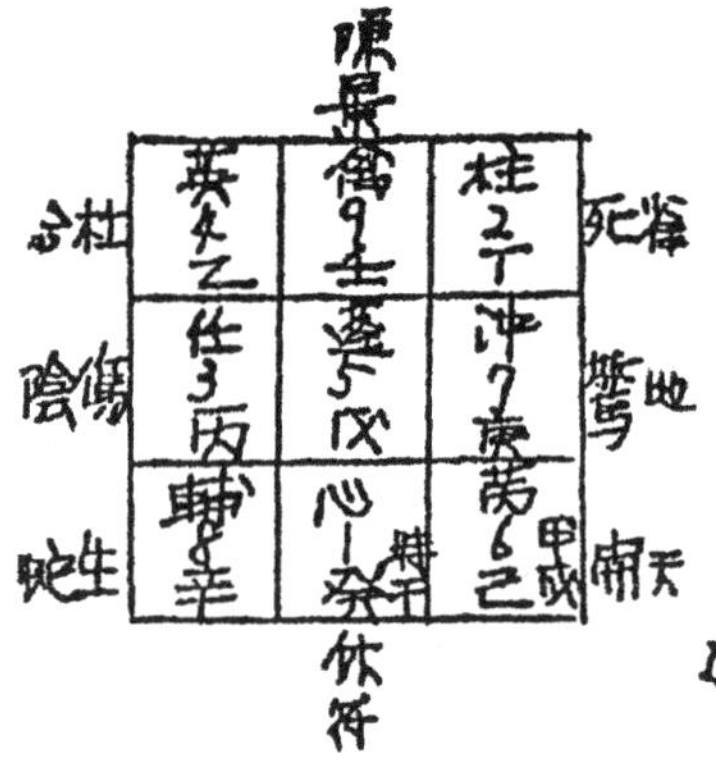

永不発芽　ながく芽出ず、わからない

地刑玄武　病は死、逃げるしかない

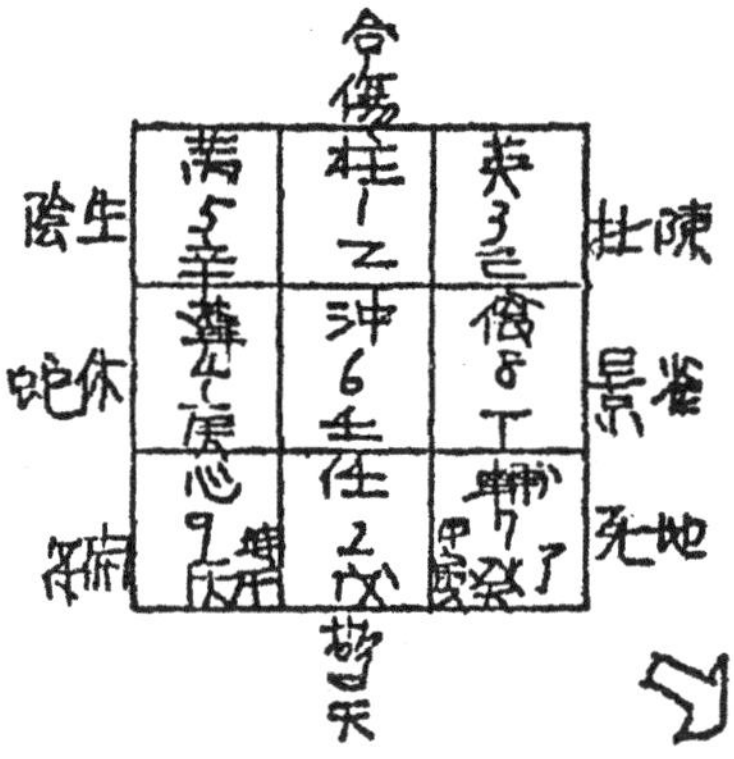

拙著　奥義は、天書では、地盤で、その方向の干の格つくりみるとよく出るというのを申し上げました。

但し、地書は天盤を重んじます。

（三ページ前より、例の前より続く）

言とか、狂人にすることも出来て、悪用するといかんからとか、大金つめば　わかりませんが、見せません。もし本に発表して、万一その通り出ずば、若者は向われても困るし、それこそ一子相伝にて、そこで本書のような、秘談の書もいるので、簡単なら何の苦労もいりません。本はあきらめ下さい。

曽子南先生の三元地理函授講義という本は、台湾でも普約書出し、人格みて、やたらにわたさず、大金もいるらしいようでございますが、私は、子息曽仁軍君が拙宅におりましたとき、頂きました。しかし再三発表はもちろん、見せることも禁じられており、日本人の道義もあり、発表は出来ません。

三元択日講義も禁じられておるものでございますが、少し申し上げますと、密義上巻六十六ページをごらん下さい。羅経外盤で数字が出ております。これは天星数でございます。左半分が陽で、右半分が陰でございます。この天運数のほか五行数もございます。これで年月日時の干支をみます。風水では竜、峰、向、水、或いは父母、兄弟、夫妻、子孫、ともわけられますが、こ

れで、十になる、即ち一と九、二と八、三と七、四と六のみを、或いは同じ数のみを選びます。例えば

昭和四十八年四月十一日未時は五行がよく、昭和四十八年五月八日戌時は天運がよく、昭和四十八年五月十七日丑時なら天運左の如く同じで吉とします。

年	癸丑	8
月	丁巳	8
日	癸丑	8
時	癸丑	8

（5月17日丑時）

九宮定位 対は何れも10になり、安定しているとみれば、おわかりと思います。

癸丑	8
丁巳	8
甲辰	2
甲戌	2

（5月8日戌時
2と8のみ、
10になります。）

日時の選び方、また造作法の数ケ所打つ法も、ここらへんに秘訣がございます。これ以上は私としては申し上げかねます。

奇学と遁甲の比較について、どちらが優れているかとの、御質問がございましたが、私としては、どちらとも申しかねます。十ページあたりで申し上

げしように、気学は命を聡く、そこらへんに問題ありとみます。例えば本命三碧、月命四緑の方が、南西の年月一白を用い、大凶であったのがございます。このとき、気学的には吉でも、遁甲では凶であったかもしれませんが、それよりも、命宮が暗剣殺の年月というところを、私は重視いたします。気学の上が遁甲で、その上が地理風水と申されておりますが、気学も使用をあやまらねば、大変簡便で、よいものでございます。簡便だけに欠点もあり、遁甲より良いなどとは申しかねます。何れも一長一短ございます。

地震なども気学では五黄の年とか、三碧に歳破をしょった年と申しますが、東大の河角博士の東京四の六十九年周期の例をみますと、九紫の年も多く、年も癸や壬の年月多く、九紫の年は天書では、壬が中宮し、壬は破壊の星で遁甲でわかることになり、両方用いてこそ妙味あると思います。

長らく、生徒をみますと、一白年生れは片親の子多いとか、三碧はおしゃべり多いとか、気学で示されるものもあり、また、全くそうでないのもあり、傾斜、即ち命宮などみても、離は派手かというと、地味で真実目な努力家多く、震は遊び好き多く、乾は偉ぶる人あるかと思うと、逆に大変温和の人もあり、気学の通例よりも、実例優先にて、九宮の先天、後天定位の象、表と裏などよくみて、最大公約数求めて、自分なりのものを身につけることが大切と思います。理論より、実例が優先することを申し上げたいと思います。既製の概念で、計るというより、実例で、既製概念を修正していく心掛けがないといけないのではないでしょうか。

多くの方より、勇気ある発表とか、いろいろ激励賜りました。厚く御礼申し上げます。運命術の書は、部数も少く、製本代など経費も部数ないので高くつき、高価の割には、利にならぬものでございます。一回の出版で、台湾に行ってこられぬというので、おわかりになりましょう。さりとて、素人向の大衆本で、術というのは、こんなつまらぬものかと、世に申すのは、芳しいこととは思いません。

私は　度は、お申込の方に、無料で差上げるべく思っておりましたが、他の要望から、製本し、きちんとすることになってしまいました。頁数に関わらず、経費はきちんとすると、同じになり、高くなります。台湾の費用は、今回三十万円費しました。これに、労賃、紙、印刷、製本、営業費等と加算しますと、百冊こしらえたとしたら、おわかり下さいましょう。五十冊としたら、もっと高くなってしまいます。こういうことから、将来専門書が少くなることを心配致します。和本などは、製本に千円ほどかかり、こういう状況では、どうにもなりません。私は中華民国一本にしぼりましたが、香港とか、共産国になったとは申せ、大陸など、或いは華僑の多い地に、中国の国宝をたずねて、今後も多くの方が、研究し発表して下さるよう、私はお願いしたいと思います。

長い、御支援を、心から御礼申し上げます。

昭和四十八年六月二十九日

学習個人指導・耕己学舎

（元 川村高等学校教諭）

内藤正（文穏）拝

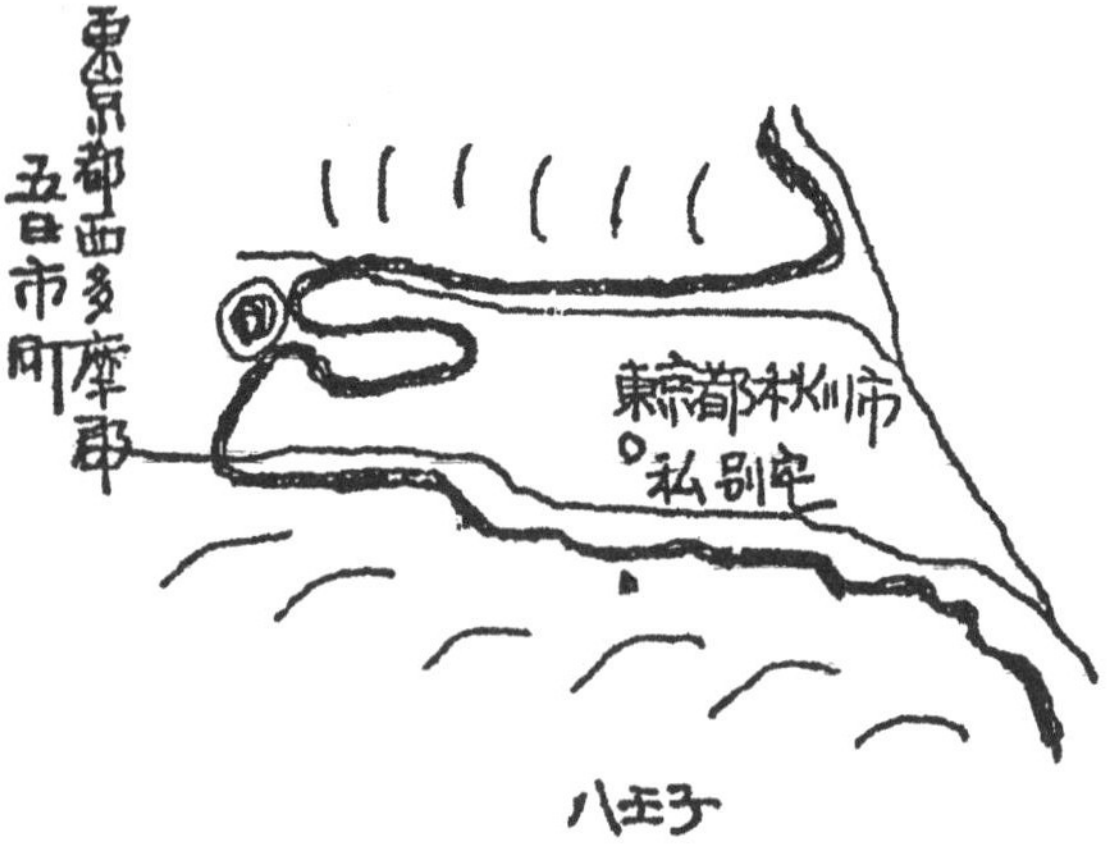

形状Ⓜ近いが、余り砂水有情でない。

理気はうせている。

◎印のところ、昔からの御大尽あり、墓も

同所にあり。地理風水の一例

非売品
転載、発表 厳禁

昭和四十八年六月二十九日
著者 内藤文穏
東京都北区赤羽西二丁目四番十号
発行者 内藤正
電話東京(〇三)(九〇〇)八、四二七番
土、日曜(〇四二五)(五八)七五一三番

中国易学 遁甲秘訣 奇門遁甲密義 下巻

【名著復刊】

奇門遁甲（全）真義・奥義・密義〔上〕〔下〕

2024年12月19日 第1刷発行

定 価――本体8、000円＋税
編 著――内藤文穏
発行者――斎藤 勝己
発行所――株式会社東洋書院
〒160－0003
東京都新宿区四谷本塩町15－8－8F
電 話 03－3353－7579
FAX 03－3358－7458
http://www.toyoshoin.com
印刷所――株式会社平河工業社
製本所――株式会社難波製本

ISBN978－4－88594－548－7